丝
路
百
城
传

特立，不独行

结冻的涅瓦河与艾尔米塔什（尤金·斯洛伯丁/维基共享资源）

涅夫斯基大道，1799，本杰明·帕特森（艾尔米塔什博物馆/维基共享资源）

十二学院,1802,约翰·奥古斯塔斯·阿特金森(1775—约1833)(艾尔米塔什博物馆/华盛顿国会图书馆)

新荷兰海军建筑群巨大的拱门遗址(叶夫根尼·格拉申科/维基共享资源)

装饰华丽的阿夫托托地铁站(亚历克斯·"弗洛斯坦"·费多洛夫/维基共享资源)

冬季的沃龙佐夫宫(海达斯/维基共享资源)

海军部大厦的尖塔(亚历克斯·"弗洛斯坦"·费多洛夫/维基共享资源)

带有天文台的彼得大帝艺术收藏室(阿尔夫·范·贝姆/维基共享资源)

宫廷滨河路上的大理石宫,现属于俄罗斯国家博物馆(@ A. Savin/ 维基共享资源)

1837 年 12 月 17 日冬宫火灾,1838,鲍里斯·格林(艾尔米塔什博物馆/维基共享资源)

报喜桥与后方的圣以撒大教堂（Mike1979Russia/维基共享资源）

新艺术风格的歌手大楼，又称图书大楼（亚历克斯·"弗洛斯坦"·费多洛夫/维基共享资源）

哥德堡（奥列谢克）风云，1702，亚历山大·冯·科泽布，彼得大帝位于画面中心位置（维基共享资源）

鸟瞰彼得保罗要塞与大教堂（安德鲁·希瓦/维基百科/CC BY-SA 4.0）

《青铜骑士》位于议会广场上,是艾蒂安·法尔科内向彼得大帝致敬之作(弗洛斯坦/维基共享资源)

叶卡捷琳娜大帝,1763,菲奥多·罗科托夫(莫斯科特列季亚科夫画廊/维基共享资源)

从冬宫广场望向海军部大楼(沃尔夫冈·莫洛德尔/维基共享资源)

拉斯普京与两名高级军官像,1907,摄影:卡尔·布拉(维基共享资源)

"阿芙乐尔号"巡洋舰(奥托·汝拉/维基共享资源)

沙皇尼古拉二世生前最后的照片之一,照片中已于1917年3月退位的他在沙皇村(华盛顿国会图书馆)

亚历山大·普希金，1827，奥列斯特·阿达莫维奇·吉卜林斯基（莫斯科特列季亚科夫画廊/维基共享资源）

作家费奥多尔·陀思妥耶夫斯基像，1872，瓦西里·佩罗夫（莫斯科特列季亚科夫画廊/维基共享资源）

流放之路:弗拉迪米尔卡路,1892,艾萨克·列维坦(莫斯科特列季亚科夫画廊/维基共享资源)

结冻的涅瓦河畔的艾尔米塔什博物馆(尤金·斯洛伯丁/维基共享资源)

无名农妇像,1784,伊凡·阿古诺夫(莫斯科特列季亚科夫画廊/维基共享资源)

饮茶的商人之妻,1918,鲍里斯·克斯托依列夫(俄罗斯国家博物馆/维基共享资源)

法贝热制月桂树彩蛋，维克多·维克塞尔伯格收藏（Testus/维基共享资源）

斯莫尔尼教堂（弗洛斯坦/维基共享资源）

切斯密宫圣约翰浸礼会教堂（@ A. Savin/ 维基共享资源）

喀山大教堂（丹尼斯·贾维斯/维基共享资源）

叶卡捷琳娜宫黄金大厅（丹尼斯·贾维斯/维基共享资源）

库舍列夫-别兹博罗德科别墅（贾纽埃里厄斯-齐克/维基共享资源）

"丝路百城传"丛书
刘传铭　主编

THE
BIOGRAPHY
Of
ST PETERSBURG

沼泽上的奇迹之城

圣彼得堡 传

［英］尼尔·肯特——著　毕然　钱杨静——译　岳凌——审校

CIPG 中国国际出版集团　新星出版社　NEW STAR PRESS

总 序

刘传铭

如果说丝绸之路研究让我们洞见了一部全新的世界史,一定会有人表示惊讶与质疑;

如果说城市的创造是迄今为止人类文明进程中最伟大的事情,则一定会得到人们普遍的支持与认同。

"丝路百城传"丛书的策划正是发轫于这样一个历史观的文化叙述:

丝绸之路是一条无路之路;

丝绸之路是一条既古老又年轻,"不知其始为始,不知其终为终"的漫漫长路;

丝绸之路是一条历史时空里时隐时现,变动不居,连点成线,连线成网的超级公路;

丝绸之路是点实线虚、点变线变、点之兴衰即线之存亡的交通形态,那些关山阻隔、望洋兴叹的城市,便如一颗颗璀璨的明珠镶嵌在路;

丝绸之路是一个文化概念，叠加其上的影像曾被不同国家不同民族的人们呼作：铜铁之路、纸张之路、皮毛之路、奴隶之路、铁蹄之路、黄金之路、朝贡之路、宗教之路；

丝绸之路是中西文明交流与传播、邦国拓展、民族融合之路，也是西方探秘中国、解码东方之路，更是我们反躬自问"我是谁？我从哪里来？我向何处去？"的寻根之路、回家之路；

丝绸之路是今日中国走向世界的新起点、新思路，是中国"一带一路"倡议走向人类命运共同体的未来之路……

无可否认，一个世纪以来，丝路研究之话语为李希霍芬、斯文·赫定、斯坦因、伯希和、大谷光瑞、于格、橘瑞超、芮乐伟·韩森、彼得·弗兰科潘等东西方人所主导。然而半个世纪以来的大国崛起，正在使"夫唯不争"之中国快速走向文化振兴。我们要将《大唐西域记》《真腊风土记》的传统正经补史、继绝往圣、启迪民智、传播正信，同时也将丝绸之路城市传文学以实为说、以城为据、芳菲想象、拒绝平庸的创作视为新使命、新挑战。让"城市传"这样一个文学体裁开出新时代的鲜花。

凭谁问：昆仑巍峨、河源滔滔、玉山储秀、戍堡寂寞；

凭谁问：旌节刻恨、驼铃悠远、琵琶起舞、古调胡旋；

凭谁问：秦汉何在、唐宋可甄、东西接引、前路正新；

凭谁问：八剌沙衮今何在？罗马的钟声谁敲响；

凭谁问：撒马尔罕的金桃今何在？帕米尔上的通天塔何时建成、何时倾倒；

凭谁问：伊斯兰世界的科学造诣何时传到了巴黎和伦敦；

凭谁问：鉴真大师眼中奈良和京都的樱花几谢几开；

凭谁问：乌拉尔河上何时传来了伏尔加河的纤夫号子；

凭谁问：杭州湾的帆樯何时穿越马六甲风云……

诗人说：这条路是唐诗和宋词的吟唱，是太阳和月亮的战争；

军人说：这条路是旌旗卷翻的沙漠，是铁骑踏破的血原；

商人说：这条路是关涉洞开的集市，是金盏银樽的盛宴；

僧侣说：这条路是信仰鲜花盛开的祭坛，是生命涅槃的乡路……

一个个城市的前世今生，一个个城市的天际线风景，一个个城市的盛衰之变，一个个城市的躁动与激情，一个个城市的风物淳美与人文精彩，一个个城市的悲欢离合，一个个城市的内动力发掘与外开拓展望，一个个城市的往事与沉思，一个个城市的魅惑和绝世风华……

从长安到罗马和从杭州湾到地中海是卷帙浩繁的"丝路百城传"丛书的框架结构，也是所有参与写作的中外作家和编辑们共同绘制的新丝路蓝图。《尚书·舜典》有"浚咨文明"之句，孔疏曰："经纬天地曰文，照临四方曰明。"《论语·雍也》曰："质胜文则野，文胜质则史，文质彬彬，然后君子。"又《易经·贲卦·象辞》曰："刚柔交错，天文也；文明以止，人文也。观乎天文，以察时变；观乎人文，以化成天下。"故文化乃"人文化成"而以文教化"圣人之教也"。"周虽旧邦，其命维新"，丛书编纂与出版岂非正当其事，正当其时也！

读者朋友们，没有踏上丝路，你的家就是世界；踏上丝路，世界才是你的世界、你的家园……唯祈丛书阅读能助君踏上这样一个个奇妙无比的旅程。

丝绸之路从远古走向未来，我们的努力也将永无休止。

戊戌谷雨前五日于松江放思楼

目 录

中文版序 / 1
引　言 / 3

第一章　城市轮廓
地理与自然 / 3
涅瓦河 / 5
医疗卫生与死亡率 / 7
城市变迁 / 10

第二章　街道
城市的发展 / 17
城市规划与网格系统 / 20
艰苦劳作 / 23
十二院 / 25
工业发展 / 26
商业广场 / 28
新荷兰岛 / 29
尤里·费尔滕 / 30
拿破仑战争时期 / 30
城市基础设施 / 32
现代化 / 34

圣彼得堡 传
Saint Petersburg

尼尔·肯特

战争、革命以及二十世纪的衰落 / 36

苏联解体后的圣彼得堡 / 40

第三章　城市风貌

标志性建筑和建筑风格 / 45

宫殿林立的圣彼得堡 / 47

海军部大厦 / 51

第三座冬宫 / 53

科学时代：彼得大帝的艺术珍宝馆 / 54

家族财富 / 56

贵族宅邸 / 58

米哈伊洛夫斯基城堡 / 61

克里斯托弗斯基宫 / 63

旧证券交易所 / 64

冬宫大火 / 65

新艾尔米塔什 / 67

施塔肯施奈德的建筑遗产 / 68

现代趋势 / 71

工业时代的商业大厦 / 73

工人宫 / 74

建筑的复兴 / 76

第四章　统治者与被统治者

罗曼诺夫家族 / 81

帝国统治 / 83

宫廷生活 / 85

精英文化 / 88

英雄与恶棍 / 91

变革迹象 / 94

拉斯普京 / 97

异国的吸引 / 98

第五章　鲜血之城

革命与战争 / 103

革命岁月 / 107

战争与封锁 / 114

罪与罚 / 118

第六章　想象中的城市

文学与戏剧 / 123

早期戏剧 / 124

社交晚会 / 129

亚历山大·普希金 / 130

果戈理、屠格涅夫和陀思妥耶夫斯基 / 135

安东·契诃夫 / 141

马克西姆·高尔基 / 142

从白银时代到苏维埃时期 / 146

阿列克谢·托尔斯泰 / 152

战后岁月 / 153

第七章　画面中的城市

绘画与荧屏作品 / 159

皇家美术学院 / 160

鲁缅采夫宫 / 162

艾尔米塔什 / 163

艺术世界 / 165

私有制的终结 / 170

电影 / 172

第八章　舞台风采

音乐与戏剧 / 177

贵族与农奴 / 182

皇家卡佩拉 / 186

舞蹈 / 187

米哈伊洛夫斯基剧院和马林斯基剧院 / 188

先锋音乐 / 191

列宁格勒/圣彼得堡的爵士乐和流行乐 / 194

当代音乐复兴 / 195

第九章　城市信仰

宗教的作用 / 199

彼得保罗大教堂 / 199

亚历山大·涅夫斯基修道院 / 201

大主教费奥凡·普罗科波维奇 / 201

重要宗教建筑 / 205

英国圣公会和英国访客 / 209

宗教复兴 / 211

其他信仰 / 214

　　　　攻击教会 / 216

　　　　今日信仰 / 218

第十章　多变的面孔

　　　　移民与社会变迁 / 223

　　　　与美国的联系 / 224

　　　　欧洲印记 / 226

　　　　十九世纪末的都市 / 230

　　　　出离纪 / 231

　　　　国外投资 / 233

第十一章　消费风尚

　　　　美食、贸易与消费主义文化 / 237

　　　　咖啡馆文化 / 240

　　　　革命紧缩时期 / 242

　　　　现代品位 / 243

第十二章　周边地区

　　　　城市外围 / 249

　　　　郊区宫殿 / 251

　　　　乡间别墅与农舍 / 256

　　　　追求享乐 / 258

　　　　彼得霍夫路的衰落与复兴 / 260

中文版序

圣彼得堡作为俄罗斯第二大城市，乍看之下似乎与中国的第二大城市上海没有什么共同之处。但这两座城市都是重要的海滨城市，是商业与文化中心。此外，上海一直是亚洲通往太平洋的重要门户，而圣彼得堡不仅是俄罗斯通往大西洋的门户，更是亚洲通往大西洋的重要渠道之一，来自远东的商品与服务需经由这座港口转运至其他地方。时至今日，两座相隔数千英里的城市已通过越来越便捷的航空与铁路交通密切相连。在圣彼得堡，过去很难见到中国人的身影，现在中国人已经随处可见，他们在尽情体验这里的灿烂文化的同时，也带来了自己的文化传统。冬宫艾尔米塔什博物馆藏有丰富的中国工艺品，最早的藏品可追溯至远古时代，而坐落在圣彼得堡周边地区的加特契纳行宫等华美皇宫也采用了中式的装饰和建筑风格。因此，在中国游客为俄罗斯文化惊叹，被俄罗斯的艺术、建筑与文学深深吸引的同时，接受过良好教育的俄罗斯人也同样为中国文化而倾心不已，三百年来一直如此。如今，随着许多俄罗斯人前往北京等中国大城市旅行，或开展文化与经济交流活动，两国关系更加紧密。此前，俄中两国彼此了解不多，但现在，两国在经济、文化甚至军事领域都开展了前所未有的紧密合作。因此，无数国人渴望在不同程度上了解对方，也就不足为奇了。对于一个想要了解俄罗斯，甚至是整个欧洲的中国人来讲，没有哪个城市比圣彼得堡更适合作为入门了！本书旨在向对这座城市有兴趣的中国游客、商界人士、学生，以及其他人传播与它相关的知识，每一章节均涵盖广泛的主题。圣彼得堡是全世界最美丽、最迷人的城市之一，是一座错综复杂的大都市，它作为东西方的交汇点，相因相生的丰富文化在全球更是绝无仅有。

尼尔·肯特

2019 年 1 月

引 言

圣彼得堡的历史，可以追溯到1703年5月。当时，刚从瑞典人手中夺得印格里亚地区的俄国沙皇彼得大帝，在涅瓦河上的兔子岛，奠定了这座城市的基石。在很多人看来，兔子岛实在不是建立新城市的理想地点。事实上，当时的人们根本不会想到短短几年后，圣彼得堡就一跃成为俄国的"北方首都"，而且如今已成为欧洲仅次于莫斯科和伦敦的第三大城市（2012年人口约500万人）。当然，作为欧洲版图最为辽阔的帝国统治者，彼得大帝清楚自己的目标，而且为了实现这一目标，他不惜动用一切军事、政治和经济力量，克服所有的艰难险阻。为了在芬兰湾涅瓦河入海口建起这个"骸骨之城"，彼得大帝可谓不惜成本，投入了巨大的财力和人力。

他为什么要这样做呢？毕竟，十二世纪初建立的旧都莫斯科位置要优越得多。它位于俄国的核心地带，建在莫斯科河畔的高地上，有多条水路连通北面的白海和南面的黑海，是俄国最重要的贸易中心。然而，莫斯科最大的缺陷在于没有直接进入波罗的海的通路。波罗的海航道纵横,交通便捷,向北可达北海,一路往西便可进入大西洋和地中海,继而通往世界各地。此外,圣彼得堡所在之处还可通过北方的拉多加湖、伏尔加河等内陆水系,与莫斯科和帝国南部连通。这座崭新的城市将成为"面向欧洲的窗口",也是连通世界各地和俄罗斯帝国广大内陆地区的门户。

将首都从莫斯科迁往圣彼得堡,为彼得大帝赢得了推行军事、行政机构和宗教改革的空间,削弱了旧都反对改革的波耶贵族势力。所有人都要臣服于俄罗斯帝国的全能独裁者,一切大权都属于他。除此之外,彼得大帝在伦敦和阿姆斯特丹等地的经历,令其见识了最先进的航海技术,了解了贸易和工业发展对国家强盛,特别是经济和军事发展的重要性。彼得大帝也曾亲眼看见建筑和城市规划方面的最新发展,这在他为圣彼得堡所做的规划中发挥了重要作用,也是他让外国移民在圣彼得堡城的设计和建造过程中担任重要职务的原因所在。

1698年1月,彼得大帝隐姓埋名来到伦敦。这给了他在国事访问中绝无可能享有的巨大自由。他居住在德特福德的逍遥宫,房东是英国作家、日记作者约翰·伊夫林,住处附近就是彼得钟情的造船厂。在这里度过的三个月时光让彼得难以忘怀,尽管难忘的原因并不那么值得称道。房屋遭到了极大的破坏,地板上布满油污和墨迹,木结构损毁严重,不得不重修了三层楼。床上用品"被撕成碎片",管家因为不得不照顾"一屋子令人憎恶的人"而十分恼火。彼得离开后,著名建筑师克里斯托弗·雷恩爵士对房屋损毁情况进行了检验,认定损失达到350英镑,其中包括"20张精美画作被撕毁,画框全部损坏"。当然,彼得从未赔偿过这笔损失。

不过,尽管房子被折腾得一团糟,彼得的这次到访还是有一些积极成果的，对此当时的英王威廉三世十分清楚。虽然对彼得的所作所为心知肚明，但威廉三世仍然非常热情地接待了彼得，因为英国迫切希望从对俄贸易中获利，俄罗斯帝国的柏油和钾碱对英国海军必不可少，而且英国还能从俄罗斯得到动物油脂、著名的皮革、奢华皮草和丰富的粮食资源。

1703年6月，彼得率军战胜瑞典后抵达圣彼得堡，他最先做的事情就是，用自己的守护神圣徒彼得的名字为这个城市命名。这个名字显然也彰显了彼得大帝本人及其丰功伟绩。不过，彼得选择了德文的拼写方式，而没有采用俄文拼写，这或许是为了向波罗的海东岸实力强大的德意志贵族家庭致意，又或许是为了沾沾过去在波罗的海和北海沿岸创造了巨大财富的德国汉莎商业城市群的喜气。在1914年之前，圣彼得堡的名字一直使用德文拼写。第一次世界大战爆发后，俄国希望切断与德国的一切联系，于是将圣彼得堡改为俄文名字彼得格勒，这与英国王室1917年将王朝名称由萨克森－科堡－哥达王朝改为温莎王朝如出一辙。之后的1917年，无产阶级革命爆发，列宁对建立苏维埃国家居功至伟，因此在他于1924年逝世后，为了表示对他的敬意，彼得格勒更名为列宁格勒。当时，斯大林已经掌握了越来越大的权力，但是鉴于这座城市自1918年起已不再是首都，列宁格勒这个名字保留了下来。直到1991年苏联解体，俄罗斯联邦成立，圣彼得堡才恢复原名。自那以后，随着联邦宪法法院和其他国家机关纷纷迁回这里，圣彼得堡重现了帝国时代的繁华。

在其三百多年的历史中，圣彼得堡遭遇了一次又一次的危机——战争、政治动荡、火灾、洪水，以及共产党人对它忽视，等等。但最严重的当属第二次世界大战期间的轰炸和封锁。在这次卫国战争中，这座城市几乎被夷为平地,有超过100万人丧生。然而,圣彼得堡在战火中涅槃重生。精心修复的建筑物美轮美奂,夏日的白夜里天空明亮如白昼,冬季的雪景美若童话,今天的圣彼得堡正张开双臂,欢迎来自世界各地的游客。

  身处当今全球化的世界,圣彼得堡面临的最大问题是如何在保留历史魅力和风情的同时,拥抱高科技的基础设施,推动城市蓬勃发展。正如圣彼得堡的城市规划师斯维亚托斯拉夫·穆鲁诺夫所言:"这事关保护与发展如何并存的经典问题。"他还感叹:"圣彼得堡历史上的城市中心区已经僵死,它不再发展,甚至变得越来越差。商业广告和高层建筑像病毒一样不断蔓延,破坏着城市景观。"彼得大帝一手建立的这座城市,如今面临的挑战是,既要避免像莫斯科一样毫无章法的建筑乱局,又要保留其丰富的历史遗产,任重而道远。

The
biography
of
St Petersburg

圣彼得堡 传

城市轮廓

第一章

地理与自然

1703 年，彼得大帝在芬兰湾东海岸的森林低地建立起俄罗斯帝国通往欧洲的门户时，他所选择的是一处很不起眼的地方。

尽管多条航道汇聚于此，而且是涅瓦河流入芬兰湾的河口地带，但涅瓦河三角洲说到底还是一片沼泽，环境险恶、地势不稳，兴建城市困难重重。即便是彼得大帝，也未曾想到 300 多年后，这座城市的面积会接近 234 平方英里（近 606 平方公里）。如今的大都会圣彼得堡，拥有 18 个行政区，很多过去的郊区都已纳入市区范围，包括东部的克朗什塔得区，南部的巴甫洛夫斯克区、彼得霍夫区和普希金区，以及北部的谢斯特罗列茨克和泽勒诺格勒。北部的这两个地区直到第二次世界大战时还属于地处芬兰湾北岸的邻国芬兰。

这里地势平坦（位于南部的奥列霍沃山地势最高，海拔也只有 577 英尺，约合 176 米），周围河网密布，谢斯特拉河、奥克塔河和伊若拉河都流经此地。这些河流以及芬兰湾的水势使圣彼得堡经常遭遇水患，直到 2011 年圣彼得堡大坝历时 32 年终于建成，这一问题才得到解决。在此之前的几个世纪里，应对洪灾的唯一的措施就是将地面垫高，最多加高了 4 米之多，但仍无法避免频繁的水灾。而北部的拉津斯基湾和苏兹达尔湖，以及更远一点的谢斯特罗列茨克湾，令情况更加复杂。

圣彼得堡位于北纬60°附近，纬度仅比北极圈低7°，是世界上地理位置最靠北的大都市之一。这里冬季的夜晚特别漫长，而夏季则是白天特别漫长。来自波罗的海和芬兰湾的温暖洋流令这个城市的气候比相去不远的同纬度内陆城市更加温和、湿润、多风。与莫斯科相比，这里的夏天要凉爽不少，冬天则更加温暖。即便如此，这座城市冬天的平均最低气温仍然达到了 -9℃（16℉），更曾出现过创纪录的 -35.9℃（-33℉）。涅瓦河深秋即开始封冻，冰层直到来年3月下旬甚至4月才会融化。此外，圣彼得堡经常下雪，加上气候潮湿，积雪有时可达一两层楼高。当积雪开始融化，街道常常被水淹没，变得十分难走。春天的时候，许多建筑物上还会形成巨大的冰柱，十分危险，每年都会有行人被冰柱砸死。这里每年有三分之二的时间都有霜冻，可以说是欧洲名城中的冰雪皇后。但是，天气一旦热起来，那也是真热！2010年，夏天的最高气温达到了37.1℃（98.8℉），比夏季平均气温23℃（73℉）高出许多。这个地区的平均降水量为600~750毫米（2330英寸），9月是降水最多的月份。这里的湿度常年居高不下，平均可达78%，一年中至少有三分之一的日子是多云天气。

毫不奇怪，当年圣彼得堡周边地区的农业发展相对落后。这里是印格里亚人的故乡，这些人说芬兰语，与芬兰人关系密切，一些人至今还散居在森林中的村庄里。然而，凭着彼得大帝的顽强意志和军事实力，圣彼得堡稳如泰山。这座城市可以骄傲地宣称，从未向任何敌人屈服过，就连第二次世界大战的猛烈炮火和早期来自瑞典人的强大威胁都未曾让它低头。

涅瓦河

1708年，也就是圣彼得堡建城五年后，瑞典人最后一次试图夺取这座城市，但是失败了。然而，这座俄罗斯帝国的新都仍然笼罩在其他的威胁之中——除了军事入侵，还有肆虐的自然灾害。其中危害最大的是涅瓦河和芬兰湾的洪水。对于建于水中沼泽的低洼定居点，这是一种持续的、可怕的威胁。实际上，1703年圣彼得堡建城的当年，这里就遭遇了严重洪灾，损失惨重。此后多年一直洪水频发，其中1777年、1824年、1924年和1955年的洪灾最为严重。十八世纪初的英国驻俄大使查尔斯·惠特沃思在其1758年首次出版的回忆录中，记录了一次令人难忘的洪水：

> 秋天的洪水总是带来诸多不便。有时候，半夜里洪水忽然涨到一层楼高，牲畜都被冲走，居民跑到高层才勉强脱险，可是他们的仓库和酒窖全都泡了水。积水有两英尺深，也没法挖地。5月中旬之前，河面上都会有冰。9月底之后，船就不能出海了，否则会有很大危险。

这还不算最糟的。1777年9月10日，圣彼得堡遭遇了史上极为严重的一次洪灾，水位一度达到3.6米（12英尺）。在涅瓦河畔刚刚建起的冬宫里，俄罗斯实力最强、最有能力的独裁者——叶卡捷琳娜大帝亲眼看见了洪水肆虐的整个过程。她在给哲学家朋友、德国外交官弗里德里希·梅尔希奥·格林男爵的信中写道：

凌晨五点，我正在熟睡，突然一阵风将我惊醒。我按了铃，得知洪水已经淹到我居住的这侧宫中，似乎会将宫殿彻底吞没。我不得不逃到艾尔米塔什。眼前的涅瓦河，就如同耶路撒冷毁灭时一般。

虽然洪灾暴发时如同地狱，涅瓦河也有天堂般美好的一面。至少在夏季有白夜的日子里，太阳似乎永不落下。仍然是叶卡捷琳娜大帝在位期间，英国人安德鲁·斯温顿用充满诗意的词句描写了涅瓦河风平浪静时的样子：

夏天的夜晚，天气和煦，彼得堡的市民们喜欢乘船徜徉在涅瓦河上……大家围坐船尾，头顶是丝绸或其他材质制成的遮阳篷，乐手在演奏，有时是乘客们自己演奏各种乐器。划船的船夫都是从仆人中精挑细选的好嗓子，他们要么伴着音乐声而唱，要么清唱……几曲终了，观众们登岸，哼着刚才的曲子各自散去，歌声回荡在城市的各个角落。

在随后的几个世纪里，涅瓦河的恐怖与美好交替出现，幸运的是美好的时候更多。然而，洪水始终是一个严重的问题。1824年11月7日，这座城市经历了史上最严重的水灾，水位达到有史以来最高的4.21米（13英尺9英寸）。居住在河畔宫殿的弗拉基米尔·索鲁古布伯爵在回忆录中写道：

河流和天空已经难以区分……然后，突然间，河岸消失了。

防洪堡垒与我们的房子之间，只剩下一片汹涌的海。我们发现自己处于非常危险的境地……现在，水桶、浴缸、酒桶、家具、棺材及至从斯莫伦斯基公墓冲过来的十字架全都漂在水面上。

费奥多尔·托尔斯泰伯爵的女儿玛利亚·卡门斯卡亚记录了在涅瓦河对岸瓦西里岛的家中见证这场洪水的印象。她记得家里所有的人，包括租户和仆人都躲到二楼或阁楼上，"……仆人们吓得六神无主，我们的厨师费奥多尔吓得直接跳进了妈妈的木制浴缸，为了保住性命奋力地挥舞铁锹在大水中搏击……"

尽管许多人在这场可怕的洪水中丧生，但沙皇亚历山大一世的副官亚历山大·冯·贝肯多夫将军迅速而有效的救援行动还是挽救了许多圣彼得堡居民的生命。他率领部下四处出击，快速建立起救灾和援助设施，大大减轻了普通民众的苦难。为了表彰他的努力，沙皇亲自赐给了他一个镶钻的鼻烟壶。

医疗卫生与死亡率

圣彼得堡人口增长迅速，在十七世纪三十年代达到70000人左右。这个城市一直因疫病横行而闻名，这种坏名声一直持续到十九世纪。这里流行病频发，人们的预期寿命比欧洲许多其他城市都低，比周边乡村地区也低很多。天花的杀伤力尤其强。彼得大帝的孙子和继承人——沙皇彼得二世（1715—1730）继位仅三年，就因染上天花而英年早逝。然而实际上，当时不少外国人，甚至医护人员，都对圣彼得堡的卫生状况印象深刻，因为欧洲其他城市的卫生设施其实更差。英国医生约翰·库克热情地写道："河流和运河两岸都建有公共厕所，普通民众可能没有借口在街上随地大小便。"此外，圣彼得堡的街道宽阔，并不像更古老的欧洲城市那样拥挤狭小，卫生条件又差，流行病和大火都很容易肆虐。各类卫生机构迅速建立起来，其中最重要的是米里娜亚大街的医学档案馆。对于常年征战的沙皇彼得大帝而言，士兵们的健康尤其重要。因此，他在涅瓦河对岸的维堡建立了两家医院，为士兵提供医疗服务。对此，库克写道：

> 一家医院供陆军使用，另一家供海军使用。两家医院连在一起，围起了一个大广场的三面。敞开的一面朝着涅瓦河，中央有一座精美的教堂，为两所医院共用。病房是一座两层的建筑，设计完善。有顶的连廊几乎可以通往两家医院各处，为走过这里的人们遮风挡雨。每个转角处有一间手术室和解剖室。

随着城市不断发展，到十八世纪五十年代，圣彼得堡的人口已经超过9.5万人，但人口结构却并不乐观，出生人口性别比为60∶40，男性占60。此外，大多数居民挣扎在贫困线上，人口数量需要依靠不断补充自愿和非自愿的移民才能维持。这些移民大部分（92%~94%）来自俄国境内，一小部分来自其他国家。总人口中，贵族和商人各有2000多人，其余大部分是农奴和城市贫民。

外国人中最重要的是英国人。他们十八世纪后期为改善这个城市的医疗卫生条件发挥了非常重要的作用，至少在宫廷范围内是这样。例如，托马斯·戴姆斯代尔医生曾两次应叶卡捷琳娜大帝的邀请到访这里，第一次是在1768年，来给女皇本人和她的儿子、法定继承人保罗大公，以及帝国宫廷的大部分人员接种疫苗。13年后他又来给皇室的下一代也注射了疫苗，其中包括保罗的儿子，也就是未来的沙皇亚历山大一世和他的兄弟康斯坦丁大公。

相较于彼得大帝，叶卡捷琳娜大帝对人民健康的关注更为广泛，而且不仅限于军队。例如，她专门建立了一所医院收容贫困的待产妇女，因为她们生下的将是下一代的俄国工人。女皇专门规定："无论白天还是夜晚，凡来院待产的孕妇，门卫必须立即放行，不得盘问身份。"女皇还任命陆军元帅特里别兹柯依的私生子伊万·伊万诺维奇·别兹柯依为这家医院的院长，参照斯特拉斯堡、维也纳和博洛尼亚同类机构的模式建立这家医院，这在当时的旧都莫斯科可是闻所未闻。

当然，军队医院仍然享有优先地位。这并不令人惊讶，因为在黑海沿岸开展军事行动对女皇至关重要。1789年，英国的一名监狱改革者回到圣彼得堡。他发现，虽然监狱条件几乎没有改善，但是从海军和陆军退役的残疾老兵们的境况却真真切切得到了改善，至少对当时住在军队医院的534名病人而言确实如此。他称赞道：

> 就在城外，面朝一条宽阔的运河，新近建起了一座气派的医院。房间宽敞、明亮、干净，墙面刚刚刷了白漆。患者有男有女，分别安置在相邻的两个病区，房间和床铺都干净整洁。男女囚犯每天都会来这里，女囚负责浆洗和打扫房间，男囚犯负责清理每个房间外下水道的秽物。

尽管采取了种种措施，但1789年，圣彼得堡的人口死亡率仍然居高不下（但是与伦敦和斯德哥尔摩基本持平），这一年也是欧洲大部分地区的灾年。如果没有来自外部的新移民，这座城市很快将难以为继。统计数据很能说明问题：当年的新出生人口仅有6200人左右，死亡人数却超过8400人。即便是50年后，这种情况也几乎没有任何改善。十九世纪三十年代爆发的霍乱，是一种伴随轮船和铁路传播而来的新传染病（病人并不会很快死去，因此疾病传播的范围更大了）。霍乱一波又一波地爆发，很多人因此丧生。这种情况一直延续到二十世纪，直到下水道和排污系统得到完善后才有所改善。因此，在十九世纪下半叶，圣彼得堡的人口死亡率仍然很高，无论在欧洲大陆，还是在俄罗斯境内，圣彼得堡都是死亡率最高的城市之一。1860年，圣彼得堡每23.6人中就有一人死亡。而伦敦、柏林和巴黎的这个比例分别是40人、36.5人和35.1人。在俄罗斯所有城市中，只有因发展武器和茶具制造业而事故频发的图拉死亡率高于圣彼得堡。此外，圣彼得堡不同地区的死亡率也因各地的繁荣程度不同有很大差异。1870年，在最高贵的中心区，人口死亡率不到17‰，而偏远工业区纳尔瓦的死亡率则要高出近三倍，达到50‰以上。

城市变迁

　　死亡率居高不下，也反映出居住空间的昂贵和狭小。即便是条件最差的住房和厂房，租金也很难称得上便宜。1861年沙皇亚历山大二世签发《解放法令》之后，大量被解放的农奴从乡村涌入城市，使得情况进一步恶化。房东们绞尽脑汁，利用一切犄角旮旯赚取更多租金。小说家尼古拉·列斯科夫（1831—1895）在短篇小说《孔雀》中生动地塑造了一个竭尽全力将穷人剥削到底的女房东形象，"她精打细算，发现将房子隔成越多小间，赚的就越多。因为那些穷人总是一伙一伙住在一起，既不在乎房间有没有'品位'，也不要求房间多么干净"。

事实上，从农村涌进城市的贫苦大众最在乎的还是食物，但食物更为稀缺。当时，俄罗斯帝国的许多地方都面临严重的饥荒，不过首都的情况可能略好。1891年的饥荒导致俄国南部超过2000万人死亡，也让更多流离失所的人从农村来到圣彼得堡。1906年，粮食再次歉收，又导致一大拨人涌入首都，令本就拥挤不堪的城市更加拥挤，卫生条件也进一步恶化。结果可以预料：数不清的流行病爆发，贯串了整个十九世纪。1892—1893年的一并爆发尤其严重，斑疹伤寒和霍乱从里海地区向西北方向扩散，蔓延至整个俄国，并传入"北方首都"的中心地带。俄罗斯最伟大的作曲家之一彼得·伊利奇·柴可夫斯基（1840—1893）可能就死于这次传染病大流行（此前人们一直认为他是因为无法面对自己是同性恋的事实以及公开后可能遭到的打击而自杀，但近年来这种说法渐渐被放弃了）。进入二十世纪，情况也没有得到改善。1909年，一场霍乱令全国近50万人丧生，仅圣彼得堡一地就有数千人死亡。斑疹伤寒也是一种令人闻风丧胆的恶疾。在第一次世界大战前，圣彼得堡的总人口还不到250万人，但所有死亡的年轻人中有四分之一都是死于斑疹伤寒。因此，虽然二十世纪初圣彼得堡的人口死亡率比前一个世纪大大降低，但与欧洲其他城市相比，仍然非常高，平均每年每35.1个人中就有一人死亡，这种情况一直持续到1917年2月大革命爆发，不久之后俄罗斯帝国就狼狈地退出了第一次世界大战。

此外，这座城市仍时不时受到洪水的侵扰，加上供水系统一直不好,也导致了其他一些疾病,有些至今仍未完全消灭。例如,通过水体传播的寄生虫病贾第虫病,尽管近年来在英国人的帮助下开展了许多针对它的项目,但至今仍未能解决。

在这个美丽而冷酷的首都,自杀率也很高。仅1908年的一个月内,就有41名学龄儿童自杀身亡,报纸对此进行了大量报道,哀叹这种现代"流行病"的影响。

然而,圣彼得堡(第一次世界大战爆发后,俄罗斯与德国交战,为顺应反德情绪,更名为彼得格勒)面临的真正考验还是由战时物资短缺导致的基础设施破坏。1917年,俄国爆发由议会共和党领导的二月革命和布尔什维克党领导的十月革命,圣彼得堡的基础设施几乎完全损毁。更糟糕的是,随后的内战(社会秩序直到1921年才恢复)令局势进一步恶化,成千上万的人死于饥荒、疾病和战乱。直到苏联建国后,情况才慢慢好转。1924年,为了纪念布尔什维克党的革命领袖、十月革命的领导者、新生的马克思主义国家的铁腕领袖弗拉基米尔·伊里奇·列宁(1870—1924),圣彼得堡更名为列宁格勒。

第二次世界大战(将在第5章讨论)期间,列宁格勒遭到了毁灭性的打击。1941年至1944年,这座城市一直处于德军的包围和封锁之中。这是人类历史上最鲜血淋漓的一次围城,超过100万人死于饥饿、疾病、寒冷和敌军的进攻。直到战后多年,在付出巨大努力之后,这座城市才逐渐恢复元气,代价之一就是严重的工业污染。即便现在,污染仍然大量存在,并且因为汽车尾气而不断加剧。然而,近几十年来,特别是1991年苏联解体后,这座城市逐渐焕发出生机,随着秩序的重建,发展的步伐也加快了。

今天,圣彼得堡已经成为世界上景色最优美、文化内涵最丰富的大都市之一。在一片郁郁葱葱的森林环绕之中（尽管郊区仍然如二十世纪末般死气沉沉），经过修复的宫殿和教堂星罗棋布，度假村和疗养院在海边一字排开，附近还有有钱人的郊外别墅和夏季山庄。除此之外，这里还有丰富的文化生活——歌剧、芭蕾舞、音乐会和戏剧演出数不胜数，更不用提举世瞩目的艺术藏品了。这一切都让这座建立在最荒凉之地的城市魅力四射，吸引着来自五湖四海的游客。

The
biography
of
St Petersburg

圣彼得堡 传

街道 第二章

城市的发展

在涅瓦河入海口的沼泽地上建起欧洲最美的城市之一，这是一项了不起的成就。然而，圣彼得堡是一座骸骨之城，成千上万士兵和农奴为了建起这个城市付出了生命的代价。而在真正着手建设之前，首先要做的是巩固军事防御。

建设和发展圣彼得堡的举措很多，而最先开展的工作之一就是建立防御工事。在彼得大帝统治期间，这座新都城一直面临着严重的军事威胁——毕竟这里原本一直属于瑞典，直到1703年才被征服。更加广泛的军事行动对圣彼得堡的建立和发展，甚至对俄罗斯帝国整体的存亡都至关重要。巩固现有的堡垒（由瑞典人建造）和新建更多防御工事缺一不可，毕竟在圣彼得堡建城后的几十年间，俄罗斯都处于战争状态。大北方战争（1700—1721）进行了三年，俄罗斯帝国大军在与瑞典的对峙中的阵亡人数达30000人，如果加上沙皇在其他地区展开的军事行动中的阵亡人数，总数超过40000人。

尽管战场上死伤众多，同时进行的另一场战争却更加惨烈——这是一场对抗自然、地理和气象条件的战争。仅在圣彼得堡建设的初期就有约70000人死亡。阿列克谢·托尔斯泰（1883—1945）是苏联时期的作家，也是十九世纪晚期史诗小说《战争与和平》和《安娜·卡列尼娜》

的作者列夫·托尔斯泰的亲戚。他在著名传记作品《彼得大帝》中描写了这个情况。他毫不夸张地指出，可以说这个城市的根基就是在建设者的骸骨上筑就的。类似的情况在作家本人所处的时代也出现了。革命、内战，以及第二次世界大战期间对列宁格勒的封锁，给这个城市带来一波又一波的沉重打击，状况甚至比建城初期更加惨烈。

除了关注圣彼得堡早期的历史，阿列克谢·托尔斯泰的作品还突出了各方为建造白海运河付出的各种自愿和非自愿牺牲。第二次世界大战期间，白海运河成为圣彼得堡打破德军包围和封锁、通向北冰洋的唯一生命通道。从摩尔曼斯克运来的援助物资，沿着白海运河（多少劳改犯为修筑这条运河付出了生命）一路向南，到达列宁格勒。但这并不是这里的居民首次遭到这样严重的生存威胁。在彼得大帝时代，俄国就曾为了从瑞典手中夺取这个地区而奋勇对抗强敌。所不同的是，当时军队的补给是巧妙运用西面的水路运送的。

一场血战之后，从拉多加湖到公海的水路终于打通，货物、工人和囚犯从东面源源不断地涌来。斧子声、锯声此起彼伏。在这世界尽头之地，数量惊人的劳动者辛勤工作，再也没有回到故乡，他们要保卫俄罗斯帝国对外的贸易通道，他们将建造一座有六个棱堡的堡垒。

彼得大帝在芬兰湾畔守住了自己的一席之地。无数的应征兵和农奴源源不断地来到这里，为这个城市添砖加瓦，似乎毫不在意活下来的机会多么渺茫。早期的建设工作需要无数建筑工人，因此早在1704年，也就是城市建设刚刚进行了一年之后，政府就下令征集40000多人来参与建设工作，主要是农奴，也有囚犯。实际来到这里的只有30000人左右。无论严寒酷暑，这些人在艰苦的自然环境中，从日出到日落，日复一日地劳作。4月到9月，天气温暖，工作效率最高，但是城市所处的沼泽地在这段时间涝渍最为严重，对健康不利。秋冬季节的情况也好不到哪里去，人们从早上六点工作到晚上六点，疫病仍然肆虐。而且，壮劳力总是短缺，必须施加越来越大的压力才能保证充足的劳动力供给。除了强制征召的农奴和士兵，来自瑞典军队的战俘和普通罪犯也被拉来充数。

即便如此，整个过程还是充满艰辛，所取得的成就在当时的极端条件下堪称奇迹。在开工之前，必须先将沼泽地的水排干，再将桩子深深打入并不稳固的底层土里作为支撑。工人死亡，是比工人逃跑和顽抗更大的敌人：1703年至1715年，每年平均有150名建筑工人死亡，总计接近2000人，后来，在为了吸引效率更高的雇佣劳动力加入而改善了劳动条件之后，死亡率才开始降低。但工作条件仍然恶劣，雇佣条款严苛，政府法令要求达到的建筑标准高不可攀，甚至以当时的条件来说，根本不切实际。

事实上，彼得大帝所设想的圣彼得堡，几乎是一个幻想中的乌托邦。他不惜一切代价，甚至邀请凡尔赛宫设计师安德烈·勒诺特尔的徒弟、著名的法国园林设计师让-巴蒂斯特·亚历山大·勒·布隆进行城市规划。根据最初的设计，这个城市将是椭圆形的，规模宏大。不过后来做出了调整，沙皇也不得不接受一个相对质朴简约的设计。最终这座城市的布局充其量只能说是基本完成，就连最重要的建筑物，也最终被迫采用比最初设想更加简单的结构和设计。

例如，彼得的第一处住所就是用木头建造的，而没有选择砖石等昂贵的材料，不过倒是用油漆粉刷成了像砖石建筑的模样。毫不奇怪，这座城市的其他多数早期建筑也都是木制的，毕竟这个地区到处都是云杉和松树，木材最为充足。有时，甚至使用黏土等更加简陋的建筑材料。

黏土在附近地区可以低价买到，多用于建造"马占卡"（俄罗斯传统的木骨泥墙房屋）。

尽管存在这些问题，但圣彼得堡仍然不断发展壮大。到1710年11月，这座城市已经有750~800户人家，共约8000名居民，其中许多人都是外国血统。这并不奇怪，因为在当时彼得大帝麾下的海军中，几乎所有的军官和许多普通水手都是荷兰人，此外还雇佣和征召了许多其他国家的士兵，包括英格兰人、苏格兰人和瑞典人。

城市规划与网格系统

首先，彼得需要一份规划图。正如他自己所言，这座"城市将'以荷兰人的方式'布局，街区要规整，运河要横平竖直地穿过整个城市"。照此建起的新城，完全是一个用直线排列出的网格状。圣彼得堡因此迅速成为欧洲布局最为理性的城市，与旧都莫斯科的混乱无序以及狭窄曲折的街道形成鲜明对比。哈罗德·威廉姆斯在《俄罗斯人的俄国》（1914年）中，描写了以又长又直著称的涅夫斯基大街（又称涅瓦大街）：

> 彼得一直想在涅瓦河左岸的森林里开辟出几条名为"前景"或"远景"的笔直大道。涅夫斯基大街显然完美地体现了彼得的意图。这条宽阔的大道笔直延伸，气势恢宏，令人紧张而兴奋。每行至此，车夫们都会被唤起冒险的欲望，不顾货物沉重，策马扬鞭，超过前方慢悠悠的马车，疾驰而去。

十八世纪早期的圣彼得堡主要包括三个区域，分别是涅瓦河以西的瓦西里岛、现在的彼得格勒区和附近彼得保罗要塞所在的小岛，以及最重要的东涅夫斯基地区，直到今天，涅夫斯基大街仍是这里最长的街道和最著名的地标。这里是从圣彼得堡到诺夫哥罗德和莫斯科，以及各省的陆上通道的起点。安德烈·别雷在小说《彼得堡》（1913年）中，称这条大道通往"广袤无垠"的俄罗斯帝国和"孤立一隅的各省"。这条大道以涅瓦河上的海军部大厦为起点，一路延伸到莫斯科火车站所在的起义广场，然后略微转向，最终到达彼得在城市最东边建立的亚历山大涅夫斯基修道院，全长约3英里（4.5公里）。

涅夫斯基大街固然重要，但是决定这座城市整体布局的，其实是一些更重要的地理特征——城市西部的河流和运河。莫伊卡河、丰坦卡河、格里博耶多夫运河和克留科夫运河等河流蜿蜒穿过城市，将横平竖直的严格规划打破，河上架设着一座座精心设计的桥梁，有些美得摄人心魄。是这些河道定义了圣彼得堡，即便是最重要的街道也不是它们的对手。在夏日的晴空下泛舟河上，或许是最令游客们愉悦的旅行体验。两岸壮美的宫殿和豪宅让圣彼得堡的河景甚至不输威尼斯。

圣彼得堡的城市布局还有另外一个特点，那就是数不胜数的庭院。读过陀思妥耶夫斯基作品的人对此一定很熟悉。即便没有读过的人，了解之后也会非常喜爱这里的数百处庭院，它们形状、大小各异，与这座城市的历史紧紧联系在一起。据说过去，无论是本地居民还是游客，又或者是躲避当局追踪的恐怖分子和失势的政治人物，只需在一个个庭院间穿行就能从城市的一端走到另一端，完全不需要穿街走巷。最吸引人的一些庭院坐落在马林斯基剧院背后的运河对岸和圣以撒大教堂附近，现在都已拆除。在陀思妥耶夫斯基《罪与罚》中，罗丹·拉斯科利尼科夫谋杀事件就发生在这里。概括而言，圣彼得堡的城市规划是理性的网格状规划向当地天然和人为的地理特征妥协的结果，二者有机融合，妙趣天成。

至于瓦西里岛，那里的网格状结构是由一条条叫作"线"的街道分隔而成的。一道道彼此平行的"线"与贯穿东西的"中街"和"大街"垂直相交。一条条"线"从岛的东部涅瓦河支流汇入干流处的冬宫桥起始，沿着涅瓦河笔直的河道一路向西，从1号排到29号。在意大利建筑师多梅尼科·特列吉尼（1670—1734）最初的设想中，瓦西里岛应该是圣彼得堡的中心。因此，早在1716—1718年，他就设计好了1号线到25号线之间的区域——这里将修建一条条运河，既便利城市交通，又可创造媲美水城威尼斯的美丽景观，将圣彼得堡建成名副其实的北方威尼斯。当然，最终只修了四条运河，其他都由街道取代。今天，瓦西里岛是这座城市最繁忙的地区之一，涅瓦河沿岸的大学滨河街一带历史建筑和纪念建筑最多，这里也是圣彼得堡国立大学著名的十二院所在地。国立大学自身呈网格状布局，从远处望去，就像一座富丽堂皇的宫殿。一个世纪之后，英国建筑师约翰·纳什在设计伦敦摄政公园时，也借鉴了这种做法。

彼得格勒区（这个名称提醒我们这里是"彼得的城市"）现在主要是住宅区，当初建造时也没有那么严格的规划。这里有沙皇彼得为自己在圣彼得堡建造的第一所住宅。仅有60平方米的木制小屋颇为精美，融合了传统的俄罗斯和荷兰元素。1703—1708年，彼得大帝在这里居住了五年。小屋位于彼得滨河街6号，至今仍大体保持原貌。小屋虽是易燃的木质结构，但内墙粉刷了砖石图案，看起来像是用砖石建造的，竟然奇迹般地躲过了第二次世界大战的炮火和轰炸。这里现在是一家公共博物馆，为了避免风雨侵蚀，外部加盖了红砖保护结构。除此之外，这片区域在十九世纪后期开始大量兴建住宅，建起了一座座宏伟的别墅和公寓大楼。但是，这里最著名的地标可能还是永久停泊在彼得格勒区岸边的阿芙乐尔号巡洋舰——1917年10月，它打响了"十月革命"攻占冬宫的第一炮，现在是一家博物馆。

艰苦劳作

建城十年后，圣彼得堡的城市基础设施开始以惊人的速度实现现代化。1714年，特列吉尼设计了这里的第一家邮局，这是一座单层建筑，位于圣三一桥附近，当时叫作大草坪，后来一直叫战神广场。然而，在这个新生的邮政系统当邮差可并不容易，因为要再过三十年，圣彼得堡才会建立起规范的地址系统。

尽管有这样那样的弱点，但圣彼得堡仍然一天天变成了一个具有鲜明欧洲风格的城市。城市道路早在1715年就开始硬化路面，最先铺设路面的是涅夫斯基大街。无论是当时还是现在，这条大街都是圣彼得堡最重要的街道。此后只用了十年时间，就完成了许多主要街道的路面硬化工作。新首都的街道照明设计这一艰巨任务由勒·布隆承担，到十八世纪二十年代，整座城市的街道上已经安装了595盏油灯，灯油是当地新建的孟什科夫-雅姆伯格工厂生产的大麻籽油。这些油灯经久耐用，大部分都用了140多年。最初负责维护油灯的64名工人的形象令人印象深刻，直到几十年后仍是这座城市的一道风景线。

要在一片沼泽之上建立这样一个地域广阔的城市，首先需要的就是劳动力。而事实证明，劳动力短缺将是圣彼得堡长期面临的主要困难。激励人们自发前来的措施少之又少，需求却永无止境，无论是自由劳工还是抵债苦力。即便是自由劳工，享受的权利也比欧洲其他地方的工人少得多。例如，在新都圣彼得堡，工人们不能自由选择居住地，因为法律已经根据每个人在社会中的地位——种族、社会和宗教地位对此做出明确规定。每个群体要按规定居住在一个特定的区域。例如，工匠只能住在今天的彼得格勒区，而贵族和商人从1716年起就必须住在瓦西里岛。

法国人是这个城市最希望吸引的群体之一。1717年，彼得大帝再次前往西欧，访问了法国，这一方面是出于政治原因，另一方面也是为了鼓励法国的能工巧匠携家眷移民到俄国新首都。此次访问后，约有200人从法国来到了圣彼得堡，大多数是艺术家、木工、演员、舞蹈家和糕点师。

工作时间长，劳动条件又艰苦，气候还十分不利——至少有半年寒冷潮湿，温暖的日子又蚊虫肆虐。工人越来越多，工厂越来越大，工作时间要根据日照时间来决定，冬季最短七个小时，然后随着日照时间的增加而延长，到盛夏的白夜期间，最长可达18个小时。

童工的作用也不容忽视。工匠的儿子9岁就要登记为工人，在父亲所在作坊和工厂工作。当然，这些孩子的工作条件取决于其父亲的社会和经济地位。社会底层人士的生活通常极为艰苦，还必须与农奴争夺饭碗。抵债劳工属于特定的雇主，通常与雇主的土地捆绑在一起，但又不同于美洲奴隶制中的奴隶。尽管如此，这些人的劳动自由和行动自由依然受到严格限制。到彼得大帝的女儿伊丽莎白女皇（1741—1762年在位）的统治结束时，过去由农奴完成的大部分工作都已转由效率更高的有偿工人承担。囚犯继续发挥重要作用，因为在城市历史的早期（其实即便到了二十世纪下半叶仍是如此），犯人在总人口中占据了相当的比例，大部分是普通囚犯，但也有许多是战犯或政治犯，他们的罪行也许是确有其事，也许是莫须有。

十二院

一个伟大的欧洲大都市不但要拥有强大的武力，也要有过人的智慧。因此，建立高效的行政机构是圣彼得堡早期的优先事项之一。十二院（建于1722—1742年）正是为此而设立的。十二院的建筑由特列吉尼负责设计，此前他还设计了亚历山大涅夫斯基修道院（将在第9章介绍），但他的设计后来缩水严重。十二院占地面积很大，彼此相连，总长度达到383米（1250英尺），如宫殿一般。各政府部门都在这里办公。迄今，十二院仍然是特列吉尼晚期设计风格的重要代表。

十二院建筑群位于大学滨河街，自1819年起成为圣彼得堡国立大学部分院系的校舍。国立大学1724年由彼得大帝创立，第一任校长是德国籍的俄罗斯科学院院士、历史学家和人种学者格哈德·弗里德里希·穆勒（1705—1783）。十八世纪，十二院又成为彼得大帝废除东正教牧首之后负责管理俄国正教会的神圣宗教会议所在地，十个政府部门以及元老院也曾在这里办公，直到十八世纪后期陆续建起其他办公场所后才逐渐迁出。这个巨大的建筑群基底朴素，充满乡土气息，同时又吸收了多种西欧巴洛克式的建筑元素，建有巴洛克式的山墙，样子与十七世纪丹麦国王克里斯蒂安四世设立的哥本哈根证券交易所不无相似之处。这个交易所由弗莱芒裔丹麦建筑师劳伦斯和汉斯·凡·斯蒂恩温克尔设计，1619年开工，1624年建成。圣彼得堡十二院与这座建筑的关系看起来很远，但实际上这种关联也并不那么令人意外。整个十七世纪、十八世纪，丹麦一直是俄国在欧洲最重要的盟友，因为两国有一个共同的重要目标——让俄国的头号敌人瑞典在政治和军事上始终处于守势。到特列吉尼去世时，十二院仍未完工。他的女婿朱塞佩最终完成了全部建筑工作，并在主楼后增加了一条走廊。

工业发展

俄国的这个新首都，当然也需要建立工业基础设施。为此，彼得大帝鼓励西欧实业家到这里来。最早来到这里的两位实业家是丹麦人马尔赛纽斯和荷兰人阿科玛，此前他们已经在莫斯科的卡什尔斯基区建了四家工厂。然而，发挥更大作用的仍然是英国人。在1917年因革命爆发而被迫逃亡之前，他们一直是整个俄国，特别是圣彼得堡最杰出的实业家。英国人定居的地方很快被称作"英国滨河街"，他们在这里建起了圣玛丽和诸圣公会教堂（现属里姆斯基-柯萨科夫音乐学院）。这里原本是为谢列梅捷夫伯爵建造的宅邸，1723年被英国俄罗斯公司收购并改建为教堂，后来又进行了多次翻修。最后布尔什维克将教堂关闭并囚禁了在此传教的英国圣公会牧师。另外，英国人在教育领域也做出了重要贡献。他们是最早在圣彼得堡建立流动图书馆的人。这个图书馆在接下来的几十年里不断壮大，鼎盛时期藏书达10000册，是俄国最大的英文图书馆。

在圣彼得堡，教堂并不是英国人唯一的社交中心。贵族们至少还有另外一个去处，那就是英国俱乐部，莫斯科也有一家。英国俱乐部成立于1770年，会员都是英国和俄国的男性公民。十月革命期间，俱乐部关闭，很多会员被杀害。相比之下英国共济会（又称"完美联盟"）只能算是昙花一现。它受到了多方面的政治压力，包括因宣传启蒙运动和反宗教的价值观而引起俄罗斯正教会的不满。

不过，英国人之所以在圣彼得堡发挥了举足轻重的作用，主要还是因为其对工业发展的影响。来自英国的重要实业家之一是苏格兰人查尔斯·伯德（1766—1843）。伯德1786年来到俄国开设了一家工厂，1805—1806年为圣彼得堡的许多桥梁工程供应建材，元老院和神圣宗教会议新址使用的雕像也来自他的工厂。此外，他还为著名的亚历山大纪念柱提供了底座浅浮雕，为海军部大厦、米哈伊洛夫斯基城堡和圣以撒大教堂提供了其他装饰材料。尽管英国人做出了如此众多的贡献，但这一时期的英俄关系却并非一帆风顺，很多时候甚至充满动荡和敌对。1797年商业条约的签订，加上沙皇保罗仇视法国的立场，起初确实推动了英俄关系的改善，但随着保罗转变态度与拿破仑建立更加紧密的同盟关系，英俄关系迅速恶化，最终导致1800年5月两国暂停外交接触，俄国对所有英国商品实施禁运。沙皇一方面希望从法国新皇帝那里得到援助；另一方面开始酝酿将俄罗斯帝国的版图向东拓展，征服英属印度（在第4章和第11章中我们将看到）。这最终导致了沙皇的失败，甚至死亡。

此时，建城仅80年后，圣彼得堡已经成为欧洲最重要的城市之一。1784年的人口达到192000人。然而，当时的圣彼得堡和当代一样，两极分化，对比强烈。奢华与赤贫在同一个地区、同一条街道，甚至同一栋建筑里并存——富人住在低层，而饥肠辘辘的穷人则蜗居在阁楼上。此外，圣彼得堡还是一个国际化的大都市。在整个帝国时期，外国人始终受到欢迎。英国人并不是社交和商业领域唯一出挑的外国人群体。1793年，至少有800名法国人居住在这座城市，其中63人是商人，这也使圣彼得堡成为俄罗斯帝国法国人第二多的城市（当时莫斯科有900名法国人）。

商业广场

如果说工业是俄国以及圣彼得堡发展史上出现较晚但十分重要的行业，那么贸易就更是如此。长期以来，贸易一直将俄国与西欧国家——特别是英国和荷兰紧密地联系在一起。这种联系可以追溯到十六世纪，当时主要的贸易路线是由挪威的北部海岸南下到达白海的阿尔汉格尔斯克，再经河运到达莫斯科。因此，在圣彼得堡建城初期，商业活动就已经发挥了巨大的作用。叶卡捷琳娜大帝统治时期最重要的建设项目之一就是庞大的贵宾宫，又名商业广场。贵宾宫建在涅夫斯基大街和花园大街交叉口，是一个早期的市中心大型购物场所。虽然最初设计图由弗朗西斯科·巴尔托洛梅奥·拉斯特雷利完成，但是建造工作却交给了1759年来到圣彼得堡的法国建筑师让·巴蒂斯特·瓦林·德·拉·莫斯（1729—1800），这并不是沙皇的安排，而是圣彼得堡商人们自己选择的。拉斯特雷利追求宏伟，而瓦林·德·拉·莫斯却为这座两层楼的四方形建筑选择了更为低调的新古典主义风格。这个具有明显资产阶级建筑格调的商业中心，四面都是带顶的拱廊，柱子选择了古典建筑中最朴实无华的多立亚式，完全没有贵族式的矫揉造作。与其他很多建筑工程一样，因为需要很多人的投资，贵宾宫历时多年建成，1785年才正式对外营业，当时有超过100家商铺。现在，贵宾宫仍然是圣彼得堡最重要的购物中心之一。

新荷兰岛

　　新荷兰岛的建立对圣彼得堡的防御安全和商业繁荣发挥了至关重要的作用。新荷兰岛是一个大型的海军基地，设有仓库和造船厂。这个岛屿实际是1720年专门为了建造这个基地而修建的一个三角形的人工岛，位于涅瓦河和几条运河的交汇处。海军基地的建设工作大部分由俄国建筑师伊万·科罗博夫完成。1732—1740年，他在这里主持修建了一系列仓库，并在入口处建了一个巴洛克风格的大门。可是到了1765年，当局又委托萨瓦·切瓦金斯基与瓦林·德·拉·莫斯一起，使用更加坚固的红砖代替木材来重建这个地方。在修建新的大门时，瓦林·德·拉·莫斯选择了更加时尚的早期新古典主义风格，辅以用从芬兰（当时处于瑞典统治之下）进口的红色花岗岩制作的托斯卡纳式石柱。新大门巍然耸立于运河之上，被称为大拱门（建于1765—1788年），既是军事基地的入口，也成为对那个时代经济大繁荣的真正纪念。目前这里的建筑物大多是十九世纪增建的，包括过去的海军监狱和建筑工地，不过，重建工作正在进行，包括酒店、会议中心、餐厅和商店。一旦完工，这里必将呈现另一番景象。

尤里·费尔滕

尤里·费尔滕（原名乔治·弗里德里西·威尔登，1730—1801）是一名来自德国移民家庭的建筑师，十八世纪五十年代中期，他已成为与瓦林·德·拉·莫斯一样深受帝国宫廷喜爱的建筑师。费尔滕出生在圣彼得堡，他没有前往法国或意大利学习，而是去了神圣罗马帝国的图宾根，之后又在拉斯特雷利手下当学徒。费尔滕的影响非常深远，特别是在南涅瓦滨河街的建设中发挥了重要作用，红色花岗岩至今仍在那里熠熠生辉。此外，他还修复或重建了多处皇室和贵族的宫殿。1764—1767年，他与瓦林·德·拉·莫斯合作建造了小艾尔米塔什宫的南亭。为了纪念俄国舰队在1770年的切斯马战役中战胜土耳其，他还主持建造了风格奇特的切斯马宫。与同时期的其他俄国建筑不同，这座宫殿看起来更接近十八世纪英国哥特复兴主义风格。他在切斯马建造的施洗者圣约翰教堂也是这种风格。十八世纪七十年代，他还在冬宫近旁修建了美丽的上天鹅桥。当其他建筑项目需要他的技能时，他也会积极提供协助。例如，元老院广场上的彼得大帝骑马像（又称青铜骑士像）虽然出自艾蒂安·法尔科内之手，但它的基座其实是费尔滕修筑的。

拿破仑战争时期

新一代意大利建筑师贾科莫·夸伦吉（1744—1817）也对圣彼得堡的建筑风格产生了深远影响，特别是在拿破仑战争期间，也就是沙皇保罗和亚历山大一世统治期间。他所修建的众多帕拉第奥式建筑中，最著名的当属1804—1807年在圣以撒广场建成的马术纪念碑，也就是著名的皇家骑兵卫队骏马雕像。

进入十九世纪，圣彼得堡开始了飞越式的发展。1800年，这里登记的居民总人数达到220000人，并且在十九世纪初期一直保持了增长态势。到1813年，总人口已经超过285000人。这当中至少有35500人是外国人，包括许多英国人，比如设计了涅夫斯基大街上横跨莫伊卡河的"警察桥"的威廉·哈斯蒂。

这个时期在圣彼得堡的外国人大多是男性。事实上，圣彼得堡社会各阶层都面临人口性别比例失衡的问题，十八世纪时就是如此，到了这一时期仍未改善。许多本土男性都是新近从农村来到城市的，他们希望在城市里找到工作，脱离贫困，而他们的妻子都留在乡下。因此，城市里的男性人口比例一直居高不下，占总人口的62%～65%。

各个市场成了初来乍到者寻找工作、购买食物和进行社交活动的地方。其中最热闹的是圣以撒广场。每天凌晨四点，就会有很多工人和农民来这里找活儿干。买卖和雇用农奴也有一个专门的市场，许多农奴会专门被带到这里来进行交易。

大多数自由工人和农奴都租住在靠近工厂区的城市边缘地带，那里的廉价公寓或其他简易住房非常拥挤，通风条件很差。很多时候是两家人合租一个房间，中间仅用帘子遮挡，保留一点点隐私。更加贫困的人最多的时候要30个人挤在一个房间里，经常只能轮换着在仅有的八张木板床上睡觉。房间里通常没有什么其他的家具，最多也就是一把木头椅子、一个茶几和一条板凳。不过工人们在这种人挤人的房间里待的时间也非常有限，因为工厂一般要求他们早上五点钟上工，一直干到天黑。星期六是洗澡的日子——在俄国的广大农村地区和小城镇，直到现在还保留着这种习惯。在那一天，工人们会去当地的澡堂，有点像现在的桑拿房。星期天是严格的安息日。根据东正教礼仪，工人们必须去教堂做礼拜，仪式通常要持续几个小时（参见第9章），还经常要斋戒，虽然教会行事历并不总是这么要求。

城市基础设施

进入十九世纪后，随着时间的推移，圣彼得堡的城市基础设施迅速赶上了欧洲大部分城市的水平。街道照明用的煤气灯于1835年引进，仅四年后，整个城市中心地带已安装了204盏这样的灯，主要分布在冬宫广场、涅夫斯基大街、海军部大厦和利特尼大街等重要地点。

涅瓦河上也建起了新的大桥。河上第一座固定大桥——报喜桥由波兰工程师斯坦尼斯瓦夫·吉尔别兹设计，亚历山大·布鲁洛夫（1798—1877）负责装饰，1850年正式通车。五年后的1855年，报喜桥更名为尼古拉耶夫斯基桥。1918年，为了纪念1905年在塞瓦斯托波尔发动起义的彼得·施密特中尉，大桥又更名为施密特中尉桥。2006年，改回原名报喜桥，因为它坐落在报喜教堂附近。报喜教堂1854年为纪念圣尼古拉而建，由当时俄国的另一位著名建筑师安德烈·施塔肯施奈德（1802—1865）设计。1936—1938年，苏联当局对报喜桥进行了重建，拆除了报喜教堂。

城市供水和污水处理方面也取得了长足进步。叶卡捷琳娜大帝统治时期，涅瓦河上的圣以撒桥和复活桥附近建造了两个公共供水泵站，为市民提供大量的饮用、烹饪和洗涤用水。居住在城市各个地方的居民或亲力亲为，或请仆人代劳，都用罐子和水桶来这里打水。更大的变化发生在1825—1850年。1827年，整个城市只有两个公共泵站，而到1849年，已经增加到37个，是原来数量的18倍多。而且，到十九世纪五十年代，圣彼得堡至少有1000名运水工，他们从城市各地的泵站取水，送到千家万户。人们通过水桶的颜色区分水的不同用途，白色水桶装的是涅瓦河的水，相对干净，可以饮用，黄色水桶的水来自污染较重的丰坦卡河，绿色水桶装的水则来自水流缓慢的各条运河，绝对不能饮用。城里还打了许多口井，到1839年已有1320口。随着时间的推移，情况越来越明晰——圣彼得堡必须进一步完善它的供水和污水处理系统，并实现资本化运营。于是，1858年，圣彼得堡供水管道股份公司成立。那一年，这座城市的人口已经增长到50万人。由这家公司监理，建筑师伊万·梅尔茨和工程师欧内斯特·舒贝尔斯基在施帕勒尔纳亚街建造了高达54米（175英尺）的大水塔，它是圣彼得堡1863年新建的城市供水和污水处理体系中的重要一环。尽管有这样那样的问题，但这个系统是仿照伦敦的供水系统建造的，而伦敦的那套系统是在经历了一场严重的霍乱大流行后刚刚改建的。

到1881年，圣彼得堡的供水和污水处理基础设施已经得到显著改善，至少有5000户人家用上了自来水，占总户数的一半左右。此外，随着过滤网投入使用，早期困扰这座城市供水系统的技术问题到1889年也已完全解决。不过，挤住在出租屋阁楼里的穷人此时仍然没有用上自来水。自来水的完全普及到十九世纪末二十世纪初才得以实现，那时，圣彼得堡也已用上了电。1884年时，涅夫斯基大街已经使用电灯照明了。

现代化

彼得大帝一直梦想着将圣彼得堡建成俄国最重要、欧洲数一数二的航运中心。在他去世100年后,这个梦想终于成真。1830年,圣彼得堡作为俄国的北方首都,航运业一派繁荣景象,贸易蓬勃发展,支撑这种繁荣的是2500名劳工和成千上万的农奴。意大利籍瑞士建筑师路易吉·鲁什卡(1758—1822)在涅夫斯基大街靠近商业广场的地方建造了羽毛道门廊(建于1802—1806年),穿过门廊就能到达商业广场上林立的商铺。此外,他还对冬宫进行了局部改造。另一名受鲁什卡影响的意大利建筑师乔瓦尼·卢齐尼在证券交易所附近建了几座恢宏气派的仓库(建于1826—1832年)。建仓库的原因之一是1828—1845年有大量的铂从乌拉尔山脉运到这里来,用于造币。

城市里的工厂越来越多。许多都是使用蒸汽动力的工厂,对技术好的付费劳工的需求越来越大,而对没什么工作动力的农奴需求不多。一些工厂明显受到圣彼得堡本土设计师康斯坦丁·托恩(1794—1881)的影响,更倾向于采用折中主义的建筑风格。托恩建造了莫斯科基督救世主大教堂,风格是所谓的俄罗斯拜占庭式。这座教堂后来被斯大林下令炸毁,在苏联解体后重建。托恩是俄罗斯美术学院的学生,与之前的许多建筑师和艺术家一样,他先到法国和意大利留学,然后回国,用民族浪漫主义的视角重新诠释适合俄国的风格。在圣彼得堡,托恩曾为科洛姆纳区的圣凯瑟琳教堂绘制设计图,但他最著名的建成作品是报喜教堂(建于1843—1849年),还有尼古拉耶夫斯基火车站(建于1849—1851年),也就是今天的莫斯科火车站。坐落在涅夫斯基大街上的帕西奇购物中心(建于1846—1848年)也是新文艺复兴风格,由俄国建筑师鲁道夫·切里亚泽维奇设计。这家购物中心1848年开业,有一个大厅专门举办文学和其他文化活动,现在改成了剧院。这里至今仍是圣彼得堡最重要的购物场所之一。这些都彰显了圣彼得堡作为欧洲最大、最重要的城市之一所承担的功能和角色。到1890年,圣彼得堡的人口比30多年前几乎翻了一番。人口结构仍然保持了国际化大都市的特点,有15%的居民是外国人。到世纪之交,圣彼得堡的户数有22200多户,有的人住在豪华的宫殿里,有的人则蜗居低矮的棚屋。整个欧洲最好的和最差的住房在这里都能看到。

要推动经济、社会和文化的发展,交通对于俄国而言是至关重要的因素。因此,在这个全世界最大的国家修建铁路意义重大。尤其是连通两大都城圣彼得堡和莫斯科的铁路,重要性更是不言而喻。1851年,尼古拉耶夫斯基火车站投入使用,这无疑具有重要的象征意义。这座以沙皇尼古拉一世的名字命名的火车站,由康斯坦丁·托恩设计,具有明显的折中主义风格,完美融合了双拱穹顶等传统的俄式建筑元素以及意大利文艺复兴和巴洛克风格元素。1843年,涅夫斯基大街上首次开通了公共汽车。1907年9月,圣彼得堡又开通了有轨电车,所用的车辆由英国布拉什公司生产。从二十世纪初开始,有轨电车成了冬季通往涅瓦河对岸的唯一固定交通方式,车子沿着铺设在冰面上的轨道过河。然而,若要让交通运输业兴旺发达,就必须在涅瓦河上建起永久性的桥梁。于是,几座固定大桥修建起来,替代了临时桥梁。例如,1912—1916年建起了铸铁的冬宫桥,不再使用浮桥。

圣彼得堡很早就引进了"不用马拉的车",在俄国的贵族和工商业精英阶层中很受欢迎。人们对这类交通工具感兴趣,当然也是出于实用的考虑。早在1877年,俄国发明家费多尔·布利诺夫(1827—1902)

就发明了一种履带式的车辆，作为农用拖拉机使用。随后，在1896年，莫斯科的雅科夫列夫发动机厂和弗雷泽车厂共同打造了俄国的第一辆汽车，以汽油为动力。这辆车采用卧式单缸发动机，设置在车身的后部，最高可产生两马力的动力。1899年，希波吕忒·罗曼诺夫首次在圣彼得堡推出"布谷鸟"电动车。几年后，多种新的汽车陆续诞生，其一是罗索-巴尔特汽车。这款汽车1912年在蒙特卡洛拉力赛上获得了第九名，次年又在圣塞巴斯蒂安拉力赛上获得第二名，赛车手安德烈·纳格尔也因此获得了沙皇尼古拉二世的嘉奖。此后直到苏联解体前，俄国虽然一直有汽车制造业，但赛车被认为是资产阶级的活动因而被禁止，汽车制造业的中心也一直是莫斯科，而非圣彼得堡（列宁格勒）。

战争、革命以及二十世纪的衰落

第一次世界大战开始时，圣彼得堡已经是一座欣欣向荣的欧洲大城市，经济、文化和社会发展的前景一片大好。战争中，这里遭到了严重破坏，城市也抛弃此前的德文名字，改名为彼得格勒，不过，人口仍然比二十世纪初增长了70%以上，达到242万人。如果没有第一次世界大战和十月革命，圣彼得堡的经济和社会繁荣可能还会持续几十年。然而现实却是，接踵而至的两次革命和一场内战，让这座城市千疮百孔，迅速走向衰落。

虽然第一次世界大战给彼得格勒造成的损失不及第二次世界大战惨重，但是战争毕竟耗费了大量人力和其他资源，这个城市的运输体系因此受到重大打击，食物供给不足，人民深受其害。罢工和暴动此起彼伏，最严重的一次爆发于1917年3月8日。两天后，首都军队发动了大规模的武装起义。选举产生的国家杜马觊觎权力，趁乱拒绝了沙皇将其解散的命令。包括皇室在内，所有人都已经明白，帝国的陨落已成定局，沙皇也无力挽回颓势。左派政党迅速填补了由此产生的政治真空。3月12日，地方自治机关联合会总委员会主席李沃夫亲王主持组建了临时政府。三天后，沙皇尼古拉二世代表他自己和身患血友病的儿子阿列克谢宣布逊位。尼古拉二世是个圣人，但他不是一个好的君主（他的母亲皇太后玛丽亚·费奥多萝芙娜在私人日记中如是说），他的弟弟米哈伊尔大公成为皇位的第一顺位继承人，但他提出除非得到立宪会议的认可，否则拒绝继位。而立宪会议当然并没有接受他。临时政府统治无力，派系林立，台前幕后的争权夺利从未停止，争执焦点之一是俄国是否应退出第一次世界大战。与彼得格勒苏维埃（工人与士兵代表议会）的冲突，也影响了军事上的秩序，因为苏维埃发布了"一号法令"，挑战军官的权威，并将相当大的权力下放给忠于苏维埃的普通士兵。

形势变幻莫测，一触即发。4月16日，流亡瑞士的弗拉基米尔·列宁及其布尔什维克同党乘坐火车抵达彼得格勒区的芬兰火车站。他们要求临时政府将政权移交给苏维埃。列宁还主张征收全俄土地重新分配给农民，并将工业设施的所有权移交给工人委员会。在这些方面，列宁得到了5月从纽约归来的列夫·托洛茨基的支持。

随后，彼得格勒的局势继续恶化。7月20日，李沃夫亲王辞职，社会主义者亚历山大·克伦斯基接替了他的职务。总司令拉夫尔·科尔尼洛夫将军发动了军事政变试图推翻克伦斯基政府。虽然政变失败了，但它却让布尔什维克党人获得了在首都进一步巩固其地位的机会，为11月6日（俄历10月）爆发革命奠定了基础。布尔什维克起义部队攻入冬宫，克伦斯基男扮女装，仓皇出逃，随后流亡海外。虽然在1918年1月举行的制宪会议选举中，布尔什维克仅获得了少数选票，但是其所领导的红军通过武力成功夺取了政权。君主主义政党、民主共和党乃至其他左派政党等反对党拒绝接受这一结果，由此导致了1918年到1922年的内战。这场战争代价沉重，彼得格勒被迫经历了有史以来最为严重的政治、社会和文化动荡。虽然反对势力白军有协约国的军事行动支持，但布尔什维克和红军最终还是取得了胜利。彼得格勒的地位一落千丈，沦为莫斯科的陪衬。内战期间，成千上万"人民的敌人"被处决，绝大多数的贵族和大部分的中产阶级逃往国外，随身只带着一些衣物，个别人将贵重物品缝在衣服里带了出去，不过这种行为一旦被发现，他们就要被处死。

1918年，俄国首都迁回莫斯科。此后直到第二次世界大战爆发前的几十年间，圣彼得堡一片萧条，只新建了一些建构主义风格的工人住宅和工厂。苏维埃政府将这座帝国旧都更名为列宁格勒，试图用新的意识形态改造它。革命前属于中产阶级的很多宅邸被认为太大，当局将它们分割成一个个小单元，成为所谓的"公共住房"，这里的住户通常是全家挤在一个房间里，15~20人共用一个厕所和浴室。据估计，到二十世纪三十年代中期，列宁格勒大约68%的居民都住在这种"公共住房"里。后来，政府又计划在南部郊区兴建住宅区，将部分居民迁过去。这些住宅区不再是建构主义风格，取而代之的是斯大林喜爱的庄重的新古典主义风格。然而，这些设想绝大多数直到第二次世界大战结束后的二十世纪四十年代末或五十年代才得以实现。

第二次世界大战期间，德军轰炸了圣彼得堡（在第5章中详述），几乎将这座城市的郊区和大部分内城全部夷为平地，仅剩残垣断壁。不过基本的街道布局仍保留了下来，帝国旧都在战后的岁月里得到了重生。许多战时遭到轰炸或被炮击摧毁的建筑物很快得到重建，技艺惊人。法国的古斯汀侯爵在十九世纪中叶到访这里时所描写的情境在100年后重现："即便看起来最古老的建筑物，也是昨天重新修建的……"此后，在斯大林统治的最后几年，城市的郊区新建了一批大气庄重的住宅楼，列宁格勒再次迎来了一个人口大幅增长的时期，持续了几十年。二十世纪五十年代末，列宁格勒的人口不到300万人，到七十年代末已经超过400万人。

人口增长加上战争中从芬兰手里夺取了一些领土，列宁格勒的郊区进一步扩大，位于卡累利阿地峡的谢斯特罗列茨克和泽勒诺格勒过去就是属于芬兰的。城市向南北两面延伸，都需要更加完善的交通设施。为此，三十年代末就开始设计的列宁格勒地铁系统此时正式开建，1955年投入运营。最早建成的八个地铁站内部装饰华丽精美，用大理石、青铜和马赛克突出表现了革命主题，可与莫斯科的地铁站相媲美。后来，人们对地铁站的要求越来越重数量轻质量，车站的外观就变得朴素多了。

大规模建设赫鲁晓夫楼，也反映了崇尚简朴的风格。赫鲁晓夫楼是使用预制板搭建的一种低成本公寓楼，每套公寓有两三个房间，最初在二十世纪六十年代赫鲁晓夫执政时期开始大量兴建。赫鲁晓夫楼虽然远不如斯大林时期古典主义风格建筑庄严宏伟，但与"公共住房"相比，却也是巨大的进步，它至少保护了每个家庭的隐私。随后出现了人口向郊区迁移的热潮，郊区也建起了配套的商业中心满足他们的需求。到了八十年代，为了重现圣彼得堡曾经的建筑之美，风格多变的精致公寓楼陆续建了起来。不过此时的苏联国力衰落，经济萎缩，开始采用食物配给制，因此这些建筑的质量往往堪忧。

这一时期，总理戈尔巴乔夫推行了改革和开放的政策，希望振兴苏联经济，并从内部着手推动政治体制的自由化。

苏联解体后的圣彼得堡

1991年苏联解体后，特别是第一位民选市长阿纳托利·索布恰克上任后，列宁格勒发生了巨大的变化。虽然当时引起了不少争议，但列宁格勒还是改回了原来的名字圣彼得堡。其他方面遇到的挑战更大，其中之一是犯罪率不断攀升。1996年，第二任市长弗拉基米尔·雅科夫列夫上任后，犯罪率更是达到了顶峰。不久，索布恰克遭谋杀。不过随着2003年瓦伦蒂娜·马特维延科当选市长（总督），城市终于恢复了生机。这一年，为了庆祝建城300周年，政府还专门拨款对城市各处进行整修。与此同时，摆脱苏联解体的动荡后，新的俄罗斯联邦迎来了第一位通过民主选举产生的总统叶利钦（1931—2007）。正是叶利钦，将土生土长的圣彼得堡人弗拉基米尔·普京（生于1952年）推上了政坛新星的位置。普京先在圣彼得堡学习法律，然后加入克格勃，之后辞职回乡从政。1999年，普京被任命为代总统，成为叶利钦的同事。2000年，叶利钦辞职后，普京以压倒性优势赢得总统大选，之后连任两届总统。在普京执政期间，俄罗斯经济迅猛复苏，犯罪率大大降低。圣彼得堡与莫斯科一样，是这次经济腾飞的主要受益者，方方面面都受益匪浅。普京任期届满后，他的亲信——同为律师出身的德米特里·梅德韦杰夫就任总统，任命普京为总理。由于两人合作过于紧密，这种体制又被称作

"梅普共治"。

正是在这一时期,圣彼得堡的城市重建和旅游发展成为重要的优先事项。在此之前,被德军炸毁的城市别墅和郊区豪宅大多处于废弃状态。现在,像彼得霍夫宫、皇村(第12章将详细介绍)等建筑都已浴火重生,吸引着来自各地的游客。圣彼得堡及其周边地区有几十个联合国教科文组织世界遗产地,是世界上重要文化遗产最为集中的地区之一。很多历史建筑被改建为商铺、酒店、银行和博物馆。

随着城市的复兴,圣彼得堡的道路交通设施需要大规模改造。于是,这里新修了一些机动车道和一条环路,不仅缓解了市内的交通堵塞——随着城市里的汽车数量激增,过去工业造成的污染也进一步加剧——也改善了与东面的莫斯科和西面的赫尔辛基之间的联系。城市郊区建起了高档住宅和中产阶级居住的公寓,配套设施有超市、电影院和其他便利设施。同时,海港区也有重要发展,一艘艘的豪华游轮和军舰在此停靠,2008年港口的商品贸易量达到约60000吨。

圣彼得堡的其他经济活动也欣欣向荣,当然莫斯科仍然是俄罗斯资本主义发展的中心。亿万富翁维克托·维克赛尔伯格就居住在圣彼得堡。维克赛尔伯格出生于乌克兰,靠经营铝业发家。与其他亿万富翁热衷于投资足球或游艇不同,他对艺术兴趣浓厚,从美国传媒巨头福布斯家族收购了大量最初专为俄罗斯皇室制作的法贝热复活节彩蛋,形成了数一数二的私人珍藏。这些彩蛋目前与其他4000件装饰艺术品一起在丰坦卡滨河街新近修复的舒瓦洛夫宫展出。

2012年,普京再次参加总统竞选,并第三次当选。然而,随着2014年俄罗斯最主要的出口商品之一石油价格下跌,加上美国和欧盟指责俄罗斯出兵干涉乌克兰并"占领"克里米亚因而对其实施制裁——

当然这些指责遭到了俄罗斯的强烈反对——状况发生了一些倒退。圣彼得堡的很多居民都遭受了经济损失。此外，城市常年湿冷，许多设施因得不到持续的维护而损坏。直到最近，随着油价趋稳，加之俄罗斯国内采取了应对制裁的措施，情况才有所好转。虽然经历了种种困难，圣彼得堡仍然是欧洲最主要的旅游目的地之一，2016年外国游客超过200万人次。

The
biography
of
St Petersburg

圣彼得堡 传

城市风貌

第三章

圣彼得堡中心区

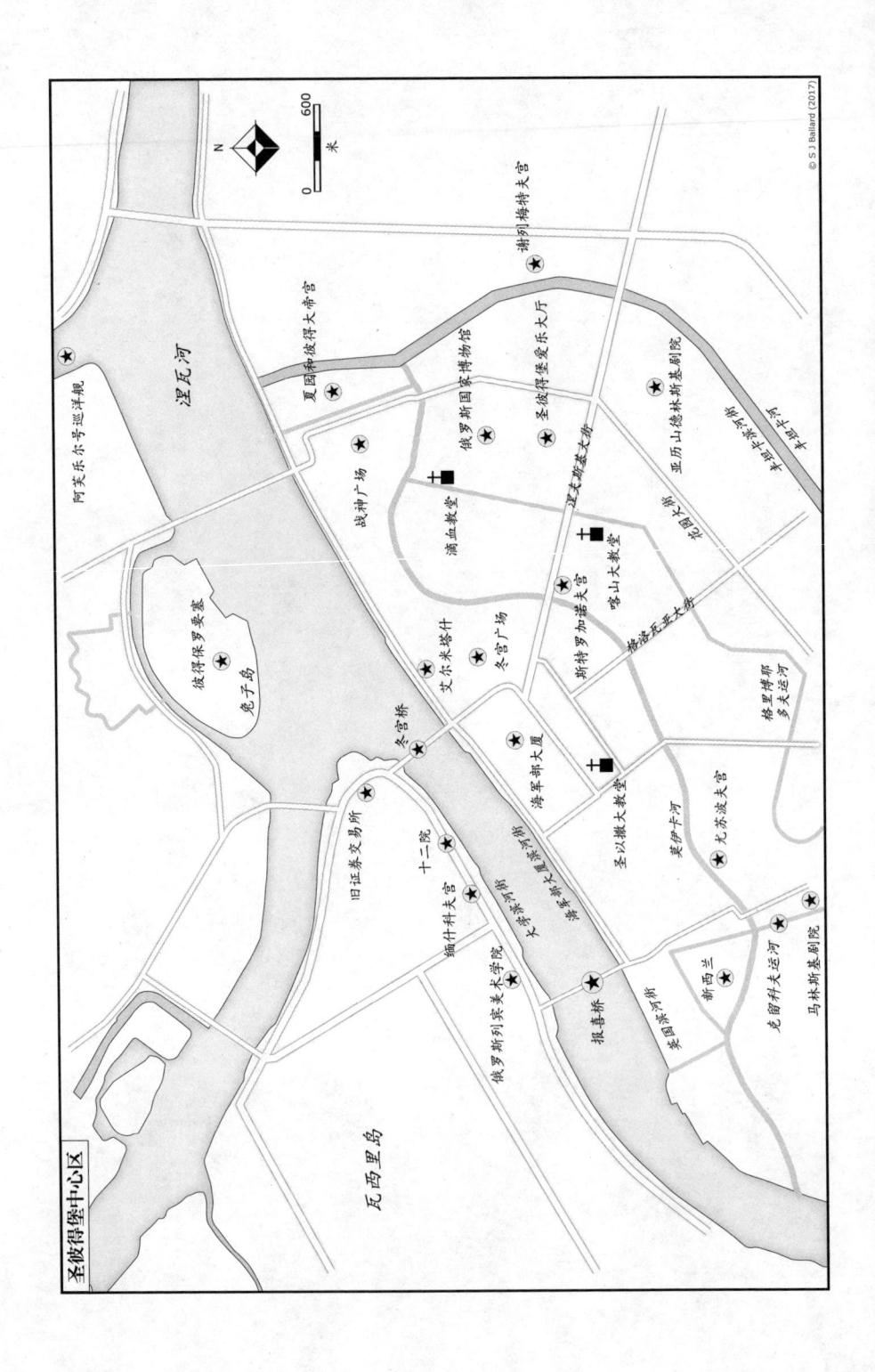

标志性建筑和建筑风格

虽然瑞典在1708年试图夺回圣彼得堡未果后就没有再次进犯，但各种其他威胁仍然笼罩着这个城市。圣彼得堡不仅容易遭到军事入侵，还经常面临洪水和火灾的威胁。建城之初，人们就知道以木结构建筑为主的城镇肯定会经常面临火灾的危险。因此，圣彼得堡和俄国的其他城镇不同，从一开始就鼓励，甚至常常要求人们使用防火材料、砖，特别是石头，来建造房屋，至少在城市的中心地区是如此。然而，石材虽然能避免火灾，但却不那么好找。于是，1714年，俄国开始严格限制其他城市建设砖石结构建筑，以便有更多的石材供应圣彼得堡的建设。比这更加严苛的是，1714—1776年，圣彼得堡向入城的几乎所有大小船只和车辆都强制征收石材，大部分用作建筑基石。尽管如此，石材仍然不足，许多建筑，特别是外围地区的建筑，仍然是木制的。因此，火灾仍然会不定期席卷这个城市。这一时期最严重的一次火灾发生在1736—1737年。

然而，圣彼得堡从古至今一直是世界上恢复能力最强的城市之一。它挺过了建城初期的军事袭击、洪水和火灾，变得日益安全坚固。1712年，俄国宫廷从莫斯科搬到圣彼得堡。1713年，参议院迁来。之后，俄国东正教神圣宗教会议（根据沙皇命令取代牧首的教会最高管理机构）和政府各部门也迁到了新首都。当然，作为过去的牧首宗座所在地，莫斯科方面对此肯定有反对的声音，他们对新首都一直抱着不屑和怀疑的态度。

不过，从经济而非政治和宗教角度考虑，这个新兴城市的主要竞争对手并不是莫斯科，而是北部白海沿岸的阿尔汉格尔斯克。这座位于北德维纳河河口附近的港口城市自十六世纪中叶起，就吸引了大批英国商人来此定居。阿尔汉格尔斯克不会轻易放弃其经济上的优势地位，但沙皇的专制权力也不可低估。1710年，彼得大帝下令禁止从阿尔汉格尔斯克出口面包，这座城市只能照办。三年后，"全俄独裁者"——这是俄国沙皇的正式称谓——又禁止了这里钾肥、焦油、黄麻、红鱼子酱、胶水和猪鬃贸易。这个繁盛一时的商业港口自此江河日下。到1725年，得益于优厚的内部关税政策，新首都的贸易额已超过阿尔汉格尔斯克八倍。

航运和贸易此时成为圣彼得堡的支柱产业。仅1720年一年，就有75艘船抵达这里。两年后增长到119艘，1724年达到240艘。这些船绝大多数从荷兰或英国经海路而来，带来糖、咖啡和葡萄酒等食品和制成品，以及丝绸和棉布等纺织品，换取俄国生产的皮草、兽皮、亚麻和其他商品。出口产品从这里出发，运往世界各地。这时已有18个国家通过欧洲的各个港口与俄国直接开展贸易活动。随着时间推移，不论经济形势好坏，每年至少有250艘到300艘船抵达圣彼得堡港。在十八世纪八九十年代，如果加上位于圣彼得堡城外科特林岛上的海军基地喀琅施塔得，每年到达这一区域的船只数量还要增加三倍多，足有1000艘。

宫殿林立的圣彼得堡

海上贸易的发展带来了巨额财富。由此,这里的巨头们不但攫取了大量金钱,也获得了政治上的权势,不过一切仍然要看沙皇的脸色。为了彰显这种新近获得的崇高社会地位,巨头们纷纷建起了令人惊叹的华美宫殿,但沙皇的脾气反复无常,他们的地位也并不稳固,随时可能会被流放或抄家。这些人倒台后,他们建造的宫殿大部分保留了下来,其壮美程度不亚于彼得自己下令修建的那些宫殿,它们都是这个城市早期的建筑瑰宝。早在1712年,圣彼得堡就有一处华美的宅邸竣工,它也出自意大利建筑师多梅尼科·特列吉尼之手。这就是彼得大帝的小夏宫。它位于丰坦卡河与涅瓦河交汇处附近的河岸上,内部设计呈现出明显的荷兰风格,法国元素也清晰可见,因为至少有一个房间是法国设计师勒·布隆亲自设计的。

亚历山大·达尼洛维奇·缅什科夫(1673—1729)的宫殿更为华丽。缅什科夫本是一介布衣,后来却成为沙皇最钟爱的亲王,也是圣彼得堡的首任总督。当时,俄国乃至整个北欧的建筑风格都深受意大利的影响,缅什科夫宫也不例外。这座宫殿由瑞士裔意大利建筑师乔瓦尼·玛丽亚·丰塔纳设计,气势恢宏,是新首都当时最大的宫殿,也是第一座用石头建成的宫殿。时至今日,它的气势仍不减当年,位于瓦西里岛大学滨河街上的优越位置也为它增色不少。这里目前是艾尔米塔什博物馆的一处分馆。十八世纪二十年代初,德国人戈特弗里德·约翰·沙德尔为这座宫殿增建了侧翼。缅什科夫宫的内部装饰风格仍然主要受荷兰影响,这种建筑美学当时几乎主导了圣彼得堡所有的宫殿。在这方面特别值得注意的是,缅什科夫宫的许多房间内墙都采用瓷砖进行装饰，其中的很多装饰画在俄国同类建筑中数一数二。人们近期对这些砖饰进行了修复。足以与缅什科夫宫相媲美的另一处宫殿是1714年彼得大帝为近臣亚历山大·基金修建的基金厅。不过基金厅建成仅四年后，亚历山大·基金就失宠被处死。同样，缅什科夫也被认为过于傲慢和僭越，政治上如此，修建华丽宫殿的举动本身也是如此。于是，1725年沙皇去世后，缅什科夫很快就失势了，他在这座华美宫殿里的好日子并不长久。1727年，缅什科夫失宠，被最高枢密院指控腐败（直到今天俄罗斯仍有腐败问题，参见米哈伊尔·霍尔多科夫斯基案）。幕后指使者是缅什科夫的对头多尔戈鲁基家族，他们打着新继位的短命小沙皇彼得二世的名号，成为朝政的实际控制者。缅什科夫宫被充公。1729年，缅什科夫及其家族被流放到西伯利亚的别廖佐夫。在俄罗斯漫长的历史中，有数百万人遭遇过同样的命运，缅什科夫一家不过是其中之一。1731—1732年，缅什科夫宫移交给了新成立的贵族军官学校，学校由陆军元帅米尼奇主管，是俄国最好的教育机构之一。这里使用德语、法语、英语和拉丁语等多种语言教学，还教授文学、历史、数学和物理。当然也有艺术，绘画和舞蹈都是重要课程，还包括贵族决斗术。在接下来的一个世纪里，俄国的许多文学名家都将死于决斗。此外，学校还有一座宏伟的图书馆，它为青年贵族军官提供的教育达到了俄罗斯历史上从未有过的水准。

就在这时，彼得二世死于天花。在十八世纪晚些时候引进疫苗之前，天花夺走了许多人的生命。彼得二世去世，意味着罗曼诺夫家族绝嗣——彼得大帝唯一的儿子的死亡某种程度上是彼得本人指使的。于是，彼得大帝的侄女安娜即位成为俄国女皇。此前，彼得二世曾将宫廷迁回莫斯科，但仅过了三年，安娜即位后就又将宫廷迁回了圣彼得堡。

很快，多尔戈鲁基家族也步了缅什科夫家族的后尘，被流放到别廖佐夫。多尔戈鲁基最终被处决，延续了由来已久的新统治者上台必然要整治对手党羽的传统。

宫廷再次迁回圣彼得堡之后，掀起了新一轮兴建宫殿的浪潮。1741年，彼得大帝的小女儿伊丽莎白继承皇位，一直当政到1761年。伊丽莎白在位20年，统治时间相对较长，这进一步助长了大兴土木的热潮。伊丽莎白是俄国文化素养最高的皇帝之一，对文化发展做出了很大贡献。在成为女皇之前，她已经组建了自己的管弦乐队和合唱团，为俄国成为世界上最伟大的音乐国度之一奠定了基础。关于皇家合唱团，还有一段逸事。阿列克谢·拉祖莫（1709—1791）原本是一名哥萨克牧民。有一天，他在乡村教堂里唱歌，一位路过的军官发现了他的才能，把他带到了圣彼得堡。他后来成为皇家合唱团的成员，深得伊丽莎白女皇的喜爱。女皇不论门第，与他成婚（这已成为俄罗斯女沙皇的传统），封他为阿列克谢·格里戈里耶维奇·拉祖莫夫斯基伯爵。一个崭新的贵族家族由此诞生，其成员在帝国时期的俄罗斯和奥地利哈布斯堡王朝声名显赫。十九世纪初，贝多芬就将一首以军队恢宏行进为主题的四重奏题献给了外交官安德烈·拉祖莫夫斯基亲王。

伊丽莎白女皇将1741—1750年新建的阿尼奇科夫宫赠送给了她的丈夫。这座巴洛克风格的宫殿，主要出自俄国建筑师米哈伊尔·泽姆佐夫（1688—1743）之手，不过弗朗西斯科·巴尔托洛梅奥·拉斯特雷利后期对宫殿的室内装饰也做出了重大贡献。在十八世纪的大部分时间里，这座宫殿一直深受皇室钟爱。二十年后，叶卡捷琳娜大帝又将它送给了自己的情人和后来的丈夫——陆军元帅格里戈里·波将金。为此，俄国建筑师伊万·斯塔罗夫（1745—1808）对宫殿进行了改造，将当时流行的各种新古典主义元素大量融入其中。

拉斯特雷利于1752—1754年在涅夫斯基大街和莫伊卡河交叉口的东南角建造了斯特罗加诺夫宫，它至今仍堪称圣彼得堡巴洛克式建筑的代表。宫殿的第一位主人谢尔盖·斯特罗加诺夫伯爵是伊丽莎白女皇的亲戚，其家族最早通过在乌拉尔山脉开采盐矿和经营铸造厂发家。十九世纪初，安德烈·沃洛尼欣（喀山大教堂的设计者，参见第9章）对斯特罗加诺夫宫进行了修复。沃洛尼欣出生时是斯特罗加诺夫家族的农奴，后来获得了解放。如今，这座宫殿属于俄罗斯博物馆，藏有罗蒙诺索夫皇家瓷器系列和其他许多艺术品。

1749—1758年，拉斯特雷利又为伊丽莎白女皇的另一位亲戚米哈伊尔·沃龙佐夫伯爵设计了拥有50个房间的沃龙佐夫宫。这位伯爵曾助力女皇上位，因此有着非同一般的地位。沃龙佐夫宫面积很大，从丰坦卡河一直延伸到花园街。不过，它的命运与斯特罗加诺夫宫有所不同。斯特罗加诺夫宫一直归斯特罗加诺夫家族所有，直到1917年革命爆发，而沃龙佐夫宫在叶卡捷琳娜大帝登基后就被退休的沃龙佐夫伯爵卖掉了。

同样值得一提的还有阿普拉克辛宫，它位于今天的冬宫所在地，由法国建筑师让-巴蒂斯特·勒·布隆于1717—1725年建造，共有30个房间，在当时是宏伟的代名词。这座巴洛克式豪华府邸的主人是沙皇的姻亲、舰队司令费多尔·阿普拉克辛（1661—1728）。1723年，阿普拉克辛成为俄国新成立的波罗的海舰队司令。在他的领导下，俄罗斯的海军实力上了一个台阶。成立第二年，这支舰队就拥有了141艘帆船和数百艘桨船，因此在十八世纪剩余的大部分时间里，俄国在波罗的海地区占据了绝对优势。1757年，也就是七年战争期间，波罗的海舰队成功攻占了梅梅尔（今爱沙尼亚塔林）。此外，波罗的海舰队还在1788年的何格兰战役中挫败了瑞典舰队的进攻，在1790年的维堡海战中也取得了胜利。这是俄国海军最辉煌的时刻，因为在那一年的晚些时候，波罗的海舰队就在第二次斯文斯科桑战役中遭遇惨败，14000名将士中，伤亡超过9500人。这场惨败也成了七年战争的结束，俄国海军在波罗的海地区的荣光一去不复返。

海军部大厦

海军部大厦最初是1704年彼得大帝下令建造的一个防御用的造船厂，1730年根据伊万·科罗博夫的设计重建。大厦的尖顶设计优雅，长针直入云霄，是圣彼得堡最美丽、最显眼的地标之一，从城内很多地势较高的地方都可以看到它。海军部大厦的设计灵感并非来自俄国本土，而是来自荷兰，科罗博夫1718—1727年曾在那里学习，彼得大帝也曾考察过荷兰的造船业。彼得大帝在军事方面为圣彼得堡进行的规划大部分都是围绕着海军展开的，而且彼得本人对航海也十分痴迷。当时，来自英国的海军军官兼水利工程师约翰·佩里上尉正在俄国负责伏尔加河至拉多加湖运河的工程测绘与监理工作，他记述了彼得大帝对航海的热情，然而彼得大帝的朝臣们对此却并不热衷：

  ……除非发生了特殊的事情，否则他一定会驾船在水面上迎风前行。海军旗和三角旗迎风飘扬，如履平地。但是大臣们对这些事情毫无兴趣，也感受不到乐趣。尽管每次彼得提起彼得堡的美景与欢愉，他们似乎都在附和，但私下聚在一起时，他们就会抱怨，彼得堡的泪水和洪水已经够多了。他们还不断向上帝祈祷，希望到莫斯科居住。

我们今天看到的极具新古典主义风采的海军部大厦，其实是近100年后，在1806年到1823年间，由阿德里安·扎哈洛夫教授设计的。这里雕像林立，多为古典神话中的诸神和历史上的英雄人物——海神尼普顿、希腊勇士阿喀琉斯、神话英雄大埃阿斯和亚历山大大帝等。气势恢宏的塔楼，基座由28根石柱支撑，巨大的房檐下是28件雕塑，象征自然界的四大元素——气、土、火、水，以及风和四季。这些装饰中出现了很多当时受国家和教会强烈谴责的共济会的符号，这十分令人费解。

也有人提出，海军部大厦柱廊上四个一组的雕塑只是代表了一年四季、自然界的四大元素，以及指南针的四个方向。至于共济会的成员们究竟能不能从其中解读出复杂的象征意义，人们仍有不同意见。圣彼得堡早在1731年就已经成立了秘密的共济会组织。许多人认为彼得大帝所推行的改革也与共济会的价值观一脉相承。此外，帝国艺术学院院长亚历山大·斯特罗加诺夫和副院长彼得·切卡列夫斯基都是众所周知且极具影响力的共济会成员，也是具有西方思想并遵循瑞典宗教礼仪的知识分子。正如米哈伊尔·萨福诺夫所言，"拱形大门两侧的基座上，是一座座托着天体的仙女雕像，柱廊上雕刻着古典女神伊希斯和乌剌尼亚"，这样的排列引人深思。说这些话时，他脑海里浮现的是以缪斯女神乌剌尼亚命名的圣彼得堡共济会会堂，以及那里的许多以埃及女神伊希斯为主题的隐秘意象。当然，当时像普希金、建筑师瓦西里·巴热诺夫，以及军界强权人物亚历山大·苏沃洛夫和米哈伊尔·库图佐夫等社会精英都是共济会成员。对他们而言，读出共济会的这些信息肯定毫无难度。

第三座冬宫

修建第三座冬宫，也是彰显圣彼得堡专制权威的一个重要举措。这一重任由拉斯特雷利承担，于1732—1735年完成。这是为伊丽莎白女皇建造的一座木制宫殿，位于莫伊卡运河和波沙雅莫斯卡亚大街之间。宫殿所在地及其附近地区在2007年之前一直属于巴里卡达影剧院。宫殿占地广阔，有超过200个房间，以教堂和剧院最为特别。伊丽莎白女皇最钟爱的是这里的剧院，但最瑰丽夺目的当属琥珀书房（1743）。日光照在琥珀镶板上，经过无数镜子的反射，光芒四射、璀璨耀眼。后来在皇村叶卡捷琳娜宫修建的琥珀厅，也正是受此启发。女皇非常赏识拉斯特雷利的设计，顺理成章地在1748年任命他为宫廷建筑师。任职期间，拉斯特雷利又完成了其他一些重要的建筑工程。

他的最后一件伟大作品就是新建了一座冬宫。有趣的是，这座新冬宫就建在旧冬宫（第三座冬宫）之内。与当时圣彼得堡兴建的很多宫殿一样，新冬宫围绕着一座宽阔的庭院而建。建设工程从1754年一直持续到1764年，耗资高达959555卢布。即便对俄罗斯帝国的专制君主而言，筹集这么一大笔资金也不容易。为了筹措资金，帝国对小酒馆征收了专项税款。宫殿建成后，共有700个房间，是世界建筑史上的一个奇迹，也是皇室建筑恢宏大气的典范。著名的约旦阶梯和宏伟的画廊至今仍令人惊叹。拉斯特雷利也因此被授予少将军衔，这在当时对建筑师而言是难得的殊荣。

拉斯特雷利的其他作品还包括坐落在彼得大帝夏园内的第三座夏宫（建于1741—1744年），离彼得大帝此前的夏季居所不远，后来在这里又建起了米哈伊洛夫斯基城堡。夏宫建成后，共有160个房间，结合了当时圣彼得堡流行的意大利和法国洛可可式建筑风格。然而，这座宫殿存在时间并不长。1797年，沙皇保罗一世为了兴建其挚爱的米哈伊洛夫斯基城堡，下令拆除了它。新建的米哈伊洛夫斯基城堡是一座宏伟的堡垒式建筑，与它的前身夏宫不同，城堡并没有使用柔和的色彩和洛可可风格。也正是在这里，沙皇在一场宫廷政变中遭到谋杀（见下文）。

科学时代：彼得大帝的艺术珍宝馆

从彼得大帝开始，俄罗斯的统治者们无一例外，都投入了大量资金发展圣彼得堡的教育和文化事业，这是俄国力图赶超其他欧洲大国的重要举措之一。早期最重要的文化教育机构之一是由彼得大帝下令建造的艺术珍宝馆（按当时的时尚，它采用德语，命名为"kunstkamer"）。该馆建于1718—1734年，建筑师包括乔治-约翰·马塔诺威（他喜欢建一座中央塔楼，这在当时的圣彼得堡并不十分流行）、葛倍力、米哈伊尔·泽姆兹沃和意大利人加塔诺·齐亚维里。这里除了收藏稀奇古怪、常常令人毛骨悚然的藏品（沙皇特立独行，偏爱收集这类藏品），还是新成立不久的俄罗斯科学院所在地。十八世纪晚些时候，博物馆迁至现址，一座蓝白相间的巴洛克式建筑俯瞰着大学滨河街。这里最有特点的是一个环形的解剖学展室和位于塔楼楼顶的天文观测台。二者彰显了俄国文化和科学的发展，表明其已经一改数百年来文化落后的局面，即将迈入欧洲科学文化最发达、最具探索精神的国家行列。今天，博物馆内还包含两个小型博物馆，分别是皇家民族博物馆和为纪念杰出科学家罗蒙诺索夫而设立的罗蒙诺索夫博物馆。

彼得大帝统治时期是俄罗斯科学兴旺发展的时代，这种兴旺除了在建筑领域有所体现之外，还通过丹麦人维图斯·白令的著名探险活动得到彰显。白令正是在圣彼得堡加入了俄国军队，也是从这里开始了他的海上探险。直到今天，西伯利亚和阿拉斯加之间由白令"发现"的那个海峡仍然以他的名字命名，这也间接增添了俄国沙皇彼得大帝的荣光，是他大刀阔斧的改革推动俄国进入了现代时期。在此后的20年间，这个国家将诞生自己的科学家和知识分子，继续为俄国科学、文化和经济的发展发挥重要的推动作用。

其中最重要的人物当属米哈伊尔·罗蒙诺索夫（1711—1765），他在很多方面都堪称俄国科学之父。1741年至1765年，罗蒙诺索夫的办公室就设在彼得大帝的艺术珍宝馆内。以这里为起点，罗蒙诺索夫将新鲜的理念引入，鼓励俄国的学者和科学爱好者采用现代的科学假设加实验验证的研究方法。因此，他的塑像矗立在门捷列夫路的起点也就顺理成章了。在门捷列夫路的两侧，1819年成立的圣彼得堡大学的各个院系一字排开，而这组建筑此前是12个政府部门的办公楼。

罗蒙诺索夫的人生经历充满传奇色彩。他出生在阿尔汉格尔斯克东面的杰尼索夫卡村，1731年前往莫斯科，之后转往圣彼得堡。在圣彼得堡，他居住在普拉斯考夫-费奥多罗夫宫，这里曾是彼得大帝一位兄弟的妻子的居所。

罗蒙诺索夫不仅是科学家，还是文学家，在当时俄罗斯的诗体改革中发挥了重要作用。他还是一位才华横溢的作家，创作过两部军事历史题材的悲剧《塔米拉》和《塞利姆》。罗蒙诺索夫对俄罗斯文化的重要作用，无论怎样强调都不为过。正如俄罗斯批评家别林斯基所言，"我们的文学始于罗蒙诺索夫：他是父亲和导师，他就是文学上的彼得大帝"。

罗蒙诺索夫生活在一个国与国之间联系日益紧密的时代，他一生中曾多次迁居。1736年，罗蒙诺索夫回到莫斯科，不久之后就去了德国，1741年回到圣彼得堡。在圣彼得堡，他不辞辛劳地工作，将俄国的科学与文化推向了世界一流的行列。

在天文学方面，罗蒙诺索夫通过在圣彼得堡住所附近的天文台进行观测，确认了金星具有大气层。他还改进了望远镜的制造技术，提出了非常超前的方法，与几十年后威廉·赫歇尔制作的望远镜接近。

在化学方面，罗蒙诺索夫发现了水银的凝固点，还十分关注矿物学及其对煤炭、泥炭和石油等自然资源的影响。他对北极独特的冰山也有浓厚的兴趣。研究成果汇辑成《论地层》一书，于1763年出版。通过对冰山的研究，罗蒙诺索夫还推断出在地球的南端应该存在另一片人们尚不知晓的大陆——我们现在称为南极洲。他对开拓西北航道十分着迷，甚至在海军上将瓦西里·奇卡戈夫的指挥下，组织了一次前往西伯利亚海岸的探险行动。不过，这个航道直到如今，才因为全球变暖而出现。

家族财富

虽然彼得大帝（以及他的继任者们）不遗余力地支持科学家发展他

们的事业，但帮助他稳固专制统治并不断扩大影响的却是另一群人。其中与彼得关系最密切的是鲍里斯·彼得罗维奇·舍列梅捷夫（1652—1719），他是彼得最坚定的支持者。舍列梅捷夫直到1706年才被封为伯爵，不过他的家族最晚在十四世纪就已经是贵族。事实上，传统上认为舍列梅捷夫是普鲁士亲王迈克尔·格兰达·卡米布拉的后裔，为了躲避条顿骑士团而来到俄国，皈依了东正教。

舍列梅捷夫是俄国第一个被授予"伯爵"这一欧洲贵族头衔的人，这具有重要的象征意义。另外，他还因为在与瑞典的战争中战功显赫而被封为陆军元帅。俄国正是通过那次战争占领了印格里亚，并在此基础上建起了圣彼得堡城。舍列梅捷夫的儿子彼得·鲍里索维奇·舍列梅捷夫（1713—1788）在丰坦卡河上拥有一处著名的巴洛克式宫殿，由农奴出身的建筑师阿尔古诺夫在1750年至1755年建造完成，设计师是切瓦金斯基。这位设计师还设计了圣彼得堡著名的巴洛克式建筑圣尼古拉斯海军教堂。这座宫殿里有一个剧院。到十九世纪，还会增加一个适合举办音乐会的大型音乐室，由著名的意大利建筑师贾科莫·夸伦吉和科西尼于1838年设计。

另一个在彼得大帝统治时期兴旺发达的家族是尤苏波夫家族，他们为彼得大帝提供了强有力的支持。这个家族据传不仅是金帐汗国那颜也迪古的后代，其始祖甚至可以追溯到先知穆罕默德本人。十六世纪后期，雷帝伊凡四世吞并喀山汗国之后，尤苏波夫家族开始为沙皇效力。两代之后，家族后裔阿卜杜勒·米尔扎皈依俄国东正教。他的儿子格里戈里·尤苏波夫（1676—1730）是彼得大帝最重要的支持者之一。格里戈里担任战争学院院长，在与瑞典的北方战争以及远东南部的亚速海军事行动中为沙皇提供了大力协助。他的儿子鲍里斯（1696—1759）也是沙皇宫廷中非常活跃的人物，但主要是在莫斯科。安娜女皇统治时期，鲍里斯被任命为莫斯科市长。

直到叶卡捷琳娜大帝统治期间，尤苏波夫家族在俄国宫廷的声望达到顶点。尼古拉·尤苏波夫（1750—1831）亲王声名远播，不仅因为他拥有巨额财富，还因为他热心艺术，是一位知识分子。他与狄德罗、伏尔泰和博马舍保持着频繁的书信往来，这也加深了他与皇室的联系。他游历广泛，曾到访法国画家于贝尔·罗贝尔和意大利雕塑家安东尼奥·卡诺瓦等人的工作室。在伊丽莎白女皇统治时期，尼古拉被任命为参议员，还担任艾尔米塔什剧院和帝国剧院的院长。此外，他还负责监管帝国的瓷器和玻璃生产。事实上，在艾尔米塔什复制梵蒂冈的拉斐尔壁画长廊（内容为52个圣经故事）的想法也是来自尼古拉。晚年，尼古拉退隐田园，居住在离莫斯科不远的阿尔汉格尔斯克宫。他将这处宅邸改造成了俄国最气派的私家宫殿和园林之一。这座宏伟庄园的艺术收藏，在俄国也是数一数二的。

贵族宅邸

当然，俄罗斯帝国的统治者们也热衷于收藏，以及为他们的藏品寻找合适的存放地点。叶卡捷琳娜大帝为了存放她丰富的艺术藏品，就命令法国建筑师让·巴蒂斯特·瓦林·德·拉·莫斯改造了冬宫附近的小艾尔米塔什（建于1764—1765年）。女皇不惜巨资，打造了世界上数一数二的丰富艺术收藏，其中包括一些欧洲最重要的绘画作品。至今，仍有很多珍品在小艾尔米塔什展出。

其他宫殿也进行了大的翻修。比如，斯特罗加诺夫宫在十八世纪九十年代被一场大火烧毁后，著名装潢大师安德烈·沃洛尼欣（1759—1814）承担了它的重建工作。安德烈·沃洛尼欣出生在斯特罗加诺夫家族位于乌拉尔山的庄园里，生来就是一名农奴。他在青年时期逐渐显露出艺术天赋，被派往莫斯科跟随俄罗斯最伟大的建筑师瓦西里·巴热诺夫和马特维·卡扎科夫学习。他在建筑方面的天赋和在一系列建筑工程中的卓越表现帮助他在 1786 年得到解放。斯特罗加诺夫家族随后送他到西欧各国进行了漫长的游历和学习，他于 1790 年回国。后来，在十九世纪初，他受贝尼尼设计的罗马圣彼得大教堂的启发，完成了自己的建筑代表作喀山大教堂，一举扬名（参见第 9 章）。

然而，这一时期建成的最重要的宫殿当属著名的大理石宫。这里现在是俄罗斯博物馆的分馆之一，会举办许多当代俄罗斯和国际艺术展览。这座宫殿建于 1768—1785 年，坐落在战神广场和冬宫码头之间，是叶卡捷琳娜大帝为其宠臣格里戈里·奥尔洛夫（1734—1783）伯爵修建的。格里戈里曾经策动政变，拥立叶捷卡琳娜为女皇。大理石宫是意大利人安东尼奥·里纳尔迪（1710—1794）最重要的作品之一。尽管整体上属于新古典主义风格，但也明显受到了那不勒斯城外的卡塞塔王宫的影响。卡塞塔王宫属于晚期巴洛克风格，由建筑师路易吉·范维特利建造，而里纳尔迪在建造大理石宫前不久就是在这位建筑师手下工作。大理石宫呈梯形，各外立面有着不同的装饰主题，卡累利阿花岗岩之上覆盖着彩色的大理石板，这使得大理石宫成为圣彼得堡最引人注目的建筑之一。无论从建筑材料的成本，还是将这些材料运到圣彼得堡的费用都非常高昂。整个建筑至少使用了 28 种大理石，但都不是从意大利进口的。这些石材全部来自庞大的俄罗斯帝国的边远地带：粉色壁柱来自卡累利阿，白色的柱顶和花饰，以及蓝灰色纹理的大理石板来自乌拉尔山区。装饰用的大理石瓮，石材来自今属爱沙尼亚的塔林。因为不计成本，大理石宫的内部装饰聘请了当时最著名的工匠，包括意大利画家斯蒂凡诺·托雷里（1712—1784），以及俄罗斯雕塑家费多尔·舒宾（1740—1805）、米哈伊尔·科兹洛夫斯基（1753—1802）。

奥尔洛夫失宠后，这座尚未完工的宫殿被转赠给了女皇的新宠、波兰末代国王斯坦尼斯瓦夫·奥古斯特·波尼亚托夫斯基（1732—1798），后又归康斯坦丁·帕芙洛维奇大公及其后人所有。1844—1851年，帕芙洛维奇的后人康斯坦丁·尼古拉耶维奇大公委托亚历山大·布鲁洛夫对这座宫殿进行了最后一次大规模重修。这次重修工程后，只有里纳尔迪设计的正门楼梯保留了下来，其他部分的内部装饰都有重大变化，加入了十九世纪中后期在整个欧洲都非常流行的折中主义元素。

塔夫利宫（建于1783—1789年）是这一时期的另一处里程碑式的建筑。它位于斯莫尔尼区附近，由伊万·斯塔洛夫设计，是格里戈里·波将金亲王的官邸。宫殿的正面类似庙宇，恢宏大气又不乏帕拉迪诺式的简洁明了，内部装饰则与此形成鲜明对比，金碧辉煌、高贵优雅。年轻的英国旅行家莱昂内尔·科尔莫于1790年来到这里，对宫殿的花园颇有好感，但这座当时尚未完工的宫殿本身却没给他留下什么好印象。他写道：

> 波将金亲王的宅子有着最优秀的建筑架构（因为除了光秃秃的墙壁之外什么也没有）；虽然只有一层楼，但却有无数个房间，每个房间都非常庞大。一条长廊有200英尺长，两边各有两层五十根的柱子。长廊通向一个冬季花园，花园也很大，里面有

好几条步道，正中是一座寺庙，供奉着女皇的雕像。夏天的时候，窗框会被取下来，窗外是一座庞大的英式花园，园中有水面、灌木丛、寺庙、废墟，等等。

波将金去世后，叶卡捷琳娜大帝在秋天还是每周都会去那里，继续打理宫殿花园，特别是威廉·古尔德所设计的冬季花园。古尔德因为设计了英国兰开夏郡的奥姆斯柯克花园而蜚声海内外，由此受邀来到圣彼得堡负责设计这个花园。虽然这里现在已经成为圣彼得堡植物园所在地，但是威廉·古尔德在周边花园留下的英式风格的印记仍然保留了下来，难怪他被称作"俄罗斯的赖普敦"——同一时期，汉弗莱·雷普顿在英国的很多庄园留下了自己的印记。

可惜的是，塔夫利宫里原有的珍宝都已散尽，其中最著名的当属伦敦钟表大师詹姆斯·考克斯的杰作孔雀钟。孔雀钟现藏于艾尔米塔什博物馆，是该馆最为珍贵的藏品之一（参见第7章）。

米哈伊洛夫斯基城堡

还有一个意大利人也对圣彼得堡的城市风貌做出了重要贡献。他就是文森佐·布伦纳（1747—1820）。他遵照叶卡捷琳娜大帝的不肖子——沙皇保罗一世的旨意，在第三座夏园的橘子园里建造了米哈伊洛夫斯基城堡（后称工程师城堡）。按照最初的计划，这座城堡应该由瓦西里·巴热诺夫在当时已经拆除的拉斯特雷利木制夏宫原址上修建，但是沙皇更中意布伦纳这个意大利人。最终的成果是一座气势恢宏的堡垒式建筑，灰泥外墙粉刷成鲜艳的橘粉色。1801年2月初，保罗举家迁入了这座城堡。伊丽莎白女皇命卡洛·巴尔托洛梅奥·拉斯特雷利塑造的彼得一世塑像最终也安放在了城堡跟前。

然而，沙皇一家在这座城堡里居住的时间并不长。沙皇行为怪异，在社会上、政治上都造成了动荡不安的局面。1801年3月12日，沙皇在自己的卧室被心怀不满的军官和朝臣刺杀。这甚至算不上传统意义上的暗杀，因为这次行动得到了俄国政府最高层的支持。很多人都说，英国政府也牵涉其中。之后，保罗的儿子亚历山大继承了罗曼诺夫王朝的皇位。

鉴于这座城堡里发生的一切，毫不奇怪保罗一世去世后，皇室再也没有人愿意住进去。1820年，这里改由军事工程学院使用。亚历山大·普希金在《自由颂》里为这座城堡挥之不去的弑君阴云写下了隽永的一笔：

　　当午夜的天空的星星
　　在幽暗的涅瓦河上闪烁，
　　而无忧的头被平和的梦
　　压得沉重，静静地睡着，
　　沉思的歌者却在凝视
　　一个暴君的荒芜的遗迹，
　　一个久已弃置的宫殿
　　在雾色里狰狞地安息。

在这之后，圣彼得堡市中心的米哈伊洛夫斯基广场（自苏联时代起改称艺术广场）上又修建了一座献给圣米迦勒的宫殿式建筑——宏伟的新古典主义宫殿米哈伊洛夫斯基宫（建于1819—1825年）。它由意大利建筑师卡洛·罗西（1775—1849）负责建造，尤以面朝广场的巨型科林斯石柱长廊闻名。宫殿主体建筑的两侧各有两个侧翼，每个拐角处都有亭子。宫殿的后身是英式花园，有一个12根科林斯石柱组成的凉廊。宫殿的内部装饰也同样绚丽夺目。正中间是华丽的大楼梯，直通楼上的起居室。1890年，沙皇斥巨资将这座宫殿改成了博物馆，改建工作由俄罗斯建筑师瓦西里·斯温因完成。现在，这里是俄罗斯国家博物馆的一处分馆，主要收藏几个世纪以来俄罗斯本土艺术家的重要作品。在这方面，唯一可与其媲美的是莫斯科的特列季亚科夫画廊。这里还藏有大量的古代圣像，其中一些出自伟大的画师安德烈·卢布廖夫（约十四世纪六十年代至1427年）之手。

克里斯托弗斯基宫

另一处颇负盛名的宫殿是贝洛萨尔斯基-贝洛泽尔斯基家族1803年从拉祖莫夫斯基家族手中购得克里斯托弗斯基岛之后，在岛上建造的郊野别墅克里斯托弗斯基宫。在十八世纪上半叶，慕尼黑公爵已经在这个岛上建起了猎人小屋，但是贝洛萨尔斯基-贝洛泽尔斯基家族还是聘请了沙皇尼古拉一世所钟爱的建筑师安德烈·施塔肯施奈德主持建造工作。安德烈没有照搬当时流行的建筑风格，而是采用了拉斯特雷利式的巴洛克风格。

十九世纪八十年代，贝洛萨尔斯基-贝洛泽尔斯基家族在经济上陷入困境，不得不卖掉了同样是施塔肯施奈德设计的、坐落在丰坦卡河畔圣彼得堡中心地带的华丽宫殿（参见下文）。于是，这座郊野别墅成了他们的固定住所。随着家族经济情况进一步恶化，康斯坦丁·艾斯比诺维奇·贝洛萨尔斯基-贝洛泽尔斯基亲王在1903年又被迫将这座别墅以及他在乌拉尔山区的矿山交给沙皇尼古拉二世托管。这帮助他保住了部分财产，并在大革命来临之前成功移民国外，但却让皇室饱受公众诟病。这座别墅本身在第二次世界大战期间被德军的一枚炮弹炸毁，但最近有地产商根据历史文件进行了重建，一定程度上重现了它的原貌。

旧证券交易所

旧证券交易所（建于1805—1810年）是十九世纪初期圣彼得堡最重要的地标性建筑之一。从1939年至2010年，它一直是海军博物馆。这座宏伟的大厦坐落在瓦西里岛东端的岬角、涅瓦河的南岸。交易所前矗立着著名的双子灯塔（又名"吻柱"）。这两根红色的石柱曾依靠燃油点起灯火，作为涅瓦河航船的灯塔，如今柱子仍以船首作为装饰。建造这个交易所的计划最早可以追溯到1783年，但最终将它建成的是法国人托马斯·德·托蒙。他选择了希腊复兴风格，大厦的外观参照了意大利那不勒斯的帕埃斯图姆赫拉神庙。最终建成的交易所有44根多利亚式石柱，以红色的花岗石为基座，柱廊上雕刻着海神与涅瓦河和沃尔霍夫河的图案。

冬宫大火

俄罗斯的这座伟大都城在游客和当地居民的眼里，有一种残忍的美感。圣彼得堡在一片沼泽之上拔地而起，到处是建筑奇迹和艺术瑰宝，但人们为此付出了高昂的代价和巨大的牺牲。自诞生之日起，这种矛盾就与这个城市形影不离，伴随它走过第二次世界大战的硝烟，走到二十一世纪的今天。正如波兰最著名的诗人亚当·密茨凯维奇（1798—1855）在诗剧《先人祭》中所写：

> 罗马出自人类之手
> 威尼斯由诸神建造
> 凝视着彼得堡的人们
> 无比确信
> 魔鬼是这座城市的奠基人

在1837年12月17日那个可怕的夜晚，魔鬼似乎企图夺回自己建立的城市。那天晚上，一场大火席卷了冬宫。当时沙皇一家正在宫里的剧院看戏。幸好皇家卫队有时间将大部分珍宝转移到了冬宫广场。关于这场大火还有一则逸事。当时，沙皇尼古拉一世看到一名卫兵正奋力拆除牢牢固定在墙上的穿衣镜，忙命令他住手，赶紧逃生。这名卫兵不听，沙皇只得将手上看戏用的眼镜扔过去砸碎了镜子。据说，尼古拉冲他喊："我跟你说了，那东西带不走！"这才救了那名士兵一命。

大火扑灭后，冬宫几乎立刻就开始了大规模的重建。这次重建并没有试图恢复此前拉斯特雷利所做的室内设计，而是采用了当时普遍流行的折中主义风格。唯一的例外是著名的通往拉斯特雷利长廊的约旦楼梯。这段楼梯的结构并未被大火破坏，于是俄国建筑师瓦西里·史塔索夫（1769—1848）就按照拉斯特雷利最初的设计原原本本地进行了修复。

塔季扬娜·库库什金娜在《填饱肚子的奇怪感觉》中生动地描述了大火中的场景：

> 到这个时候，冬宫几乎已经自成一座城市。这里住着3000多人，各自忙活着不同的工作，享受着不同的福利。对宫里的仆人而言，一项重要的福利就是可以享用皇室吃剩的珍馐美味。这种传统带来了一个后果：阁楼里的剩菜剩饭越堆越多，气味难闻，还不卫生。这个问题在火灾后变得更加明显，阁楼里不仅有剩菜剩饭，还有各种小动物在此大快朵颐。为了更好地保温，拉斯特雷利要求冬宫阁楼的地板上全都铺上厚厚的毛毡地毯。地毯上再铺厚木板作为走道。时间一长，木板铺成的步道渐渐增加了许多分支，自然地延伸到一个个畜栏、禽舍、笼子和柜子，里面住着为供宫廷食用而饲养的鹅、火鸡、羊甚至猪。可以说，沙皇一家的头顶上其实几乎有一座农场。然而，这个惊人的事实直到大火发生时才被发现。火灾之后，有目击者回忆说，在熊熊大火之中有时能听到这些动物悲惨的叫声。

在接下来的几十年里，冬宫又经历了多次小规模的修整。十九世纪九十年代，冬宫栏杆上的装饰雕塑采用黄铜进行了重铸，因为原来的石头雕塑随着时间流逝已经出现了损坏。

确实，火灾一直是这个城市面临的重大威胁。为了更好地应对不时爆发的火灾，圣彼得堡在后来的市议会旁建了一座高塔，塔顶有一个装置可以在火灾发生时发出警报。这座高塔后来还发挥了另一项无比重要的作用——1839年启动的光学电报系统以它为起点。这个系统在1854年最终建成，是当时世界上最长的电报系统，总长度约1200公里（750英里），横跨俄罗斯帝国的整个西部平原地区，从圣彼得堡一直连通到华沙。

灾后恢复工作一直是这个脆弱城市面临的重大问题。除了火灾，这里在一年中的大部分时间多面临雪灾、风灾、冰冻和大雨的威胁。1845年到访圣彼得堡的英国年轻贵族理查德·伯克就写道：

> 我怀疑北方漫长的冬天是泥瓦匠、粉刷匠等工匠的好朋友。这个城市里的建筑物全由砖和石膏砌成，在连续六个月的霜冻后怎么可能毫发无损呢？被冻掉鼻子的不仅是这里的居民，还有城内的一座座大理石雕像。冻得脱皮的也不只是信众，还有一座座教堂。

新艾尔米塔什

设计新艾尔米塔什宫的工作交给了德国著名的新古典主义建筑师莱奥·冯·克伦茨（1784—1864）。这座宫殿1839年开工，1852年建成，是俄国第一座专门建设的公共博物馆。克伦茨为它选择了折中的新文艺复兴风格。然而，宫殿东面著名的拉斐尔壁画长廊却是由贾科莫·夸伦吉完成的，是罗马宗座宫拉斐尔长廊的复制。长廊墙面的拉斐尔画作由奥地利裔意大利画家克里斯托弗·安特博格（1732—1798）绘制。

新艾尔米塔什宫最引人注目的地方是灰色花岗岩雕塑组成的门廊。这处非凡的设计出自亚历山大·特雷贝涅夫（1815—1859）之手，约有150名农奴工匠参与了雕刻。门廊由十根巨大的男像柱支撑。柱子上孔武有力的男人雕像让人想起巨人阿特拉斯的形象，在古希腊神话中，他力大无穷，用双肩支撑苍天。这类意象在东欧的建筑中并不多见。瓦西里·史塔索夫为新艾尔米塔什宫设计了南亭的顶楼，1840年开建，1843年完工。

施塔肯施奈德的建筑遗产

前面我们已经介绍过安德烈·施塔肯施奈德。他获得了俄国宫廷发放的固定津贴，因而得以游历西欧各文化中心。后来，他受命为玛利亚·尼古拉耶夫娜女大公建造马林斯基宫（建于1839—1844年）。这座宫殿采用折中主义风格，使用来自附近地区的红棕色砂石建造。宫殿坐落在圣以撒大教堂对面，完美地融合了文艺复兴和巴洛克的风格元素。现在，这里是圣彼得堡市政府所在地。宫殿内一间间宽敞的房间都经过修复，是整个圣彼得堡修复最好的华美宫殿之一。宫殿前矗立着彼得·克罗德·冯·尤根斯伯格（1805—1867）男爵的雕塑名作沙皇尼古拉一世骑马像。尤根斯伯格出生于德国波罗的海沿岸，此前就因夏园内的寓言家伊凡·克雷洛夫塑像（1855）而一举成名。

施塔肯施奈德设计的另一座建筑是贝洛萨尔斯基-贝洛泽尔斯基

宫（建于1846—1848年），这座宫殿看起来比实际的建造年代显得古老，因为它是根据施塔肯施奈德的新巴洛克风格设计重建的。宫殿位于丰坦卡河与涅夫斯基大街交叉口，阿尼奇科夫桥旁，其前身是1747年为米哈伊尔·安德烈维奇·贝洛萨尔斯基亲王建造的一座小型宫殿。到了十九世纪埃琳娜·帕夫诺夫娜·贝洛萨尔斯基－贝洛泽尔斯基公爵夫人请原本只为沙皇尼古拉一世宫廷效力的施塔肯施奈德对那座小宫殿进行彻底改造，建成了如今这座气势恢宏的贝洛萨尔斯基－贝洛泽尔斯基宫。新宫殿明显受到了十八世纪拉斯特雷利作品，尤其是斯特罗加诺夫宫的影响。改造工程所需的资金来自斯特罗加诺夫家族在乌拉尔山区的工业活动。

　　正如前文所述，贝洛萨尔斯基－贝洛泽尔斯基家族后来迁往克里斯托弗斯基岛上的郊野别墅居住，而丰坦卡河畔的这座宫殿后来卖给了皇室，成为谢尔盖·亚历山大洛维奇大公和伊丽莎白大公夫人的宅邸。大公夫人对宫殿的结构进行了改造，特别是小礼拜堂，增加了一些"斯拉夫"元素。谢尔盖大公曾任莫斯科总督，1905年在克里姆林宫被一名恐怖分子刺杀。这座宫殿先是由谢尔盖大公的遗孀继承，后来又归由大公夫人抚养成人的迪米特里大公所有。迪米特里大公在十月革命前夕卖掉了宫殿。十月革命后，直到1991年，这里一直是当地苏维埃的办公地点。1954年针对战争造成的损伤进行了一次整修。后来这里改建成了博物馆和音乐厅。但在2012年2月底，贝洛萨尔斯基－贝洛泽尔斯基宫遭遇了一场大火，大规模的修复工作目前正在进行。

　　施塔肯施奈德还新建了小艾尔米塔什的亭子厅（1850—1858），它融合了哥特、文艺复兴和东方的风格元素，是折中主义的完美体现。之后不久，他又为米哈伊尔·尼古拉耶维奇大公设计了新米哈伊洛夫斯基宫（建于1857—1861年）。这座位于冬宫码头的宫殿以其新洛可可风格的大客厅最为华美。之后，施塔肯施奈德又在1864年建造了新艾尔米塔什宫。这座艺术博物馆建成后很快就开始对普通公众开放。

施塔肯施奈德一直不知疲倦地辛勤工作，还设计了圣彼得堡另一处重要宅邸——著名的尼古拉宫（建于1853—1861年）。这座三层大宅后来成为沙皇尼古拉一世的第六个孩子尼古拉大公的宅邸，最终在1894年改建为齐尼亚贵族女子学院。玛尔塔·亚历山德罗夫娜·阿尔梅丁根（1898—1971）曾是这所学校的学生。后来，她移居英国数十年，成了一名作家，主要创作童书。在1963年的英文自传中，她回忆了早年在这里的生活，她写道：

> 在一些宴会上，镶板装饰的白色大厅很容易想象自己生活在十八世纪末的宫廷里……这座宫殿既宏大又华美，气派的灰色大理石楼梯左右盘旋，在当时肯定是一个建筑奇迹。我们在大厅里玩耍，科林斯石柱支撑起高高的屋顶，墙壁上覆盖着华丽的镶板。我们读书和学习的房间里挂着漂亮的镜子，精美的镜框彰显着艺术大师们的才情。我们的宿舍里挂着精美的壁画……走下雅致的楼梯来到大厅。巨大的赤金色地狱守护犬克尔泊路斯雕像威风凛凛地守护着门庭。气派的正门装饰着精美的木雕，镶嵌着发光的玻璃，却几乎总是紧闭。

十月革命之后，这座宫殿移交给了工会，工会将其改名为劳动宫，并对内部构造进行了大规模改造。今天，这里成了一个剧院，常有民间舞蹈团在此演出。不少房间被改造成了办公室，来这里上班的人来自各行各业。

距尼古拉宫不远，就是圣彼得堡在涅瓦河上修建的第一座固定大桥。最初，因为临近现在杜达广场上的报喜教堂，这座桥被命名为报喜桥（1843—1850）。桥身用石板分隔成菱形格纹，十分符合当地人的审美。桥上的铸铁栏杆由亚历山大·布鲁洛夫设计，而灯和亭子则出自李奥尼德·诺斯科夫之手。当时一个观察敏锐的人写道："白天，它看起来是透明的，像金丝银线织成的一样，如波浪般轻灵。而午夜的灯光映照下，它显得十分厚重，将两岸的城市紧紧相连。"

报喜桥建成时长331米，宽24米，是当时欧洲最宏伟的大桥。如今，它仍是前往俄罗斯美术学院（参见第6章）最直接的途径。俄罗斯美术学院坐落在大桥另一头的瓦西里岛上，也是一座气势恢宏的建筑。

不过，当时艺术界的许多顶尖人物并不喜欢这些新式的精致建筑。宫廷建筑师尼古拉·贝努瓦的儿子、著名舞台设计师和艺术评论家亚历山大·贝努瓦（1870—1960）就曾在《艺术世界》中哀叹现代建筑的堕落。在他看来，对德国文艺复兴风格、法国洛可可式和哥特式建筑的"可怜的模仿"，就是那个时代道德败坏的具体表现。他最憎恶的是摩登式建筑，又叫俄罗斯新艺术运动建筑。他认为那些骇人的建筑元素，是那个病态堕落的时代在建筑和艺术上的表现。

现代趋势

从二十世纪初到第一次世界大战前，圣彼得堡建起了大量的公寓楼和别墅，主人都是富裕的中产阶级精英或音乐、美术、舞蹈等领域的知名艺术家。其中最著名是玛蒂尔达·克舍欣斯卡娅（1872—1971）的别墅。玛蒂尔达是马林斯基剧院的首席芭蕾舞女演员、马里乌斯·彼季帕的重要合作伙伴。沙皇尼古拉二世尚未登基也未娶妻之前她曾是他的情人，近期由阿列克谢·乌奇捷利担任导演和制片人的电影《玛蒂尔达》（2017年）就是以她为原型创作的。后来玛蒂尔达还与另外两名皇室成员有过亲密关系，很可能还为其中一人生下了一个儿子。玛蒂尔达的这栋别墅在当时备受瞩目，被认为是奥地利著名建筑师奥托·瓦格纳发起的维也纳分离派运动在俄罗斯的最佳体现。这座别墅由德国人亚历山大·冯·霍恩建造，坐落在今彼得格勒区的库拜舍瓦街2-4号，装饰华丽精美，铁艺与或质朴或奢华的石材融为一体。1917年，这里成为布尔什维克的总部，后来又改建为革命博物馆。今天，这里是圣彼得堡政治历史博物馆，主要举办关于十月革命前后主要政治人物的展览。

位于伦特格那街9号的柴夫公馆是俄罗斯建筑师弗拉基米尔·彼得洛维奇·阿比什科夫（1871—1939）为曾参与西伯利亚铁路建设的工程师谢尔盖·柴夫建造的。这座建筑的重要意义在于，它强调建筑的功能性，是俄国功能主义设计美学形成时期的代表作。其设计者于1905年出版的著作《当代建筑理性》具有开创性意义，而这座建筑正体现了书中的建筑理念。这座建筑中所使用的几何模块，特别是圆形模块的组合方式主要受美国，而非中欧建筑的启发：一楼设有一个画廊和一个种植热带植物的圆柱形温室。即便如此，这座建筑仍然保留了很多传统的建筑元素，在今天仍然可以看到，最引人注目的就是屋顶的栏杆。遗憾的是，按照当时流行的俄罗斯摩登式（新艺术运动）风格建造的裸女雕像早已不在。

坐落在卡缅内岛上的波洛夫佐夫别墅（建于1911—1913年）见证

了俄国新古典主义的复兴。这座别墅的主人是俄国外交家亚历山大·波洛夫佐夫。他是俄国最有权势的金融家、银行家、百万富翁亚历山大·冯·斯蒂格利茨养女的丈夫。这座建筑的外部设计灵感来自亚历山大一世时期的古典建筑，内设著名的哥白林画廊，有五幅具有重要历史和艺术价值的法国挂毯。

帝国时代建筑的绝唱可能是1913—1915年伊万·亚历山大洛维奇·弗明（1872—1936）在莫伊卡河上为阿巴梅列克-拉扎列夫亲王修建的府邸。这座位于城市中心地带的新古典主义建筑呈现出鲜明的十九世纪初风格。建成后不到两年，旧政权的整个政治、经济和社会体制就土崩瓦解，罗曼诺夫王朝走到了历史的终点，唯有这处珍贵的建筑遗产完整地保留了下来。

工业时代的商业大厦

十九世纪后期至二十世纪初，圣彼得堡兴建商业建筑的热潮达到了顶点。瑞士卢加诺人路易吉·鲁什卡在商业广场的西面修建了著名的羽毛床街门廊（建于1802—1806年），这个质朴的多利亚式门廊是一个以十八世纪建筑为主体的购物中心的装饰。不过，这类商业建筑中最具代表性的无疑是俄国建筑师帕维尔·苏佐（1844—1919）在1902年至1904年在涅夫斯基大街和叶卡捷琳娜运河（今格里博耶多夫运河）交汇处为胜家缝纫机公司的俄罗斯分公司建造的胜家大厦。这是一座新艺术运动风格的建筑，镶有玻璃的圆顶之上用金属栏杆固定了一个地球仪。这让它与海军部大厦的尖顶并称圣彼得堡最著名的两处屋顶。胜家大厦的建造充分利用了当时最前沿的技术，使用了钢筋混凝土结构、钢梁和平板玻璃窗等，不仅防火，而且也是欧洲北部地区商业繁荣的写照。苏佐在圣彼得堡参与建设的项目超过一百个，其中包括涅瓦大街54号（与马来亚萨多瓦亚大街交叉口）的乌沙科夫大厦的改造工程，著名的芭蕾糖果店就在这栋楼里。然而，革命和战争很快相继爆发，私人建造商业大厦的时代随之终结。直到二十世纪末，这波热潮才再次兴起。二十世纪八十年代末，苏联开始推行改革。苏联解体后，又开始了私有化进程。在这样的背景下，外国人率先开始在圣彼得堡建造酒店。但后来的商业建筑再也没有了帝国时代的华丽。可以肯定的是，帝国时期圣彼得堡的建筑从来都不追求舒适和温馨，而是在冷峻中散发令人着迷的魅力。1917年，十月革命爆发。是年年底，英国小说家萨默塞特·毛姆出于政治方面的原因到访圣彼得堡。后来，他在《作家笔记》（1949年首次出版）中记录了对这座城市建筑的印象："他们的建筑有一种不太容易察觉的怪异，明明装饰很简单，却给人一种华丽的感觉，就像一位十七世纪的荷兰淑女，身着一袭黑衣，素净但贵气十足。这里的建筑端庄得没有一点矫揉造作。"

工人宫

随着十月革命及之后的内战相继爆发，圣彼得堡的建筑活动基本停止。在新生的社会主义国家，像伊万·弗明的儿子伊戈尔·弗明（1904—1989）这样的建筑师都被改造成了建筑兵。

在这样的背景下，伊戈尔·弗明设计的工人宫代表了新政府所青睐的新式公共建筑的风格。此时的圣彼得堡沦为了俄国的第二大城市,昔日的荣光以及这座旧都与帝国时代的一切关联都成了不光彩的污点。伊戈尔设计的工人宫,在风格上可能借鉴了他父亲早期作品——1911年在戈洛戴伊岛(今德卡布里斯托夫岛)上为一家英国投资公司设计的帕拉第奥古典主义风格的新彼得堡。这是一个为日益扩大的中产阶级设计的大规模住房项目。当然,实际上只建了一栋楼,而且这栋楼到今天还矗立在岛上。而伊戈尔·弗明为工人阶级设计的住宅楼则根本没有完工。不过,他在二十世纪三十年代设计的位于市中心的沃斯塔尼亚广场地铁站倒是完工了。不管怎样,布尔什维克主义的这些标志性建筑在今天的俄罗斯都没什么人推崇,对它们抱有好感的只有欧美那些仍执着于左翼政治理想主义的知识分子。即便是像日耳曼犹太人斯蒂芬·茨威格(1881—1942)这样明确"左倾"的知识分子,在《俄国旅行》中谈到自己1928年来到圣彼得堡的印象,也只是不情不愿地勉强表示欣赏:

> 那些杂乱无章的建筑,那些杂糅在一起的风格和装饰,让莫斯科成了一个孤立的戴着面具的巨石球体。而在这里,你看不到那些!完全看不到!来到这里,人们立刻就会注意到,一个独裁者在他的脑海中精准地绘制了这个城市的蓝图。这个人就是它的主宰、它的建立者——彼得大帝。他本想模仿阿姆斯特丹。但300年前,随着俄国领土的大规模扩张,他又希望这座城市像美国般大气开阔。这里有小溪,也有宽阔的运河。从气派的广场延伸出去的,既有欧式的小街,也有宽阔的林荫大道。

然而,这座城市已经失去了从前的活力;现在,莫斯科成了无可比拟的政治、经济和军事中心，耗尽了苏联所有的能量和资源。而圣彼得堡/彼得格勒——1924年更名为列宁格勒——成了一座"石化的城市"。更确切地说，是一个谢幕后的剧院。正如茨威格所言，"灯光已经熄灭，演员已经离场"。对许多怀旧的人来说，旧都圣彼得堡似乎已经陷入沉睡，而再次醒来需要一生的时间——70多年。不过，圣彼得堡最终还是会醒来。但在那之前，它要先经历战争、封锁和饥荒的重重威胁（参见第5章）。

建筑的复兴

虽然饱受战争蹂躏，圣彼得堡的一些历史建筑还是保留了下来。1989年，为了修建新的住宅楼，原本计划将罗曼·沃伦佐夫伯爵位于彼得霍夫和芬兰湾沿岸奥拉宁鲍姆之间的华丽别墅拆除。所幸计划并没有施行，这处别墅于1999年改建为教堂。伯爵的女儿叶卡捷琳娜·沃伦佐娃-达什科娃女公爵是两所学院的院长，她为基里亚诺夫家族设计的宅邸也保存了下来，在纳尔瓦区丑陋不堪的二十世纪建筑之间如同宝石一般熠熠生辉。当然，这座建筑极负盛名，主要是因为"威尼斯的唐璜"贾科莫·卡萨诺瓦曾在这里居住。

如今，彼得霍夫路沿线坐落着一系列联合国教科文组织世界遗产地（参见第12章），整个圣彼得堡有多处这样的遗产地。

1970年诺贝尔文学奖得主亚历山大·索尔仁尼琴（1918—2008）在《涅瓦河上的城市》中写道：

多么令人振奋，这里再也不能建造什么！不能再在涅夫斯基大街塞进婚礼蛋糕那样层层叠叠的摩天大楼，不能再在格里博耶多夫运河畔拼凑起五层高的钢筋水泥长方体……现在走在这些林荫大道上是多么的愉悦！然而，这美好是无数俄罗斯人一边握紧拳头，一边不住咒骂着，浸在泥泞的沼泽里一点点建立起来的。那一座座官殿——泛黄的、灰褐色的、巧克力色的、绿色的官殿，是先人们层层叠叠的骸骨熔铸而成。

不敢想象：那些不屈不挠的、逝去的生命，那些爆发的冲突，那些被枪杀者痛苦的呻吟和他们妻子的眼泪——这一切也将被彻底遗忘吗？也会缔造出这样的永恒之美吗？

可是，这也已经成为过去。

最近，1929年主体拆除，二十世纪三十年代重建的施密特中尉桥经历了一次大规模重修，著名的桥墩恢复了原样，除了安德烈·施塔肯施奈德设计的小教堂之外，整体都基本重现了原貌，桥名也改回原来的报喜桥。然而，在忠于历史的表象之下，发挥作用的是当代的最新技术，桥的宽度也悄悄增加了13米。

早在二十世纪八十年代，列宁格勒就已经走上了复兴之路。那时，著名诗人约瑟夫·布罗茨基在《小于一》中，就已经看到了这座城市的美，只是他的颂扬之词在结尾处忽然转了调子：

还有一个城市，这是地球表面上最美丽的城市。一条灰蒙蒙的大河，如同头顶上灰蒙蒙的天空，裹挟着条条支流奔涌而去。河流两岸耸立着宏伟的官殿，正面装饰如此华美……看起来就像一个叫作文明的巨大软体动物。但这文明已经死了。

1991年,艾尔米塔什剧院进行了大规模翻修。随后,马林斯基剧院、亚历山大剧院和米哈伊洛夫剧院等圣彼得堡最重要的剧院(参见第8章)也都进行了重修。原来的叶利谢耶夫大厦——1919年至1922年名为"艺术之家"——在1997年改建为奢华的塔伦俱乐部,2003年又改为塔伦帝国酒店。塔伦公司拥有多处豪华的大楼和宅邸,对它们都进行了修复,叶利谢耶夫大厦只是其中之一。这家公司出版的一本文化杂志也相当有名,可以在线阅读(参见"推荐阅读")。在建城300周年之际,圣彼得堡又对一些重要建筑和设施进行了重修,重建的标准甚至超过了帝国时期。除了一座座华美的宫殿,城市的公用设施也经过整修,焕然一新。这波修复浪潮很快延伸到了水世界博物馆。这座位于梅尔茨和舒伯斯基建造的水塔之中的博物馆旨在帮助公众更好地认识可靠的供水设施对这座拥有数百万居民的城市有多么重要,虽然这种重要性常常被遗忘。尽管经历了革命、战争、饥荒、封锁和刻意的忽视,尽管遭受了难以计数的劫掠和破坏,圣彼得堡还是傲然回到了世界最美城市的行列。

The
biography
of
St Petersburg

圣彼得堡 传

统治者与被统治者

第四章

罗曼诺夫家族

留里克王朝覆灭后，鲍里斯·戈都诺夫（现在因穆索尔斯基的同名歌剧而为人所熟知）以饱受争议的手段夺取了沙皇之位。鲍里斯死后，俄罗斯进入大动乱年代。1613 年，出生于贵族之家的米哈伊尔·罗曼诺夫被推选为沙皇，罗曼诺夫王朝自此开启。彼得是米哈伊尔的孙子，在父亲阿列克谢和兄长费奥多尔先后去世之后，他最终继承了皇位。彼得先是与其同父异母的哥哥伊凡共同担任沙皇。1696 年，体弱多病的伊凡去世，彼得最终成了"全俄独裁者"，立刻着手壮大自己的力量。

1702 年，彼得大帝占领核桃堡。核桃堡是诺夫哥罗德亲王于 1323 年在今天的圣彼得堡北部、涅瓦河自拉多加湖流出的河口处建造的一座木制城堡。此前，瑞典统治此地长达 90 年。夺取核桃堡开创了俄国历史上一个全新的时代。沙皇将在此实现自己的终极梦想——建立一座新的城市，作为芬兰湾畔的港口、通往波罗的海的门户和整个欧洲的心脏。几乎同时，彼得下令立刻在今天的彼得滨河街 6 号（涅瓦河靠近彼得格勒区的一侧）建造自己的第一个固定住所，一栋看似砖石建筑的木屋。西蒙诺夫斯基团的士兵们仅用三天时间就建好了它。

沙皇让战功赫赫的将领都在军队和行政机构中继续担任要职，于是在征战中立下汗马功劳的苏格兰人罗伯特·布鲁斯得以在保卫这座新生城市的过程中再次建功。他不仅负责监督政府办公场所和民房的建造工作，还负责城防。经过1704年和1705年瑞典发动的两次试图夺回领土的进攻后，防御工作变得更加重要。不过后来的事实证明，在这两次进攻失败后，瑞典便罢手了。

彼得大帝最关注的问题自然是防御。为了确保瑞典无法夺回失去的印格里亚省，彼得下令新建一座雄伟的堡垒。为此，他将目光投向西方，寻求最先进的工程技术。实际上，这是他统治时期的一贯做法。彼得将建造要塞的工作交给了法国人约瑟夫·加斯帕·兰伯特·德·盖兰。之后，这项工作又由多梅尼克·特列吉尼接手。多梅尼克曾师从著名建筑师弗朗切斯科·博罗米尼，并在俄国的长期盟友丹麦，以及莫斯科修建过防御堡垒。这座新建的堡垒就是兔子岛上由沙皇亲自命名的彼得保罗要塞。这是一座六棱体城堡，六个角上各建有一座棱堡，这是俄罗斯历史上首次建造棱堡作为防御工事，自此也成为俄罗斯整个帝国时代及之后类似建筑的模板。

1708年这座要塞初建时，用的是木头。1715—1717年改建为石头堡垒。之后又几经增建，1732年最终完工。虽然看起来威慑力十足，但这座要塞从未遭到过敌人的袭击，后来成了沙皇俄国最臭名昭著的监狱，在超过300年的时间里关押了许多反对皇室和政府的重要政治人物。十月革命之后，这里关押的人换成了皇室成员及其支持者。

建设彼得保罗要塞只是沙皇防御来自西面海上威胁的手段之一，当时所有严峻的威胁似乎都来自西边。之后，沙皇又亲自设计了喀琅施洛特要塞，这是圣彼得堡以西32公里（20英里）处的科特林岛西岸建造的首个要塞。1704年5月7日，沙皇下令在岛上升起俄国的旗帜，纪念圣彼得堡建城一周年。但是，与彼得保罗要塞不同，这座要塞建成后不到一个月就遭到了瑞典人的袭击,沙皇也清醒地意识到了它的弱点。虽然这次袭击没有得手,瑞典也承认战败,沙皇还是决定请更专业的人士负责加固要塞。这一重任落在了特列吉尼的身上。喀琅施洛特要塞是俄国在芬兰湾东岸的第一道防线,加固后,位于喀琅施塔得附近的这处要塞取得了举世瞩目的成功,没有一支外国海军胆敢对其发起直接攻击。迄今,这座要塞仍屹立不倒,守护着圣彼得堡免遭来自海上的外国军队袭击。

帝国统治

圣彼得堡和德意志帝国一样,并非建立在自由民主原则的基础之上。正如俾斯麦所言,德意志第二帝国建立的基础是铁与血。圣彼得堡也是如此。为了给这个城市打下坚实的基础,人们在残酷的环境里没日没夜地劳作,数万,甚至数十万人不可避免地搭上了性命。大多数人都是被迫参与这座城市的建设。即便是自由之身,甚至是贵族,也只能屈从于沙皇及其朝臣和军队为这座城市设定的基调,执行沙皇的专制命令。不到20年,圣彼得堡就建立起了一支城市警察部队,负责维持公共秩序,这在当时的欧洲城市并不常见。1718年,彼得大帝任命来自阿姆斯特丹的安东尼奥·曼努埃尔·德·维埃拉为圣彼得堡的第一任警察总长。维埃拉的父亲是西班牙犹太人,但他自己皈依了俄国东正教,改了俄国名字安东·迪维尔,并被封为伯爵。据说迪维尔勾引了彼得的密友缅什科夫亲王的女儿,后来娶了她,并最终官至元老院。在彼得二世短暂统治期间,迪维尔得罪了缅什科夫,被流放到西伯利亚的雅库特。

后来，他重获沙皇青睐，官复原职，担任警察总长直到1745年去世。

维埃拉的经历并不能代表俄罗斯帝国其他犹太人的际遇。实际上，在彼得大帝及其三位继任者统治时期，俄国一直禁止犹太人入境，更不用说定居。在安娜女皇统治时期，一名叫巴鲁克·莱博夫的犹太商人因涉嫌杀害一名东正教女孩献祭以及试图说服一名俄国海军上尉皈依犹太教而被绑在木桩上烧死。

从建城之初，监狱就在这座城市扮演了重要角色，彼得保罗要塞尤其如此。早年关押在那里的犯人中，最著名的是彼得大帝唯一的儿子和继承人阿列克谢（1690—1718），罪名是阴谋推翻彼得的统治。1718年6月，阿列克谢在要塞里去世。在他之后，还有无数人被关押在这座要塞里，直至十月革命结束，布尔什维克建立政权。今天，要塞改建成了一座著名的博物馆，讲述沙皇和布尔什维克时期的政治状况。然而，单从美学角度看，作为这座要塞主要入口的巴洛克式大门绝对是大师手笔。两侧的多利亚式壁柱加上顶部的卷形装饰，令它成为这座城市的一大建筑亮点，完全实现了特列吉尼的设计意图。

除了国事罪，俄国的专制统治者们对其他形式的犯罪也十分严厉，其严酷程度令到访的西欧人咋舌。在彼得大帝即位之前，假币已经十分猖獗，国家打击的手段也极其残酷。《1649年会典》对造假者规定了严厉的处罚措施：

> 任何胆敢伪造铜币、锡币或钢币，或在生产银币时添加铜、锡或铅，对国库造成损失的铸币者，将因这些罪行受到灌食金属熔浆的刑罚。

尽管有这样严苛的处罚，制造假币活动仍然延续了几十年。超过7000人因此被处决，另有1500人被砍掉了双手。对于没有那么严重、不对国家财政稳定构成威胁的罪行，犯罪者会被长期监禁，这也是大多数定罪罪犯的命运。对重刑犯而言，彼得保罗要塞一直是俄罗斯最令人胆寒的监狱之一。

1781年，一名到圣彼得堡访问的英国改革派人士注意到，每间牢房最多关押了35名囚犯，但只有两个小窗户，虽然有供暖设施，但通风不良，情况与今天圣彼得堡的克列斯特监狱差不多。彼得保罗要塞的大多数囚犯，都在当地的建筑工地干活，但是一些有特权的人可以到总督的花园里做事，领取面粉作为报酬。这位到访的英国人还发现，欠债不还者的境遇最为悲惨：

关押他们的监狱有四个圆顶房间，彼此相通，配有炉灶和行军床。犯人不得离开房间，只能靠来往行人的施舍为生。他们的窗前放着用于接受施舍的小盒子。不过，政府给他们提供木材作为取暖的燃料。有一个人说他因为欠了15卢布，已经被关了五年，另一个人因为欠别人25卢布，被关了四年。

宫廷生活

1727年，彼得二世（1715—1730）继承了祖父的沙皇之位。在他短暂的统治期间，他进一步强化了农奴制度，但是朝廷的实际掌权人是彼得大帝的老朋友亚历山大·达尼洛维奇·缅什科夫。缅什科夫曾想将自己的女儿嫁给彼得二世,但遭到瓦西里·多尔戈鲁基的阻挠。多尔戈鲁基让沙皇与自己的女儿凯瑟琳订了婚。1728年,彼得二世的加冕典礼在莫斯科举行,婚礼则定在1730年1月30日。然而,就在这时,莫斯科爆发了天花,彼得二世在婚礼当天去世,皇位由他的姑母安娜继承,安娜是彼得大帝同父异母的哥哥、共治沙皇伊凡五世的女儿。

安娜女皇意志坚定但专制独裁。她为了对抗与她为敌的俄国旧贵族,转而信任居住在俄罗斯帝国西部省份(今拉脱维亚、立陶宛和爱沙尼亚)的波罗的海的德国贵族,因为她曾与波罗的海德国人、库尔兰公爵弗里德里希·威廉有过短暂的婚姻。有传闻说,安娜真正钟情的是后来的库尔兰公爵埃尔奈斯特·约翰·冯·比龙。她还指定比龙在自己去世后,担任小皇帝伊凡六世(1740—1764)的摄政王,但比龙在这个位置上只待了几个星期。不久,彼得大帝的女儿伊丽莎白(1709—1762)就夺取了帝位,成为女皇。小沙皇伊凡六世则一生颠沛流离,从一个监狱转到另一个监狱,在叶卡捷琳娜大帝即位后被杀。

安娜受过良好的教育,但是她过于尖酸刻薄。有一个故事说,安娜为了羞辱惹自己不高兴的米哈伊尔·戈利岑亲王,强迫他在1739年的冬天迎娶了一位跟自己年纪相仿的老太太,这个老太太还是西伯利亚中部的卡尔梅克蒙古人。这对夫妇被迫打扮成宫廷小丑的模样,骑着大象进入婚礼现场。女皇为这场婚礼派出了一个车队,每辆车里都坐了帝国一个少数民族的代表,分别由不同的动物拉车。还特别建造了一座冰宫,长25米(80英尺),高9米(30英尺),用来举办"庆祝活动"。在这座冰宫里,新郎新娘被脱光衣服,去实现"大圆满",当然在他们身边还体贴地放了一个火炉。所有经典的婚礼装饰品都是用冰做的,包括家具和植物,耗资约30000卢布。

后来的伊丽莎白女皇是一名大权独揽的独裁者，她不允许朝臣提出反对意见。然而，她毕竟身处一个启蒙价值日益得到认同的时代，自然也有人性化的一面。因为她，俄国在1744年首次废除了死刑。不过1755年又恢复了，这时伊丽莎白仍然在位。

伊丽莎白女皇去世之后，她的侄子、彼得大帝的外孙彼得即位，史称彼得三世（1728—1762）。与他的儿子保罗一样，彼得三世的亲普鲁士倾向最终导致他的死亡。彼得三世在位仅六个月，就被自己1745年迎娶的德国妻子叶卡捷琳娜篡夺了帝位。叶卡捷琳娜对自己的丈夫是出了名的憎恶，据说与彼得三世的死亡也有牵连。

叶卡捷琳娜（1729—1796）是伊丽莎白女皇的侄女，但对她没有什么感情。丈夫被杀后，叶卡捷琳娜于1762年6月底在情人格里戈里·奥尔洛夫伯爵的帮助下登上皇位。在叶卡捷琳娜有了新的情人格里戈里·波将金（1739—1791）后，奥尔洛夫为了挽回女皇的心，曾将一枚重达189克拉的钻石命名为"奥尔洛夫"，作为礼物赠送给女皇，但也只是徒劳。这枚钻石现在陈列在克里姆林宫内。波将金原本只是一个小贵族和低阶军官，后来被女皇封为亲王。女皇和奥尔洛夫育有一子——阿列克谢·波布林斯基伯爵（1762—1813），他的后代继承了这个封号和姓氏。历史上曾有这样一则逸事，据说阿列克谢出生后，被包裹在海狸皮（俄语"bobr"，音"波布"）里从女皇身边带走，他的姓氏正来源于此，而且女皇赐给他的伯爵纹章上也有一只海狸。波布林斯基长大成人后，女皇将意大利人路易吉·鲁什卡设计的波布林斯基宫（坐落在莫伊卡运河畔，现在是圣彼得堡欧洲大学所在地）赐给了他。之后，这座宫殿在波布林斯基家族传承六代，十月革命后被没收。

叶卡捷琳娜大帝即位时，俄罗斯的首都即将进入政治和建筑发展的鼎盛时期，但政府却对过去沙皇重用过的人一概弃之不用。因此，深受旧政权青睐的建筑师拉斯特雷利发现，新沙皇不再需要他的服务，所以只好退休，当然退休金很丰厚。不过，拉斯特雷利不再受到重用，不仅是因为他与之前的沙皇关系密切，还因为到了叶卡捷琳娜大帝统治时期，华丽轻佻的巴洛克风格，特别是由此演化出的洛可可风格，越来越不受欢迎了。相反，就像在欧洲其他地方一样，质朴庄严的新古典主义风格开始流行，这种风格也完美契合了女皇高度世俗化的哲学和审美理想。尽管如此，女皇有一个方面还是继承了前任的专制传统，那就是对不守规矩的臣民施以重刑。例如，1785年，女皇颁布了针对各行各业的严格规定，工匠除了要恪守义务之外，还严格禁止醉酒和挥霍浪费。

精英文化

斯莫尔尼学院是俄罗斯最重要的教育机构之一，叶卡捷琳娜大帝对其建立和发展发挥了至关重要的作用。这所由新圣女修道院发起成立的贵族女子学院，位于斯莫尔尼区的中心地带，最初由拉斯特雷利设计，其经典的标志性帕拉第奥式门廊则是贾科莫·夸伦吉在1806—1808年修建的。1764—1796年，约有1316名女子在这里就读，其中包括一小部分商人家庭的女孩，不过这所正式名称为叶卡捷琳娜学院的学校，主要面向的是贵族女子，学生大多来自落魄的小贵族家庭，经济条件很差。这里接收从幼童到18岁各个年龄段的女生。

斯莫尔尼学院的学生走出校门后，回到她们的乡村庄园里嫁做人妇，她们将自己极高的文化和礼仪修养带到了俄罗斯帝国的各个角落，一些人甚至在首都乃至整个俄国的政治生活中发挥了极为重要的作用。其中最著名的是叶卡捷琳娜·伊万诺夫娜·涅利多娃（1758—1839）。她在叶卡捷琳娜大帝统治后期，赢得了保罗大公，即后来的沙皇保罗一世的喜爱和尊重。对于保罗这样一个时时饱受愤怒和暴躁情绪困扰的君主而言，涅利多娃就是拯救他免受极端情绪困扰的最佳人选，这点连保罗那善妒的德国皇后玛丽亚·费奥多萝芙娜也不得不承认。

巴甫洛夫斯克学院也招收贵族子弟，特别是阵亡军官的孩子。这所学院同样有一个平民子弟部，面向医生、画家和演员的孩子。然而，最受欢迎的还是斯莫尔尼学院。

它那气势恢宏的门廊，无论在建筑艺术上，还是在其所代表的政治力量方面，都足以与俄罗斯科学院的庙堂式建筑相媲美。

在叶卡捷琳娜统治早期，其在莫斯科建立了专门面向男孩的教育基金——"教育之家"。之后不久，在1771年，她拨款20000卢布在圣彼得堡设立了基金会的分部。不过，真正享受了当时最优秀的教育资源的，还是瓦西里岛少年军训团的贵族男孩。1775年7月，在庆祝俄土和平条约签署的仪式上，这些贵族少年展现了他们出色的文化造诣。未来的第二代约翰·亨尼克勋爵在造访圣彼得堡后，在日记中写道：

> 我们坐在一个接近半圆形的露天剧场里，一共大概有700人。剧场以一条中轴线为核心，中轴线附近有一个乐廊，顶上是手持橄榄枝的和平女神像。第一个节目是法语戏剧，主题是热爱祖国。年轻绅士们的表演贯串始终，不得不承认，他们的表演非常精彩，让我们这些观众十分满意。表演结束时，舞台上出现了一艘船，主演们从船上缓缓走下。在阵阵翻滚的帆布波浪中，浮现出海神尼

普顿和随从的身影……他们不是挥舞着魔杖驾车前往利利普特的哈利昆小丑。实际上，这是一群强壮的年轻人，他们的集体表演让整个露天剧场沸腾；先是华丽的塑像展示，再是灯火通明的狂欢。

这般精彩绝伦的表演，只是叶卡捷琳娜将圣彼得堡塑造为北方雅典的手段之一。她的真正目标是让首都成为欧洲最耀眼、最具知识气息的城市之一。为此，她盛情请来了欧洲百科全书派最重要的代表人物——法国人德尼·狄德罗。尽管俄国的冬季寒冷难耐，狄德罗还是接受了邀请，并如约抵达圣彼得堡，住在外交官阿列克谢·纳里什金位于圣以撒广场9号的家中。在那里，他成了一名狂热的亲俄人士。先是学习俄语，后来又收集和阅读当时俄国文学中的精品，最后，还成了皇家美术学院的外籍院士。狄德罗与女皇彼此欣赏。虽然他说话和写作都使用法语，但并不碍事，因为俄语在当时对于许多人而言只是第二语言。事实上，俄国许多贵族家庭的孩子都习惯只在与保姆交流或参加礼拜日和东正教宗教节日时使用俄语，其他时候都使用法语，由法国家庭教师专门为他们授课。

叶卡捷琳娜大帝不仅重视通过传播启蒙思想巩固其统治，还热衷于在城市各处安放具有象征意义的雕塑。因此，在狄德罗的引荐下，法国十八世纪最重要的雕塑家艾蒂安·法尔科内来到圣彼得堡，并在这生活了很长时间。法尔科内的作品不仅对这座城市的艺术生活产生了深远的影响，还集中体现了统治者的权威和力量。他的代表作之一是著名的彼得大帝骑马像，它是欧洲巴洛克式雕像的杰出代表。这座铜像的底座也非常有名，号称雷霆巨石。从1766年到1778年，法尔科内在圣彼得堡生活了12年。不过直到1782年，这座雕像才首次公开亮相，立即获得了广泛的赞誉。它所代表的荣光不仅属于彼得大帝，也属于叶卡捷琳娜大帝。它的盛名在十九世纪初诗人亚历山大·普希金的诗歌《青铜骑士》中得到了进一步传扬。然而，并非所有那个时代的人都赞同普希金对这座恢宏铜像的赞颂。曾经在圣彼得堡生活过的波兰吟游诗人、民族主义者亚当·密茨凯维奇就认为，这座铜像意味着沙皇将带领俄国跌入失败的深渊，而非奔向胜利的前方。

与同时期的欧洲许多其他国家不同，在叶卡捷琳娜大帝统治下的俄国，一些女性人物也对国家的政治和文化生活产生了巨大影响，一个突出的例子就是叶卡捷琳娜·达什科娃（1743—1810）女公爵。虽然达什科娃坚称自己在1762年女皇发动的政变中发挥了重要作用，但女皇本人并不承认这一点。尽管如此，从各方面来看，达什科娃仍然是俄罗斯宫廷的重要人物，她的影响力甚至超越了国界，在巴黎、伦敦和爱丁堡都产生了影响。1781年，她在巴黎遇到了本杰明·富兰克林。之后不久，她就成了美国哲学学会历史上的第一名女性会员（第二名女性会员要再过80年才会出现）。相应的，富兰克林也成为达什科娃领导的俄罗斯艺术与科学学院历史上的第一位美国会员。两年后，达什科娃成了瑞典科学院荣誉会员。1784年，她又成为俄罗斯学院院长。她位于圣彼得堡郊区的科亚诺娃别墅在她有生之年一直是俄国知识分子的聚会场所。

英雄与恶棍

叶卡捷琳娜大帝去世后，她的儿子保罗继承了皇位，史称沙皇保罗一世。保罗即位后不久，就流放了一批人，其中包括达什科娃女公爵——所幸不是去西伯利亚，而是去诺夫哥罗德。后来，达什科娃被允许离开流放地，回到莫斯科生活。保罗不会与人相处，他的母亲也竭尽所能地排挤他。女皇这么做事出有因：一方面，保罗文化素养很高，还是大公时就曾于 1782 年到访意大利。为了欢迎他的到来，威尼斯专门举办了一场赛舟会（意大利画家乔瓦尼·安东尼奥·格拉蒂为此创作了一幅画作）。另一方面，保罗脾气古怪、喜怒无常，常常无端暴怒。在他统治的几年（1796—1801 年在位）里，很多大臣都因小事被流放西伯利亚。更严重的是，在地缘政治上，保罗在拿破仑战争期间支持普鲁士，然后又与法国结盟，严重威胁到英国的利益。最后，因为种种原因，保罗一世被谋杀了。不过，令俄国上下感到安心的是，保罗的儿子、叶卡捷琳娜大帝最喜欢的孙子亚历山大随后继位，史称亚历山大一世。

沙皇亚历山大一世在位时（1801—1825 年在位）在国内外都非常受人爱戴。1814 年，亚历山大帮助英国及其盟友击败了拿破仑（俄国此前是支持拿破仑的），同年访问伦敦。那次访问也再次证明，亚历山大是那个时代欧洲最受尊敬的君主，他所受到的礼遇在俄国历史上后无来者。第一次世界大战后，维也纳会议重新分割了欧洲的领土和领地，俄国获得了不少好处。此外，亚历山大也深受女士们的欢迎，关于他的逸事层出不穷。据传，亚历山大曾经问一位已婚女士，可否允许自己在她丈夫缺席时占用她丈夫的位置，对此这位女士佯嗔道："陛下难道认为我是一个省份吗？"

拿破仑战争结束后，亚历山大希望按照古罗马帝国的传统修建一座宏伟的建筑，纪念战争胜利。为此，他命令夸伦吉设计了新古典主义风格的纳尔瓦凯旋门，欢迎俄国军队凯旋。这座大门 1814 年初建时使用的是木材，在1827—1834年用石材重建，第二次世界大战后进行了修复。

为了展现皇室的权威，沙皇还委托意大利建筑师卡洛·罗西设计了另一处更为恢宏的建筑，那就是今天圣彼得堡最具标志性的建筑之一——海军总参谋部大楼，这也是当时俄国新古典主义建筑的里程碑。这座大楼建于1820—1830年，正对着冬宫。不到100年后，俄国1905年革命期间，这座宏伟的建筑就见证了圣彼得堡无数起义的穷人被屠杀。大楼正面顶上是一座镀铜的铁制六马胜利战车雕塑，由两座士兵雕像牵引。游客们从艾尔米塔什博物馆出来，在去往涅夫斯基大街的途中，抬头就可以看到。大楼前的冬宫广场中央矗立着亚历山大纪念柱，纪念俄罗斯这位最受欢迎的君主。亚历山大纪念柱在1834年夏末建成，苏格兰作家利奇·里奇是这样描述它的：

> 纪念柱无论从哪个角度看都显得高贵雄伟。柱身是由采自芬兰的一整块大理石制成，不算底座和顶部，高度已达84英尺。花岗岩底座上的青铜浮雕寓意深刻。柱顶是一位天使左手拿着十字架，右手指向天空。底座靠近冬宫的一侧刻着这样一句话：献给亚历山大一世——俄罗斯敬献。这与彼得大帝纪念碑上所刻的字同样言简意赅。

元老院和主教公会也在附近。当时，主教公会负责管理俄罗斯正教会，而教会要服从沙皇。后来，反对沙皇控制教会的人说这里是巴比伦式的囚禁之地。将这几座建筑物连接在一起的是另一座宏伟的凯旋门，同样由罗西设计，1829—1832年建造。现在，元老院成了不久前刚从莫斯科搬到圣彼得堡的俄罗斯宪法法院所在地。在所有这些建筑中，海军部大厦是亚历山大一世时期最重要的标志性建筑，因为它象征着亚历山大将俄国建成海上大国的勃勃雄心，而这也是彼得大帝的毕生目标。

变革迹象

亚历山大一世死后，他的弟弟康斯坦丁大公崇尚开明自由，放弃了皇位继承权，于是更小的弟弟尼古拉一世（1825—1855年在位）登基成为沙皇。这直接导致了1825年12月26日爆发的十二月党人起义。这是一场自由派领导的政治运动，他们希望将西欧的政治价值观引入独裁统治下的俄国。十二月党人误认为是亚历山大逼迫康斯坦丁放弃继承皇位，这是起义的导火索。起义地点是元老院广场（当时称彼得广场），大约有3000名士兵和军官参加。尼古拉一世亲自与起义者对峙，并派出在军队中广受欢迎的米哈伊尔·米洛拉多维奇伯爵与起义者代表谈判。当米哈伊尔劝说起义者放下武器时，一名叫彼得·卡霍夫斯基的军官开枪打死了他，一场骚乱由此爆发。沙皇随即命令骑兵发起冲锋，起义部队四散。最终，有五名十二月党人被处绞刑（这是俄国最后一次公开执行绞刑），还有许多人被流放到西伯利亚。这次动乱奠定了尼古拉一世统治时期的基调——内乱愈演愈烈，麻烦不断，无政府主义思潮蓬勃发展，最终导致了克里米亚战争的爆发。

在沙皇的专制统治之下，俄国贵族在政治领域仍然发挥着重要的作用，但这仅限于朝廷范围内，在更大的范围，他们的作用则更多体现在社会领域，而非政治领域。贵族主要通过设在米哈伊洛夫斯基广场东南角、米哈伊洛夫斯基宫对面的贵族会议发挥作用。这座建筑也是罗西设计的。不过这里更多的是一个社交场所，自1846年开始用于举办音乐会，特别是在公共剧院关闭的大斋期。舒曼、李斯特和柏辽兹等很多作曲家都到过这里。在米哈伊洛夫斯基广场东南角，贵族会议的对面是著名的卢斯酒店。它于1824年开业，柏辽兹和马里乌斯·彼季帕等知名人士都曾在此下榻。

1848年，贵族会议租用了宪兵队长奥尔洛夫伯爵的宅邸，也就是现在的利特尼大街39号。正是在这里，人们玩起了一种叫preferans的纸牌游戏，它很快风靡全城。奥尔洛夫伯爵的宅邸只是当时圣彼得堡诸多精英社交场所中的一个。此外，戈利蒂济纳位于米里纳亚大街30号的住所也会聚了一批博学之人，济科夫斯基的住所在十九世纪三十年代时也会在每周六举办聚会。博闻强识是圣彼得堡精英阶层的标志，其根源在于俄罗斯高度发达的贵族和军官教育体系。

然而，在宫廷、军队和富裕的商人阶层之外，绝大多数儿童都没有机会接受正式教育，不仅在圣彼得堡如此，在整个俄罗斯都是如此。不过，极少数完成了系统教育的人，确实会获得较高的官职，过上富足的生活，有些甚至还能跻身14个贵族阶层之列。除了圣彼得堡大学，很多具有国际声誉的学校都免收学费，包括1756年成立的皇家美术学院和1799年成立的医学与外科学院。1829年，圣彼得堡教育学院成立，主要招收中产阶级家庭的学生，培养高水平的老师。尽管如此，直到1853年，能够进入所谓文理学校（相当于高中）的学生，仍有80%左右来自贵族家庭。

至于占圣彼得堡人口绝大多数的农奴阶层，他们的子女接受教育的机会十分有限。直到1804年还有专门的立法，规定"没有自由身份"的儿童，如无部长的批准，不得进入文理学校。因此，这些孩子只能去

"低等"学校就读。

尽管沙皇亚历山大二世在1861年废除了农奴制,无论是在整个俄国,还是在首都圣彼得堡,等级都仍然森严。1869年,圣彼得堡的667200名居民中有14.2%是贵族或有贵族背景。毫不奇怪,宫廷生活在这里占据主导地位,25%的国家预算用于维持宫廷运转。在十九世纪中叶,俄罗斯宫廷一年的花费达300万卢布。(相比之下,英国宫廷的花费仅折合约250万卢布。)

商人处在社会的第二阶层,可以进一步划分为两类,一类是商人中的精英,共约22333人,占城市总人口的3.3%;另一类是小商人,共约123267人,占总人口的18.5%。然而,这座城市的大部分人口还是农民,约有207707人,占31%。许多农民是新近获得解放后来到城市寻找工作机会的。他们中不少人从事家政服务,到1872年总数已超过6万人。

当然,对于俄国这样一个高度军事化的专制帝国,各阶层人士从军的时间都可长达数十年。因此,海军和陆军军人在圣彼得堡的人口中也占有很大比重。据官方统计数据显示,圣彼得堡服役军人和军属的总人数超过132000人,占这座城市总人口的19.8%,其中有贵族也有平民。

在这样一种繁荣与匮乏交织的社会背景下,圣彼得堡的文化生活蓬勃发展,在军队里更是如此。比如,拿破仑战争中的英雄尼古拉·拉耶夫就迎娶了著名科学家罗蒙诺索夫的孙女索菲亚·阿列克谢耶夫娜为妻。另一个著名军事人物是上将亚历山大·伊万诺维奇·奥斯特曼-托尔斯泰伯爵,他在波希米亚战争的库尔姆之战中失去了一条腿,1812年退役。对他而言,在俄国军队服役对于本国人与外国人有着截然不同的意义。正如他对在俄罗斯军队服役的意大利人马奎斯·菲利普·班卢奇所言："你把俄国当成一件制服，想穿就穿，想脱就脱。但对我而言，俄国是皮肤。"

不过，俄国的专制制度依靠的不仅是军队，还有其文官系统。尼古拉一世曾笑言："统治俄国的是高级文官。"在他统治期间，俄罗斯帝国确立了基于"东正教、专制制度、人民性"三原则的主导意识形态，这些概念在当今有复苏的迹象。这一理论最初由国民教育大臣、1818年后任俄罗斯科学院院长的谢尔盖·尤瓦罗夫提出。尽管后世的自由主义者和共产主义者因其倡导"东正教、专制制度、人民性"三原则而对其嗤之以鼻，但在当时很多人都将尤瓦罗夫视为自由主义者，而绝非民族沙文主义者。尤瓦罗夫热衷于唤起公众对东方民族、语言和文化的兴趣。但是，对包括历史学家谢尔盖·索洛维耶夫（1820—1879）在内的其他人而言，尤瓦罗夫归根结底是一名讽世者。他们讽刺地指出，虽然尤瓦罗夫自认是一名无神论者、自由主义者和俄罗斯文人，但他实际上只会用法语和德语写作。

在文学方面，俄国伟大的作家和剧作家尼古拉·果戈理（1809—1852）在《死魂灵》《钦差大臣》等小说和戏剧中精准地把握了公职人员的弱点，塑造了许多令人难忘的公职人员形象。

拉斯普京

从第一次世界大战前至战争期间，格里戈里·拉斯普京（1869—1916）无疑是圣彼得堡最具诱惑力的人，至少在宫廷女子眼里是如此。这位生于西伯利亚的伪僧和神秘主义者居住在格洛瓦亚大街64号，每天都有衣着华美的贵族女士上门。然而，拉斯普京图谋操纵宫廷，干涉政治，劝说沙皇不要与英国和法国联手对抗德国，这令支持结盟的费利克斯·尤苏波夫（1887—1967）亲王等人极度不满。尤苏波夫第一次世界大战前曾在牛津大学学习，后来他刺杀了拉斯普京。在回忆录中，他描写了刺杀这位"圣人"的场景："十一点，莫伊卡宫地下室里一切已经就绪。布置得舒舒服服的地下室……已不再像一个普通的地下室。桌上煮着一壶茶，旁边摆着拉斯普京最喜爱的美食。只差将毒药放入杯中。"拉斯普京的尸体最终被抛入马来亚涅夫卡河。

从表面上看，尤苏波夫与他在决斗中被枪杀的兄弟尼古拉不同，一点也不像刺客。尤苏波夫出身显贵，娶了沙皇的外甥女伊琳娜为妻，并因常常出入化装舞会及在业余戏剧中扮演女性角色而闻名。然而，他极度亲英，据说谋杀拉斯普京时就有一名英国特工在场。十月革命爆发后，尤苏波夫逃离了彼得格勒，但他先后三次回到这里，每次都带走一批个人财物。在一位老仆人的帮助下，他不仅带走了珍贵的珠宝和一把斯特拉迪瓦里小提琴，还有伦勃朗的两幅重要画作，分别是《戴宽檐帽的蓄须男子肖像》和《手拿扇子的年轻女子肖像》。今天，这两幅画都收藏在美国华盛顿国家美术馆。

异国的吸引

专制的俄国总是需要有一个外敌，才能巩固内部共识，并让人们接受一个强有力的保护者作为他们的领导者。在帝国时代，这个领导者一直是沙皇，而俄国面临的威胁也是真实存在的。很多时候，奥斯曼帝国就是这个外敌，威胁其南部边界的安全、海上防卫和贸易，遏制其扩张的欲望。然而与此同时，奥斯曼帝国又令俄国十分着迷，在社会和文化领域都是如此。在十九世纪的圣彼得堡，这种着迷在建筑、绘画和文学上往往都有反映。1837年的大火之后，俄国建筑师亚历山大·布鲁洛夫在修复后的冬宫里为沙皇建造了一个可进行土耳其浴的浴室。这里著名的青铜钟由圣彼得堡施莱德工厂生产，设计精巧，现在去冬宫还可以看到。

皇室的其他成员也对土耳其十分向往。十九世纪四十年代，康斯坦丁·尼古拉耶维奇（1827—1892）大公住在大理石宫。他的书房由俄国画家雅科夫·多多诺夫设计了土耳其式的装饰，奢华精美，还配有阿拉伯文字。书房里最引人注目的是镀金的黄色黏土壁炉和后来修建的瓷喷泉和大理石水池，也是布鲁洛夫设计的。康斯坦丁的兄弟米哈伊尔·尼古拉耶维奇（1831—1891）大公在1877—1878年的俄土战争中战功赫赫。坐落在宫殿滨河街18号的新米哈伊洛夫斯基宫最初由安德烈·施塔肯施奈德负责内部装饰。而在著名摄影师卡尔·布拉1907年拍摄的照片中，已经能够看到明显的土耳其式元素。1949年，这座建筑归东方学研究所所有，现在属于俄罗斯科学院东方文献研究所。其昔日的异国情调和辉煌已尘封在旧照片之中。

1872年，卡尔·马克思的《资本论》首次出现在圣彼得堡的书店里，但在当时对这里的政治生活几乎没有产生什么影响。几乎没有人注意到这本书。直到二十世纪初，占据这座城市绝大多数人口的农民（1910年达到131万人）中仍几乎没有人注意到它，也没有人意识到这本书将对他们的未来产生什么样的影响。

在俄罗斯帝国专制统治的最后几年，真正的代表人物不是马克思，而是珠宝商法贝热。1899年，德国建筑师卡尔·施密特建造了法贝热公司总部大楼。这是一座折中主义风格的建筑，融合了多种元素，从正面既可以看到西欧哥特式建筑的影响，也可以发现意大利文艺复兴时期建筑的特征。这座大楼至今仍在圣彼得堡熠熠生辉。在俄罗斯帝国最后的岁月里，法贝热工厂生产的艺术品，工艺出神入化。而在这之前，法贝热也曾与其他珠宝商激烈竞争了好几年。法贝热最早的竞争对手是卡尔·埃德瓦尔德·博林于1796年创立的公司。博林的公司位于波沙雅莫斯卡亚大街10号，法贝热公司的创始人彼得·卡尔·法贝热（1846—1920）也将自己的公司设在了不远处的波沙雅莫斯卡亚大街24号，靠近市中心的涅夫斯基大街。十月革命爆发前不久，威廉·博林果断决定在斯德哥尔摩开设一家商店，随后被瑞典王室任命为独家珠宝商，公司在瑞典的事业蓬勃发展。不过，在1900年的巴黎世界博览会上，法贝热公司展示的一个精美的珠宝复刻微型皇冠获得了博览会大奖，也成为众人瞩目的焦点，将博林和其他竞争对手通通甩在身后。沙皇尼古拉二世也订购了一个法贝热皇冠，放在艾尔米塔什博物馆展出。布尔什维克革命爆发后，列夫·托洛茨基被任命为贵重物品罚没委员会的主任，负责将没收的贵重物品卖到国外，换取硬通货。托洛茨基对市场几乎一无所知，因此不得不任用曾经为俄罗斯帝国宫廷服务过的人。不出意外，他雇用了彼得·卡尔·法贝热的儿子——宝石学家阿加顿·法贝热，让他负责评估克里姆林宫仓库里的那些没收和搜集来的珠宝。此前被布尔什维克囚禁的阿加顿·法贝热接受了这份工作，后来把归还给他的很多个人财产转移到了芬兰，最后他本人也逃到芬兰去了。

The
biography
of
St Petersburg

圣彼得堡 传

鲜血之城

第五章

革命与战争

沙皇亚历山大二世遭到暗杀（参见第9章），凸显出无政府主义和共产主义价值观对俄罗斯帝国专制统治已经构成了巨大威胁。然而，沙皇亚历山大三世的保守统治，一方面暂时稳固了政权，另一方面促使中产阶级不断壮大，工业化程度日益提升，这似乎为"白银时代"的到来做好了准备。那将是一个文化繁荣与经济发展和工业增长齐头并进的年代。

然而，亚历山大三世的儿子和继承人尼古拉二世继位后，情况却发生了逆转。尼古拉二世加冕礼的预算不到100万卢布，与13年前亚历山大三世加冕礼近300万卢布的花费相比，大大减少。1896年5月18日，加冕庆祝活动在贺登广场举行。凡出席者都可以免费领取食物，因此大批居民涌来，据说一度达到50万人。一场灾难性的踩踏事件很快发生，1300多人被踩死。这似乎预示着尼古拉二世的统治不可能一帆风顺。沙皇主动表示对这次"罪过"负责，但他认为军队也难辞其咎。然而，这次事件并未令沙皇在日后处理国家大事时更加谨慎。在几位部长的怂恿之下，他横跨半个地球与日本开战，打响了毫无获胜希望的日俄战争。

对俄国而言，1904年2月的这场战争是为了遏制刚刚实现现代化的日本帝国，巩固并拓展俄国的领土和商业利益，结果却铩羽而归，沙皇也威信扫地。同年9月，战争结束，俄国损失惨重。战败敲响了俄罗斯帝国的丧钟，只可惜当时很多人并没有意识到这一点。1905年2月，尼古拉二世的叔叔谢尔盖·亚历山大罗维奇大公乘车经过克里姆林宫的圣尼古拉门时遭到暗杀。与其说亚历山大罗维奇是因为担任莫斯科总督而遭此不测，不如说这反映了民众对帝国体系的普遍不满。刺杀发生后，亚历山大罗维奇的遗孀、英国王位继承人查尔斯王子的近亲伊丽莎白·费奥多萝芙娜大公夫人表现得非常坚强。她对锒铛入狱的杀手伊万·卡利亚耶夫表示了宽恕："我来向你转达大公的宽恕，他本人没有机会亲口对你表示原谅，因为你没有给他这样做的时间。"

在圣彼得堡，恐怖主义活动和在莫斯科一样猖獗，暗杀和抢银行都经常发生。不过，惩罚也很严厉。虽然不满21岁不会被处决，但犯了死罪的孕妇只能获得分娩后40天的宽限期，之后就会被处决。

在圣彼得堡，许多人都感到莫名的不安。作家德米特里·梅列日科夫斯基（1865—1941）在历史小说《彼得和阿列克谢》中，描写了被迫参加皇室"水边集会"的经历：

> 我们心情非常悲伤。淡蓝色的河水，泛着不友好的光。低矮的河岸上，淡蓝色的天空透明如冰。彼得保罗大教堂木制的黄色尖顶，像大理石般闪着金光，钟楼看起来是那么忧郁，所有这些都加剧了我们的痛苦，这种痛苦之深重是我在其他地方从未体会过的。

然而，并非所有人都有这种不好的预感。例如，对于圣彼得堡在俄罗斯帝国迟暮之年收到的诸多批评，舞台设计师亚历山大·贝努瓦就嗤之以鼻。对他而言，圣彼得堡仍然是一个充满奇迹的城市，拥有无与伦比的独特个性和丰厚的文化。

看看圣彼得堡那饱经风霜的面孔吧。这不是一个典型的欧洲城市。但这并不意味着它就是一个典型的俄国城市。它与众不同，宏伟壮美。这里的房屋、教堂和宫殿、宽宽窄窄的街道、整个城市的设计和规划，都自成一体。当然，构成它的具体元素是从别国借鉴的——柱子、装饰华丽的山墙、壁柱以及后来的古典浮雕、阁楼和瓶饰都来自法国、意大利和德国。但这些外来的元素的运用方式却别具一格，最终构成了宏伟而又非凡的圣彼得堡。

随着1905年的革命在圣彼得堡爆发，以及1月22日"血腥星期日"事件（数百名抗议者在冬宫前被杀害）的发生，沙皇的绝对权力无以为继，尼古拉二世不得不接受了宪法，以及选举产生国家杜马（议会）。据说，法国人博立约曾对在圣彼得堡日本大使馆周围聚集的外交官们做出过以下刻薄的评价："他就在那儿，这个俄国真正的解放者，他给了俄国一部宪法。"

然而，帝国首都的形势仍然一触即发，军队随处可见。不过，圣彼得堡军人的比例其实没有十九世纪中叶高。1910年时，平均每39名居民中就有一名军人。这个时候，与其说圣彼得堡是一个军事城市，不如说它是一个官僚城市。1900年，这里有53670人在各级政府行政部门工作，到1910年，人数已增长到69576人。

圣彼得堡也是政治家的城市。著名作家纳博科夫的父亲弗拉基米尔·德米特里耶维奇·纳博科夫（1869—1922）就是一位重要人物。他的父亲在亚历山大二世统治时期担任司法部部长。而他本人原先也是律师，后来当选为俄罗斯第一届国家杜马的议员，还成为立宪民主党的领导人。1904年，他拿出自己的房子作为第一次全俄地方自治会大会的总部，大会策划了1905年的革命，但革命失败了。为此，纳博科夫辞去了在法理学院的职位。不过在国家杜马成立后，他的运气出现了短暂的好转。在他的协助下，国家杜马通过了对沙皇任命的部长会议的不信任投票。这直接导致沙皇在几个月后解散了国家杜马。纳博科夫也面临刑事指控，并被判有罪。1908年，他与其他议员一起被送往臭名昭著的克列斯特监狱服刑三个月。在布尔什维克革命之前只有个别政治人物会被送去克列斯特监狱服刑，而在十月革命之后，大批政治人物都将遭此厄运。然而纳博科夫根本不算激进派，他从未反对过君主立宪制，而且他的家族是圣彼得堡最富有的家族之一。实际上，纳博科夫只是反对俄国延续了几个世纪的专制制度，向往英国的政治和文化模式。纳博科夫家在家中是讲英语的，他们只是俄国众多地位显赫，但又没有那么显赫的亲英派家族之一，他们期待俄国能够推行更加西化的价值观。因此，可以将他们视作不断扩大的上中产阶级的一部分，他们坚决表达自己的主张，对未来仍有信心。这种信心也反映在当时的城市建设方面。1913年，瓦西里岛北边的戈洛蒂岛上启动了一个颇具创新精神的中产阶级住房开发项目。建筑师伊万·弗明非常关注社会发展，希望建造一个满足圣彼得堡新兴专业人士和工商业者需求、符合其生活方式的样板住宅项目。

但这些创新做法随着第一次世界大战的爆发骤然中断，80年后才重新兴起。在这80年里，圣彼得堡的地位一落千丈。在1991年苏联解体前，俄罗斯的领导人都将移居莫斯科，曾经首屈一指的圣彼得堡黯然让位。然而，1913年冬天举行的罗曼诺夫王朝300周年庆典仍然是一片太平景象。150多万个灯泡点亮了圣彼得堡的街道，特殊的投影设备将皇室成员的形象投射在云上。在欢乐的气氛中，很少有人猜到，等待罗曼诺夫家族、俄国贵族，以及数百万各阶层民众的，将是怎样的命运。

革命岁月

第一次世界大战让圣彼得堡的各个方面都发生了很多变化，大批男性都被动员起来。贵族会议和贝洛萨尔斯基-贝洛泽尔斯基宫都改成了医院。英国医生斯蒂芬·佩吉特记录了1916年年底将贝洛萨尔斯基-贝洛泽尔斯基宫改建为英俄医院的情况：

> 我们的病房有三个大房间和三个稍小的房间，以前是这座宫殿的宴会厅和会客室。漂亮的枝形吊灯，加上数百盏墙灯，将房间照得熠熠生辉。病房的华美装饰让我们百看不厌。由宴会厅改成的三个大病房之间有宽大的拱门相连，拱门由人像石柱支撑，和楼梯两边的石柱一样。在最大的病房一头，有一个小凹室，本是为乐队演出使用，现在供奉着圣像，每个星期六晚上会在这里举行礼拜。之前的三个会客室，也有双折门相互连通，现在改成了几个稍小的病房，面积适中，非常安静。六间病房一共住了190名病人。墙上挂着牌子，上面雕刻或绘制着捐赠了一张以上床位的（英国）城镇的名字和纹章。

事实上,所有居住在这座已经更名为彼得格勒的城市的人们,现在都知道老朽的俄罗斯帝国行将就木。弗拉基米尔·纳博科夫在《彼得格勒1917》中写道:"1915—1916年和1916—1917年这两个冬天生活在圣彼得堡的人,会清楚地记得,灾难迫近的感觉一天比一天强烈。"奥地利犹太裔小说家约瑟夫·罗斯(1894—1939)也到访彼得格勒,他是这样描写宫殿广场的:

> 在一个初冬的傍晚,雪翩然而至,与黑暗一起降下,仿佛要点亮黑暗。尽管大雪纷纷扬扬,广场仍然笼罩在深深的黑暗中,没有一点变化。我想,这个广场太大了,太大了……

这个画面似乎是对革命前后俄国政治、地理和社会变化的一种暗喻,而革命带来的影响,直到今天仍没有完全消散。

1917年3月,沙皇一家被逮捕并软禁在亚历山大宫。位于彼得格勒南部郊区的这座宫殿深得沙皇一家的喜爱,他们在那里住到8月。其间,沙皇尼古拉二世被迫退位。《每日电讯报》驻俄记者埃利斯·阿什梅德-巴特利特并不是俄国专制制度的拥趸,但他后来曾带着怀旧与遗憾的心情写道:

> 我想没有任何地方比亚历山大宫更适合将被无情击碎的幸福生活展现为一幅美好画卷了。那个心胸狭窄的暴君已经消失在历史的长河里,在这里,他只是皇村里一个幸福家庭中慈爱的父亲。

不久，暴力事件在圣彼得堡各处相继爆发，不仅是战时条件最为艰苦、工人阶级聚居的郊区，奢华的阿斯托利亚酒店也在3月遭到袭击。当时，住在酒店里的俄国和英国军官（及家属）与布尔什维克的支持者在圣以撒广场对峙。最终，英国人被允许平安撤离，但对立双方的俄国人多有伤亡。而在未来几年，这种冲突将导致数十万人死亡。1917年4月16日，列宁乘坐火车抵达彼得格勒的芬兰站，并住在芭蕾舞演员玛蒂尔达-玛丽亚·克舍辛斯卡娅位于彼得格勒区的居所。一个充满变革的新时代到来了。弗拉基米尔·马雅可夫斯基认为列宁的到来标志着俄国的解放，受此启发，他创作了一首长诗。不过，真正拉开十月革命大幕的并不是列宁的到来，而是10月25日阿芙乐尔号巡洋舰上的炮声。当时，议会剧院正在上演歌剧《唐·卡洛》，费奥多·夏里亚平扮演菲利普二世，攻打冬宫的隆隆炮声清晰可闻。这并不是阿芙乐尔号巡洋舰参加的第一次军事行动。早在1905年5月，它就在日俄战争的对马海战中扮演了重要角色。此时，支持布尔什维克的船员发动起义，击毙了船长米哈伊尔·尼古拉，随后开始炮轰冬宫。现在，阿芙乐尔号巡洋舰仍在服役，不过已改造成了一个博物馆。它是俄国海军服役年限最长的船只。

著名的未来派艺术家、希莱亚派（马雅可夫斯基也是其中成员）成员韦利米尔·赫列勃尼科夫（1885—1922，真名维克托·瓦弗拉基米罗维奇·赫列勃尼科夫）在回忆录《涅瓦河上的十月》中，描述了这个具有划时代意义的事件。正是这次事件宣告了亚历山大·克伦斯基领导的温和派临时政府下台，开启了布尔什维克时期：

　　阿芙乐尔号静静地停靠在皇宫对面的涅瓦河上。船上的大炮像一只海怪，睁着钢铁巨眼，瞄准了皇宫，炮膛阵阵轰鸣。

回忆录中还描述了克伦斯基是如何化装逃出冬宫的。

据说，克伦斯基是穿着一名救世军士兵的衣服逃走的，彼得格勒妇女营的女兵一直奋勇保卫他到最后。

尽管十月革命以血腥著称，但攻打冬宫的过程却相对平和，几乎没有流血。守卫冬宫的只有3000名士兵，其中很多还是士官生。进攻者并没有动用炮兵，但到傍晚时分，大部分士官生都带着武器消失了。几个小时后，驻守的哥萨克团也撤退了。随后，进攻方发出最后通牒，要求冬宫投降。到10月26日凌晨，布尔什维克没有遇到什么抵抗，就占领了冬宫。

1920年，为纪念攻占冬宫三周年，圣彼得堡举行了一场大型的戏剧演出。演出由伟大的导演尼古拉·叶夫列伊诺夫执导，尤里·安年科夫负责舞台设计。最终，共有125名芭蕾舞演员和100名马戏演员参加演出，总的参与人数超过2000人。11月7日在冬宫外举行的正式演出至少有10万人观看。在那动荡但充满激情的十年里，这无疑是最伟大的一场戏剧演出。

帝国时代已经终结，1917年的二月民主革命也已过去。位于夏园以东宫殿滨河街萨尔特科夫公馆（现文化大学）的英国驻俄大使馆在这一年举行的圣诞活动成为这项自1833年开始举办的传统庆祝活动的最后一场。英国最后一任驻俄罗斯帝国大使的独女梅里埃尔·布坎南（1886—1959）曾这样回忆这最后的美好时刻：

在圣诞夜，我们举办了一场聚会，邀请了大使馆和各军事使团的成员，也邀请了一些尚未离开这里的俄罗斯朋友参加。我想，这是英国大使馆最后一次举办圣诞聚会了。所幸，那晚没有停电，一盏盏巨大的玻璃吊灯发着耀眼的光，每个房间里都挤满了人，充满欢声笑语。尽管每个军官的口袋里都装着上好了子弹的左轮手枪，尽管大使馆各处其实都藏着步枪和弹夹，但在那个时候，我们都努力忘记近在眼前的危险、即将到来的告别，以及厚重的红色织锦窗帘背后隐藏的孤寂与渴望……英国海军随员克罗米……丹尼斯·加斯丁，后来都没能活着回到英国，他们都不幸命丧红军之手。晚餐时坐在我旁边的俄军军官不到一个月后就被投入监狱，后来被折磨致死。我在乡下的一位朋友的丈夫后来被自家庄园里的农民杀害。头发雪白、眼睛美丽而又忧伤的索尔蒂科夫夫人，不到一年后就在饥寒交迫中死去。就连大使馆的馆舍也没能逃脱无情摧残。宽敞的房间被浑身汗臭、随地吐痰的士兵占领，在之后的岁月里默默衰败，厚重的织锦窗帘渐渐发霉，灰尘蒙住窗户，管道开裂，丝绸的墙面被慢慢侵蚀。

尽管暴力事件不断，仍有约1000名英国人在革命爆发后留在彼得格勒。当然，其中包括一些被投入了监狱的英国人，比如英国圣公会牧师布斯菲尔德·隆巴德。几年后，留在这座城市的英国人只剩下了200多人，是十八世纪初以来的最低水平。有些人在第一次世界大战期间逃走了，其中许多人受到了英俄医院护士长维埃拉·弗鲁姆的协助。但仍有许多人被困在彼得格勒。比如，一位无法离开的英国音乐家将他的斯特拉底瓦里小提琴藏在了英国圣公会教堂的管风琴里，后来尤苏波夫亲王成功地将这把小提琴带出了彼得格勒，秘密归还给这位音乐家的家人，然而音乐家本人却死在了苏维埃的监狱里。

革命和内战都是在第一次世界大战的背景下爆发的，这奠定了那个时代充满杀戮的基调。如果没有第一次世界大战，革命和内战或许不会以这样的方式发生。从第一次世界大战爆发到革命前的1914—1917年，俄国据说有150万—200万人死亡。但随后的革命和内战期间情况更加惨烈，死亡人数达到了900万—1300万人。有的人死于暴力，也有的人死于1917年的大饥荒，以及疾病（特别是1918—1920年的流感）和恶劣的自然条件。由于燃料短缺，特别是1918年之后，每年的寒冬里都有几十万居民被冻死，人数几乎赶上了第二次世界大战期间列宁格勒被封锁时的死亡人数。人口死亡率从1917年的23.4‰上升到1919年的70.5‰。彼得格勒的人口减少了近三分之二。出生于奥德萨的犹太作家伊萨克·巴别尔（1894—1940）在1918年的一篇关于圣彼得堡的报道中重点描述了日常生活中的各种奇怪景象——醉汉、残疾人和妓女在涅夫斯基大街上相互推搡，就像乔治·格罗兹的讽刺画。工业和贸易一蹶不振，1920年的工业产值已经不到战前的五分之一。

这一切不仅是十月革命的产物，也是俄国参加第一次世界大战的后果。德意志帝国故意挑起了对俄战争，因为他们知道，俄国如果保持战前的经济和工业发展速度，用不了几年就会成为一个更加强大的敌人。然而，战争没有按照德国的预期发展下去。德意志皇帝的战时内阁决定支持列宁，列宁及布尔什维克党人也承诺俄国立即退出第一次世界大战。据说，列宁当时流亡瑞士伯尔尼，美国大使馆拒绝给他发放签证，他只得去找德国大使馆，在那里获得了签证。这让列宁能够取道战时的德国，回到圣彼得堡。于是，他回国后做出了有利于德国的决定，俄国退出第一次世界大战。在布尔什维克夺取政权之后，1918年3月3日，俄国签署了《布列斯特－立托夫斯克和约》，退出第一次世界大战。

革命后不久发生的大屠杀，成了历史上数一数二的惨烈屠杀事件。首先是关押在彼得保罗要塞的皇室成员被布尔什维克党人处决，接着，更多人成为群众性暴乱的受害者。玛克西姆·高尔基在《新生活报》上描写了革命期间圣彼得堡私刑泛滥的情形，认为这些被压抑的暴力倾向可以追溯到革命之前的岁月：

> 崇高的人民委员会废除了过去的法庭，代之以私刑。残酷的街头法则上升为国家法律。然而，更早以前，甚至在革命之前，我们的街头就充斥着暴力。没有哪里的人比俄国人更热衷于殴打他人——那么频繁、那么狂热、那么欢喜。

高尔基认为这种可怕的特性源于过去长期的剥削：

> 这些在虐待中长大的人，现在抓住他们认为属于自己的权利，可以不受阻碍地折磨他人。他们牢牢抓住自己的"权利"，毫无保留地拥抱这种暴力欲望，令人毛骨悚然……他们的血弄脏了无产阶级的旗帜，玷污了它的荣耀，扼杀了它的社会理想。

1918年3月12日，俄国在定都圣彼得堡三个世纪之后，正式将首都迁回莫斯科。饥荒威胁着这个饱受蹂躏的城市和这里急剧减少的人口。1918年1月，圣彼得堡的人均面包配给量为200克，到了4月，由于179000名军人从前线返回，面包配给量减少到50克。此后不久，英国小说家休·沃尔波尔来到圣彼得堡。在小说《秘密城市》(1919

年）中，他重点描述了因陀思妥耶夫斯基的小说而闻名的先纳亚广场：

> 广场周围矗立着庞大的公寓楼。渐浓的暮色里，进进出出的人影如同幽灵。似乎没人说话，路灯光线暗淡，看不到人们的面孔，只能听到窃窃私语，闻到腐臭味，感觉到脚下脏兮兮的积雪……这是一个已被摧毁的城市，像一个垂暮之年的贵妇，韶华早已远逝……它毫无光彩，肮脏、破旧，无人问津，苟延残喘，这里是一片肮脏的公寓，那里有老旧的带鹅卵石庭院的木头建筑，运河七拐八拐地在城市里穿行。我低头看去，到处弥漫着彩色的雾，紫色、金色、浅蓝色，融进冰雪，光怪陆离。到处都是船上的桅杆、大海的气味和被废弃的破烂建筑。阴影背后移动着阴影，再后面是更多的阴影。一切都不确定，一切都在变化，只有河流知道一切究竟会怎样。

战争与封锁

从内战开始到第二次世界大战爆发，圣彼得堡的居民与苏联其他地方的人遭遇了同样的命运。成千上万人遭到清洗，其中很多是布尔什维克的干部，几十万人被送到古拉格劳改。从北冰洋到太平洋，苏联各地遍布着这样的政治犯集中营。二十世纪二十年代中期列宁逝世后，约瑟夫·斯大林当政，到了三十年代，他已经充分巩固了自己在全国的权力。

尽管如此，一些旧贵族偶尔还会来列宁格勒。苏维埃政权向他们宣传"普通人生活的改善",他们就拍手叫好。索菲亚·博布林斯卡亚(女皇叶卡捷琳娜大帝私生子的后代)就是其中之一。这个所谓的"红色公主"出生在英国滨河街(苏联全盛时期称为红色舰队滨河街)。革命爆发前,她的母亲在交际圈相当活跃。战争爆发后,她和家人都表现得十分积极。但许多其他人对苏联的种种宣传并不买账。其中包括鞑靼贵族诗人安娜·阿赫玛托娃。她在1939年夏天完成的名作《安魂曲》中,这样描述自己的经历:"虚无的夜晚,一颗巨大的星星,直愣愣地看着我的眼睛,用逼近的毁灭威胁我。"

不过,这些痛苦的经历与苏联在第二次世界大战期间所遭受的磨难相比根本算不了什么。苏联是第二次世界大战中损失最为惨重的国家,从1939年到1945年,参战的3450万人中约有2000万人死伤或被俘。然而平民所受的苦难更甚于此。除了1100万名军人之外,还有1500万名平民在这场战争中丧生,其中仅列宁格勒一地就超过100万人。

圣彼得堡能够在战火中幸存下来,在很多人看来是一个奇迹。毕竟,希特勒本来的计划是将列宁格勒彻底毁灭。德国国防军最高统帅部在1941年9月23日的一份秘密协议中写道:

> 元首决定让圣彼得堡从地球上消失。绝不允许这座城市继续存在……我们认为在这场事关生死存亡的战争中,允许这座城市的任何人活下去都毫无意义。

为了彻底毁灭这座城市,希特勒实施了臭名昭著的封锁政策。因此,在包括斯大林格勒在内的所有俄罗斯城市中,列宁格勒遭受的损失最为惨重,死亡人数是广岛的10倍。到1941年9月底,这个城市几乎完全被包围。在将近 900 天的时间里，它孤立无援，几乎弹尽粮绝。后来，"红色公主"记录了亲友们对这一时期的描述：

> 到了 12 月，人们只能嚼皮革充饥。被冻住的尸体在街上或躺或坐。没有电，没有报纸。除了全城的大喇叭播放新闻、音乐和诗歌之外，没有任何与外界联系的办法。当负责播放广播的人虚弱得无法维持连续广播，他们就在麦克风旁放一个节拍器，让节拍器的声音告诉人们，这座城市还活着。

在封锁期间，无数历史建筑被摧毁或严重受损，其中艾尔米塔什博物馆惨遭炮击，并被两枚空投炸弹击中，损失惨重。据说，包装工人赶到博物馆抢救珍贵艺术品时，在地下室找到了 100 多名工作人员的尸体。人吃人的事件时有发生。尽管情况惨烈，但由于市政府采取了严格的卫生措施，基本上避免了大规模的疫病流行。食品逐渐成为紧俏商品。在封锁最严重的时期，每个非劳动力每天的面包配给量减少到 125 克，这已经很少了，但仍然比 20 年前革命时期的最少配给量高出一倍多。文学评论家莉迪亚·金兹伯格（1902—1990）在《封锁笔记》中写道：

> 冬天，当人们来到商店柜台前，就被同一种强烈的情绪控制了。他们一言不发，焦急的目光从前面人的肩头望向柜台里的面包……他们脖子伸长，脸部的肌肉紧绷。买主和卖主不声不响地较着劲，为每一克面包斤斤计较。

然而，有一种心照不宣的禁忌。没有人会当着所有人的面立刻开始吃，因为随时可能有人伸手来抢夺面包。

很多在封锁中丧生的人被埋葬在城外的皮斯卡列夫斯克纪念公墓。诗人奥尔加·贝尔戈茨（1910—1975）在公墓的纪念雕塑上题写的铭文令人久久难忘，至今仍铭刻在每个俄罗斯人的心中："没有人被遗忘，没有什么被遗忘。"

尽管遭遇围攻和封锁，列宁格勒仍然经常举办音乐会。指挥家卡尔·伊利亚斯博格（1907—1978）带领列宁格勒广播交响乐团的14名核心成员，加上其他协助演出的音乐家，为大家演出。他们于1942年3月30日开始排练，8月9日上演了肖斯塔科维奇的新作《第七交响曲》。这场演出是战争期间最令人印象深刻的文化事件之一。人们对这场音乐会进行了全国广播，在事关苏联及其人民生死存亡的时刻，这可以算是鼓舞士气的绝佳方式。

起初，像阿赫玛托娃这样重要的文学家还留在列宁格勒。她从1940年开始根据战争初期的经历创作《没有英雄的叙事诗》。然而，随着灾难性的大封锁开始，阿赫玛托娃在1941年9月被安排撤离列宁格勒。她先是被送到莫斯科，后来又去了局势不那么严峻的中亚城市塔什干，在那里一直待到1944年5月。

1944年1月，在英国的援助下，封锁终于解除。但是，在随后的几十年里，这场大封锁一直是世界各地艺术家和文学家的灵感源泉。大约60年后，英国作家海伦·邓莫尔发表了颇受赞誉的小说《围攻》（2001年）。小说中所描述的围困场面如同大屠杀一样，其恐怖和严重程度让我们至今仍感到难以理解。

罪与罚

杀人如麻的岁月并未随着第二次世界大战的结束而告终,相反,"列宁格勒案件"(1949—1952年)证明了苏联内部同样存在着或真实或臆测的威胁。斯大林一死,原本由他一手掌握的几乎无限的权力忽然没有了归属,最高层的权力之争无法避免地发生了。列宁格勒的精英们认为自己有足够的实力去挑战莫斯科方面的竞争对手,但他们错了。莫斯科方面在权力争夺中胜出,于是列宁格勒前市长阿列克谢·库兹涅佐夫、代市长彼得·波普科夫,以及他们的副手全部被逮捕。23人被判死刑,另有181人被判监禁或流放。超过2000名官员失去了工作并被开除党籍。这还不算完,被流放到西伯利亚或其他地方的那些人的家属也不可避免地受到牵连,失去了生计。直到所谓的赫鲁晓夫"解冻"时期,斯大林时期的一些过激行为才得到纠正并公之于众,一些被判有罪的人也得到平反。

在苏联时期的后几十年里,尽管经济衰退,但犯罪率低于帝国时代。然而,在苏联解体后的二十世纪九十年代,圣彼得堡一片混乱,杀人和暴力犯罪达到了二十世纪二十年代初以来的最高水平。犯罪团伙向许多合法企业收税,破坏了这座城市的经济发展,公司无论大小都是勒索的目标。在普京出任总统后,犯罪率迅速下降,并一直保持到今天。仅此一点,就足以让很多人支持普京担任总统了。到了二十一世纪初,许多蚕食圣彼得堡经济发展成果的罪犯要么死了,要么在监狱里,要么已经改邪归正,将不义之财投入合法的生意中。各级腐败仍是一大问题,但中产阶级不断壮大,而且以年轻人为主。这样看来,圣彼得堡似乎正渐渐成为一个真正的欧洲城市。

不过，在纽约、伦敦和其他地方激起民愤的极端主义势力，在圣彼得堡也终于出现了。2009年11月27日，往返于莫斯科与圣彼得堡之间的"涅夫斯基号快车"在特维尔州博洛戈耶镇附近发生爆炸，造成28人死亡，96人受伤。莫斯科地铁多次遭到炸弹袭击，死伤众多。圣彼得堡一度幸运地没有发生类似事件，但在2017年4月3日，这种幸运还是被打破了。那天，一列地铁列车运行到先纳亚广场站和技术学院站之间发生炸弹爆炸，造成14人死亡，数十人受伤。两天后，著名的圣彼得堡泽尼特足球队在出事地点向死难者敬献了鲜花。

The
biography
of
St Petersburg

圣彼得堡 传

想象中的城市　第六章

文学与戏剧

大体上，圣彼得堡自诞生之日起，就一直吸引着来自俄国国内和欧洲其他地方的文人和知识分子。学友会是这些文人的早期聚会地点之一。1711年从摩尔多瓦迁来的安提奥·坎特米尔亲王（1708—1744）是这个组织的重要成员。他为彼得大帝服务，彼得将宫殿滨河街8号的土地赏赐给了他。在这块毗邻圣彼得堡第一任大主教费奥凡·普罗科波维奇住所的土地上，坎特米尔建了一座三层楼的宅子，由拉斯特雷利设计，现在是珀图宫。

坎特米尔热衷写作。他为圣彼得堡创作了多首抒情诗，既展现了他的才华，也彰显了启蒙运动的影响。他支持沙皇，用最刻薄的语言抨击那些拼命阻挠彼得大帝推行宗教和世俗改革的人。直到今天，俄语口语中还保留着他当年创造的一个看似有些矛盾的说法——"含泪的微笑"。在彼得的继任者安娜女皇统治时期，坎特米尔活跃于外交领域，1732年赴英国和法国任职，并于任职期间去世。

坎特米尔和他的邻居普罗科波维奇（参见第9章）都是彼得大帝改革的坚定支持者，而且都不属于俄国老牌贵族的圈子。彼得许多最坚定、最亲密的支持者和伙伴都出生在乌克兰或波兰，这两个民族历史上都同时受到东西两方面的影响。彼得重视学术追求，培养了一大批思想家,他们的集体智慧既是沙皇的财富,也是整个国家的财富。

米哈伊尔·罗蒙诺索夫等许多著名的科学家和艺术家也是这个圈子的成员。文学方面,有第一位运用古典形式和诗律进行创作的诗人瓦西里·特列季亚科夫斯基。在伊丽莎白女皇统治的十八世纪中期,亚历山大·苏马罗科夫(1717—1777)也加入了这个圈子。他对圣彼得堡文化生活做出的最大贡献就是极大地促进了戏剧艺术的发展。他也因此被俄国最伟大的文学批评家维萨里昂·别林斯基(1811—1848)誉为"俄罗斯戏剧之父"。

早期戏剧

早在安娜女皇统治时期,宫廷和文化界就已意识到在新都圣彼得堡发展戏剧艺术的必要性。为此,他们将当时俄国唯一的剧团——来自雅罗斯拉夫市的、费奥多尔·沃尔科夫带领的剧团请到了圣彼得堡。然而,在这个等级森严、地位分明的城市,给剧团演员安排住处时遇到了现实问题。根据政府的严格规定,演员是平民,不能住在缅什科夫宫这种宏大的贵族宅邸里。所以,他们被安排住在了隔壁局促的戈洛夫金斯基公馆。

宫廷舞会是很受重视的娱乐形式,充斥着音乐和文学矫饰。安娜女皇非常喜欢这种娱乐形式,不过她也喜爱其他更加平民化的娱乐形式,喜欢建造适合举办这些活动的场所,有些还显得相当怪异。其中最古怪的当属1739年在冬宫旁建造的冰宫。她不仅在那里举办舞会,还举办观看宫廷小丑的婚礼,甚至还命令失宠的米哈伊尔·戈利岑亲王与他的卡尔梅克人新娘安娜·布扎尼诺娃在那里举行婚礼，目的就是当众羞辱他们。虽然冰宫在1740年4月已经融化大半，但当年7月到访此地的英国人约翰·库克博士仍然对它的残余部分表示惊叹：

> 墙壁是冰做的，床上用品以及所有的家具都是冰做的。他们用冰做的大炮射击。为什么呢？为了表达敬意，或者说，其实是为了羞辱那一对荒唐可怜的俄罗斯贵族——他们来自俄罗斯最尊贵的家族，这都是真的。

伊丽莎白女皇也喜爱戏剧。1755年，她在宫中自己的房间附近设了一个流动剧院，但演出水平当然不能与国际剧团相比。为此，她重点从国外引进了一批男女演员。到1756年，女皇请到圣彼得堡来的最好一批演员组成了俄国的第一个常设剧团。这一次，同样是因为禁止挥霍奢靡的规定，剧团又只能在戈洛夫金斯基公馆两层楼高的剧院里演出。剧团的第一任经理苏马罗科夫也住在那里。同年，女皇正式下令在夏园成立俄罗斯悲喜剧剧院，为圣彼得堡的戏剧发展奠定了坚实的基础。这座剧院由拉斯特雷利设计，于次年建成，一系列楼梯和长廊将其与夏宫连在一起。尽管这座剧院只在1761年经常使用，但女皇自己的意大利、法国和德国剧团都曾在此演出，给人们留下了深刻印象。然而，真正令人难忘的艺术瑰宝还是贾科莫·夸伦吉设计的艾尔米塔什博物馆（建于1783—1787年）。这座坐落在冬宫里的新帕拉第奥式建筑，采用了当时在欧洲各国宫廷大受欢迎的新帕拉第奥风格，是夸伦吉的代表作。博物馆的外立面于1802年建造，后来又按照利昂·贝努瓦的设计建了一个上部是连廊的拱门与北边的旧艾尔米塔什宫相连。利昂·贝努瓦是宫廷建筑师尼古拉·贝努瓦的儿子，1902 年建造了剧院的门廊。这座世界著名的室内圆形剧场装饰有科林斯式的柱廊、希腊神话人物的雕像，以及文学家的浮雕像，包括法国的莫里哀和拉辛、意大利的彼得罗·梅塔斯塔齐奥和巴达萨尔·加路比，以及俄罗斯的亚历山大·苏马罗科夫等。现在这里仍会举办芭蕾舞演出。

圣彼得堡皇家石头剧院最初建于 1783 年，由意大利人安东尼奥·里纳尔迪设计，属于新古典主义风格。剧院揭幕时演出了乔瓦尼·帕伊谢洛的歌剧《月亮的世界》，广受赞誉。1802 年，托马斯·德·托蒙扩建了剧院，使其可容纳 1500 名观众，剧院也在此时更名为圣彼得堡皇家大剧院。1811 年新年，剧院发生火灾，损毁严重，需要大规模的重建。在接下来的七年里，演出活动都改在此前不久在冬宫广场落成的德国剧院举行。1818 年 2 月 3 日，焕然一新的圣彼得堡皇家大剧院重新开放，首场演出是法国人查理-路易·狄德罗（1767—1837）的芭蕾舞剧《弗洛拉和以弗拉》。这座剧院在首都的文化生活中发挥核心作用，不仅因为著名的音乐剧和戏剧在这里上演，还因为它在俄国的文学作品中占有突出地位。特别是在亚历山大·普希金的诗体小说《欧根·奥涅金》中，主角在这个剧场出现的场景对推动剧情发展有至关重要的作用。

这座剧院持续活跃了一个多世纪。到 1886 年，人们认为它不再适合举行歌剧和芭蕾舞演出，于是后来就只举办音乐会了。1896 年，剧院划归圣彼得堡音乐学院，建筑基本被拆除。不过那时，著名的亚历山德林斯基剧院（建于 1828—1832 年）已成为圣彼得堡最重要的剧院，外面建有雄伟的科林斯式凉廊，现在仍可看到，正前方则是叶卡捷琳娜大帝威严的雕像。

圣彼得堡的各个剧院吸引了欧洲最著名的一些演员登台演出。很多人受到极具影响力的俄国著名作家、批评家亚历山大·拉吉舍夫（1728—1806）的提携。法国女演员乔治小姐（原名玛格丽特·约瑟芬·韦默）是当时最受欢迎的女演员之一。这位小姐年轻时美丽迷人，据说在拿破仑执政期间，她曾做过他的情妇。而在圣彼得堡，她的保护人则是沙皇尼古拉一世统治时期的秘密警察局局长、波罗的海德意志贵族亚历山大·冯·贝肯多夫伯爵。伯爵将她安置在莫伊卡滨河街59号居住。乔治小姐在俄国的第一场演出是1808年7月13日在皇家大剧院上演拉辛的悲剧《费德尔》，当时剧场里座无虚席。据说，撒丁王国驻俄国大使、法国反动哲学家约瑟夫-玛丽·德·迈斯特伯爵曾经有如下评论："我发现她的发音声调听起来并不真实，像巴黎的演员一样浮夸。"然而，不管伯爵如何评论乔治小姐理智而乏感情的表演，有一点是肯定的："至于她的容貌，毫无疑问——非常漂亮！"

乔治小姐的竞争对手是因出演伏尔泰《坦克雷德》中阿梅娜伊德一角而出名的俄国演员叶卡捷琳娜·赛米诺娃。赛米诺娃的表演感情充沛，而乔治小姐则冷静理智，两人都有非常忠实的支持者。两位女演员在公开场合保持着友好的关系，但私下常有龃龉。据阿拉·贝利亚科娃称，有一次乔治小姐给了赛米诺娃30卢布，买一张剧院第三层的戏票。赛米诺娃回赠乔治小姐200卢布，买同样座位的票。据说乔治小姐的回复充满了法国式的讽刺：

亲爱的夫人！如果您给我的200卢布是对我才能的赞赏，那么我无法表达对您的谢意，唯有再添上250卢布，施舍给穷人。如果您送给我的只是一份礼物，请不要忘了，我在巴黎大概有

200000 法郎的财产。

乔治小姐非常年轻的时候，就引起了沙皇亚历山大一世的注意，她的魅力迅速征服了他。拿破仑战争期间，他们之间的打情骂俏成了首都街头巷尾的谈资。据说，乔治小姐曾请求沙皇允许她在俄国遭到入侵前返回祖国，沙皇是这么回答她的：

"如果能够让你留在俄国，我愿意与拿破仑开战。"

"但是，陛下，我现在的位置只能在法国，不在这里。"她反驳道。

"那好吧。"沙皇打趣道，"那我只能先派出军队为你开道，这样我就可以亲自将你送到那里。请允许我的军队为你开道吧，我会亲自将你送到那里。"（摘自阿拉·贝利亚科娃《波拿巴的紫罗兰》，《塔伦》杂志，2004年5月）。

乔治的最后一句话是："别麻烦了，陛下。我很愿意在莫斯科等法国军队到来，他们肯定会先到莫斯科的！"

在1812年这个关键的年份，乔治小姐最终还是与父亲和妹妹一起回到了祖国。她的离开给俄国首都的戏剧界留下了一个空白，后来的很多年里都没有人填补。

社交晚会

虽然戏剧演出是圣彼得堡文化生活的重要组成部分，但贵夫人们主办的社交活动也占有不容忽视的位置，毕竟社交晚会和类似活动是这座城市的想象力核心。贵族的宫殿和其他豪宅是举办这类活动的场所。法国建筑师托马斯·德·托蒙接到委托，对英国滨河街上建于十八世纪的拉瓦尔之家进行改造。这座宅邸的女主人亚历山大·拉瓦尔女伯爵就是一位热衷举办社交活动的贵妇。著名建筑师亚历山大·布鲁洛夫住在这处宅邸内一套单独的住房里。拉瓦尔举办的社交晚会，吸引了普希金、莱蒙托夫、亚历山大·格里博耶多夫和立陶宛裔波兰作家亚当·密茨凯维奇等文学名人。密茨凯维奇住在卡赞斯卡亚街39号，也正是在那里创作了著名的《克里米亚十四行诗》，这部作品在俄国和他的祖国波兰一样受到广泛的赞誉。拉瓦尔的女儿叶卡捷琳娜是一个代表女性美德的重要文化人物，因对婚姻的忠贞和自我牺牲精神而名留青史。她的丈夫谢尔盖·沃尔孔斯基亲王是十二月党人，被判流放西伯利亚数十年，她毅然决定陪伴丈夫前往，直至最后被赦免。其他很多十二月党人被关押在拉多加湖畔的什利谢利堡。

另一处重要的社交活动地点是涅夫斯基大街12号，米哈伊尔·米洛拉多维奇伯爵的豪宅。这位伯爵是一个塞尔维亚贵族家族的后裔，也是战争中的英雄，1818年被任命为圣彼得堡总督。据曾经拜访过米洛拉多维奇的历史学家米哈伊洛夫斯基-达尼勒夫斯基称，这处宅邸如同一个家具店和艺术品店，到处是各种奇巧的物品，几乎每个房间的照明方式都不同：一个房间里点蜡烛，一个房间使用石膏制成的台灯，又一个房间里，蜡烛放在看不见的地方，专门照亮屋内的画作。一个房间里墙壁和天花板全都装满了镜子,另一个房间里摆着几个土耳其式的矮沙发,挂着十分色情的画。图书馆的中央是一个大鸟笼……"您的卧室在哪里?"我问他。"我没有卧室。"他回答道,"我想在哪里过夜就在哪里过夜。"

米洛拉多维奇于1822年搬到了位于波沙雅莫斯卡亚大街的一处大宅,继续过着古怪的单身生活,后来不幸在元老院广场被十二月党人彼得·卡霍夫斯基开枪射杀。S.S.小舒尔茨在《俄罗斯勇士》(发表在《塔伦》杂志)中写道:"他在死前说出了自己的遗愿,其中之一是'如果可能的话,我要求皇帝解放我所有的下人和农民'。在1861年改革之前,没有一个十二月党人做过类似的事!"

亚历山大·普希金

俄罗斯最伟大的诗人亚历山大·普希金(1799—1837)也是十二月党人的同情者。普希金的曾祖父汉尼拔本来自非洲,被人送给沙皇彼得大帝做奴隶。后来他获得解放,被封为贵族,并在法国受训成为一名军官。因此,普希金享受了他那个时代俄国贵族所能享受的一切好处。他在好的贵族子弟学校皇村学校学习,1814年随家人从莫斯科迁到圣彼得堡。他们一家在圣彼得堡一度频繁搬家,后来于1818年在丰坦卡滨河街185号定居下来。普希金也在那里完成了史诗《鲁斯兰与柳德米拉》。1820年,他们又搬到格里博耶多夫运河畔的科洛姆纳,住在一座质朴的俄式木屋里。科洛姆纳是圣彼得堡较新的一个区域,普希金受法国大革命的启发,在这里创作了《自由颂》。不过真正呈现出普希金对这处住房的印象的，还是诗歌《科洛姆纳的小屋》。

十九世纪二十年代，普希金在经济上获得独立，经常住在莫伊卡滨河街40号的德尔穆思酒店，并在那里创作了诗歌《波尔塔瓦》，描述的是1709年沙皇彼得大帝大败瑞典国王查理十二世的波尔塔瓦战役。1828年，另一位诗人和剧作家亚历山大·格里博耶多夫（1795—1829）也住在那里，两人经常会面。亚当·密茨凯维奇有时也会参加他们的聚会，而且经常与他们一起用餐。格里博耶多夫最著名的作品《聪明反被聪明误》，灵感来自英国诗人托马斯·格雷的名言"无知是福，大智若愚"。1829年，格里博耶多夫前往伊朗公干，在首都德黑兰的俄国大使馆被暴民杀害。波斯皇子在后来访问圣彼得堡时不得不为此道歉。

文学社团在圣彼得堡的文化生活中发挥了重要作用。普希金年轻时，加入了牌友尼基塔·符谢沃洛日斯基领导的"绿灯社"。这个名字听起来很有颠覆性，预示着希望和光明。"绿灯社"的社员戴红帽子，在当时象征着思想自由和反对专制政治信仰。

普希金在现实生活中遇到的一些人，在他后来的诗歌和小说创作中扮演了重要角色。例如，他1834年的短篇小说《黑桃皇后》中有一位老伯爵夫人，原型就是居住在格洛瓦亚大街的娜达丽雅·彼得罗夫娜·戈利岑娜伯爵夫人。这位伯爵夫人的三层住宅建于十八世纪晚期，至今仍在。

娜达丽雅是社交圈里的一位美人，小时候住在英国，后来活跃在巴黎的法国宫廷，曾经是叶卡捷琳娜大帝的伴娘。她活到97岁去世，以吝啬著称。晚年因为面部毛发显眼，被人私下称作"长胡子的伯爵夫人"。

娜达丽雅的孙子谢尔盖·戈利岑亲王告诉了普希金一则关于她的趣闻，被普希金巧妙地用到了自己的创作中：戈利岑有一次欠了赌债，找祖母要钱还债。她没有给他钱,但告诉了他什么牌能赢。她年轻时在法国国王路易十六的宫廷里,从一名据称是圣日耳曼伯爵的绅士那里得到了关于三张牌的内幕消息。她把这些悉数告诉了孙子,让他赢了一大笔钱。围绕这个有名的故事,普希金进行了成功的创作,柴可夫斯基以相同题材创作的作品也非常成功。

然而,娜达丽雅的亲戚、绰号"夜夫人"和"女祭司"的叶夫多基娅·戈利岑娜(1780—1850)公爵夫人对普希金产生了更为深远的影响。关于她有这样一则传闻。有个吉卜赛人曾预言她会在晚上死去,她对此十分害怕,决定将白天当作夜晚,夜晚当作白天。她的丈夫戈利岑公爵非常富有,但无论外貌或社交方面都没什么吸引力。叶夫多基娅本人则善于社交,大大弥补了这个缺陷。她举办的晚间沙龙十分受欢迎,参与者不仅包括普希金,还包括历史学家尼古拉·卡拉姆津和诗人彼得·维亚泽姆斯基等老一辈的知名人士。

公爵夫人受过良好的教育,对化学和物理学很感兴趣。她同时又很古怪,坚定而错误地认为当时刚引进到俄国不久的土豆,对人体有害。她对数学也很感兴趣,用法语写了著名的《力的分析》。1817年年末,普希金在卡拉姆津家举办的一场社交晚会上第一次见到了这位夫人,她比他年长20来岁。然而,卡拉姆津对维亚泽姆斯基透露说:"普希金深深地爱上了戈利岑娜,两人在她家里共度良宵。"

让普希金迷恋的并不是只有这位伯爵夫人。普希金曾这样描写当时圣彼得堡最著名的芭蕾舞大师查理-路易·狄德罗:"狄德罗的芭蕾舞剧充满了活力和不同寻常的元素。"然而,真正令普希金神魂颠倒的是狄德罗最著名的学生——芭蕾舞女演员阿·叶·伊斯托米娜(1799—1848),她主演了由普希金长诗《高加索的囚徒》和《鲁斯兰与柳德米拉》改编的芭蕾舞剧。

与伊斯托米娜交往仅仅是普希金浪漫情史的开端。他常常流连于丰坦卡滨河街的社交晚会，还是画家、历史学家和考古学家阿列克谢·奥列宁的座上宾。奥列宁自1817年起担任皇家美术学院院长，是该学院最杰出的成员之一。后来，普希金将参加这些聚会的记忆写进了作品中，米哈伊尔·格林卡据此谱写了乐曲，反映诗人对交际花叶卡捷琳娜·叶尔莫洛夫娜的倾慕之情。然而，更具戏剧性的是普希金对阿格拉芬娜·扎克列夫斯基暴风骤雨般的爱恋。这位女士是社交圈里出了名的美人，举止轻佻，行为放荡。1812年，她的丈夫成为内政部部长，于是从俄属芬兰首都赫尔辛基搬到圣彼得堡。在赫尔辛基时，阿格拉芬娜就因为婚后生活放荡和对情人冷酷无情而成为街头巷尾议论的对象。她的这种名声也传到了圣彼得堡，但普希金对此并无耳闻，又听不进她旧情人的忠告，最终落得神魂颠倒、郁郁寡欢。

普希金并没有独自伤心太久。他很快就遇到了毕生挚爱——社交圈的大美人娜塔丽娅·冈察洛娃。婚后，普希金从莫斯科搬到圣彼得堡。1831年，他们住在皇村叶卡捷琳娜宫附近的基塔耶夫别墅（现已改建为博物馆）。秋天搬到圣彼得堡市中心的加勒纳雅街53号，一直住到1832年5月。后来，他们先是住在弗里斯塔斯科亚街20号（那栋房子后来被拆除了），又在1832—1833年冬天搬到波沙雅莫斯卡亚大街26号，最后搬到潘特里蒙斯科亚街（今佩斯特拉街）5号。这里风景很好，因为夏园就在丰坦卡河对岸不远处。普希金经常在那里散步，他写道："夏园是我的菜园。我醒来，穿着睡衣和拖鞋去那里。那里是我的家。"即便如此，普希金一家还是在1834年8月离开了，搬到宫殿滨河街32号，1836年5月又搬到了莫伊卡滨河12号，这是普希金最后的住所。

在那里，普希金着手创作彼得大帝史。他最尊敬的人就是彼得大帝和伏尔泰。但他不幸英年早逝。现在，那里是普希金故居博物馆，为人们了解普希金的个人生活和文学创作提供了宝贵机会。

普金斯不是自然死亡的——居住在圣彼得堡的法国阿尔萨斯贵族军官乔治-查理·德·埃克朗·丹特斯公开追求普希金的妻子娜塔丽娅，普希金是在与他的决斗中重伤不治身亡的。决斗发生在1834年1月27日，普希金腹部被击中，两天后不治身亡。今天，在这场致命决斗的发生地的新村矗立着一座普希金的纪念碑。不远处就是普希金地铁站，站内有米哈伊尔·阿尼库申为普希金雕刻的一尊小雕像——诗人正在为决斗做着准备。普希金的葬礼原定在圣以撒大教堂举行，后来当局担心出现政治示威，就秘密转移到瓦西里·斯塔索夫在1817年至1823年建造的皇家马厩小教堂举行。普希金的遗体安葬在普斯科夫的斯维亚道尔斯克修道院，距离他心爱的米开洛夫斯基乡村庄园不远，现在也建成了纪念普希金的博物馆。在圣彼得堡，最著名的普希金纪念雕塑出自二十世纪雕塑家米哈伊尔·阿尼库申之手，位于艺术广场中央。

决斗虽然被官方认定为非法，但在当时的贵族和知识分子中十分盛行。文学名人莱蒙托夫（1814—1841）也是在决斗中身亡的。莱蒙托夫经常到访圣彼得堡，最著名的作品包括小说《当代英雄》（创作于1840年，塑造了被社会疏远的浪漫主义英雄形象）和戏剧《假面舞会》（1836年完成，1842年首次出版）。莱蒙托夫与普希金一样脾气暴躁，热衷于通过决斗捍卫荣誉。1840年2月18日，莱蒙托夫与法国大使的儿子厄内斯特·巴兰特决斗，地点离普希金决斗的地方不远。所幸这次决斗的结果好一些。他们先是用剑，后来才用手枪。巴兰特开枪射击，但没打中。莱蒙托夫则故意射偏。

1841年，莱蒙托夫因为颠覆性的观点被沙皇流放，最后一次离开了圣彼得堡。他第二次与人决斗就没那么幸运了。这一年的7月27日，莱蒙托夫在高加索的皮亚季戈尔斯克，开了老同学尼古拉·马丁诺夫一个玩笑，马丁诺夫被激怒了，两人展开了决斗，莱蒙托夫就在这场决斗中丧生。据说，沙皇曾说这场决斗是"一条狗为另一条狗而死"。今天，在亚历山大花园可以看到克莱坦（1896年）创作的莱蒙托夫半身像，莱蒙托夫斯基大街上也矗立着米克申（1916年）设计的莱蒙托夫纪念碑。

果戈理、屠格涅夫和陀思妥耶夫斯基

尼古拉·果戈理（1809—1852）是当时与普希金齐名的伟大文学家。他在首都也是居无定所，先是在1829年春天住在叶卡捷琳娜运河（今格里博耶多夫运河）与沃兹涅先斯基大街交叉口价格不贵的那不勒斯酒店，后来搬到当时的圣彼得堡贫民区格洛瓦亚大街42号的四楼。随着经济条件好转，果戈理的居住条件也得到改善。1829年年末，他搬到更为时尚的叶卡捷琳娜运河畔，与朋友们一起住在富商泽维尔科夫家的五楼。他在1834年出版的短篇小说《狂人日记》就是根据这段时间的经历创作的。在作品出版前一年，脾气古怪的果戈理就已经搬到了马来亚莫斯卡亚街，住到1836年。这时，果戈理在写作上已经取得了很大成功，1834年进入圣彼得堡大学任副教授。此外，他还在皇家美术学院学习。这是果戈理文学创作的高产时期，作品包括著名的超现实主义短篇小说《鼻子》（1836年），后来德米特里·肖斯塔科维奇据此创作了同名芭蕾舞剧（1930年）。

果戈理还在当时圣彼得堡远郊的科洛姆纳住过一段时间。与前辈普希金一样，果戈理也写下了对那里的印象，"这里既不是首都，也不是乡下"，而是给他带来独特灵感的无人之境。后来弗拉基米尔·德米特里耶维奇·纳博科夫在《彼得格勒1917》中这样描写果戈理：

> 难怪圣彼得堡这座城市充满奇迹，因为它的街道上行走着俄国最不寻常的人。圣彼得堡就是这样：失去光泽的镜子里的倒影，各类使用不当的物品，阴森地杂糅在一起。后退的事物，越往前跑，带来的越是明亮的灰色夜晚，而非漆黑的寻常白天——一个破旧办公室职员的"黑色一天"。

纳博科夫认为，只有在圣彼得堡这样的城市，果戈理才会产生猪住在房子里和鼻子乘坐马车出游这样的奇思妙想。果戈理钟情的这座城市是一个国际化都市，在主干道涅夫斯基大街上可以看到来自世界各地的人和各种各样的建筑。为此，他写了一篇题为《当代建筑》的颂词，赞扬这座城市的摩登式和折中主义建筑：

> 可以这么说，一个城市应当由各式各样的建筑组成，共同给人愉悦的享受。风格越多越好。在同一条街上，应当有一栋阴郁的哥特式建筑、一栋装饰华美的东方风格建筑、一栋宏伟的埃及式建筑，以及一栋比例完美的希腊式建筑。

如今，果戈理在圣彼得堡大街上漫步的时代已经过去了快两个世纪，这座城市仍然保留着当年的风貌。为了纪念果戈理，今天在马来亚·康尤森纳亚街的步行区矗立着别洛夫、阿纳尼耶夫和阿斯塔波夫共同创作的果戈理全身像。这座当代风格的塑像，将果戈理塑造成了一位充满愁思和忧郁气质的作家，这些特质既令果戈理痛苦万分，又是其高产的保证。

伊凡·屠格涅夫（1818—1883）是另一位从圣彼得堡的古典意象中汲取灵感的作家，不过他的文字基调阴郁，鲜少赞美之词。屠格涅夫住在俄国西南部靠近奥廖尔的斯帕斯科耶 - 卢托维诺沃庄园，以描写乡村生活著称。他在《幽灵》（1868 年）中写道：

> 苍白的北欧之夜！这真是夜晚吗？这难道不是苍白病态的白天？我从未喜欢过圣彼得堡的夜晚……我们北欧的帕尔米拉。一切都那么明亮，一切都清晰得令人憎恶，一切都在悲伤中入眠……夜晚的红晕——那不断消减的红晕——还未完全消散，不到清晨不会离开那苍白的没有星星的天空。它的倒影在涅瓦河如丝般闪亮的河面上浮动。涅瓦河仿佛静止了，只伴着冰冷的蓝色潮水默默低语。

圣彼得堡见证了屠格涅夫与法国著名歌唱家保琳娜·维亚尔多一段苦乐参半的关系。然而，从市中心马涅什广场上那座瓦伦丁·斯韦什尼科夫和耶·内曼创作的现代屠格涅夫像中，我们看不出任何蛛丝马迹。那座雕像如哲学家瓦西里·罗赞诺夫所说，显得"屠格涅夫身形伟岸，看起来更像一件高大的家具，而不是一个活生生的人"。

十九世纪中后期俄国最伟大的作家费奥多尔·陀思妥耶夫斯基

(1821—1881)也从圣彼得堡汲取创作灵感，基调不同于果戈理，而与屠格涅夫一脉相承。陀思妥耶夫斯基幼年体弱多病，尤其饱受癫痫困扰。正因为如此，他在晚期小说《卡马拉佐夫兄弟》(1879—1880)中对癫痫病有极为精准的描写。他在15岁时从莫斯科搬到圣彼得堡，进入1819年成立的军事工程学校学习。学校位于著名的米哈伊洛夫城堡，1801年沙皇保罗一世就是在这里被朝臣杀害的。陀思妥耶夫斯基在这里不仅学习工程学，还学习俄语、法语和历史（包括建筑史）。他喜欢夜晚，总是在夜深人静时进行创作。当然，早在来到这座发生过命案的城堡之前，陀思妥耶夫斯基就已经经常与神鬼打交道。他的家庭背景也留下了不可磨灭的印记：他的父亲英年早逝，官方说法是死于中风，但实际上很可能是像他的家人所说的那样，被莫斯科附近庄园心怀不满的农奴勒死的。

离开军事工程学校后，陀思妥耶夫斯基在1842—1845年住在弗拉基米尔斯卡亚大街11号。在他的一生中，除了在西伯利亚漫长的服刑和流放岁月之外，在圣彼得堡更换过20个住所，这只是其中之一。1847年春天，他搬到沃兹涅先斯基大街与马来亚莫斯卡亚大街交叉口的住处，在那里开始了一段高产的创作时光。那段时间里，他创作了神秘而美好的《白夜》等一系列广受欢迎的短篇小说。然而，这些小说险些给陀思妥耶夫斯基引来杀身之祸，因为有一场差点要了他的命的会议不久之后就在圣彼得堡最时髦的咖啡馆召开了。

对陀思妥耶夫斯基而言，普希金常去的沃尔夫和贝兰杰咖啡馆（普希金决斗前在那里喝了最后一杯咖啡）虽然有诱人的糕点，但也带来了厄运：他在那里与激进分子米哈伊尔·彼得拉舍夫斯基熟识，加入了所谓的彼得拉舍夫斯基小组。那是一个反沙皇的讨论小组。结果，1849

年4月23日,年轻的陀思妥耶夫斯基被逮捕,从他的住处搜出了足以给他定罪的反动证据。于是,陀思妥耶夫斯基与其他21名嫌疑人一道被送上法庭接受审判,最终被判处死刑。按计划,行刑队于12月22日在近卫军西蒙诺夫斯基团驻地附近的谢苗诺夫广场(今先锋广场)对他们执行死刑。那天,陀思妥耶夫斯基被带往刑场等待行刑,但沙皇的缓刑令在11点钟传来。后来,陀思妥耶夫斯基离开俄国,将这段经历写进了他的另一部伟大小说《白痴》。

被沙皇尼古拉亲自下令免除死刑后,陀思妥耶夫斯基被改判前往西伯利亚做四年苦役,再服数年的强制兵役。他先是与其他激进派一起被关在彼得保罗要塞,后来又不得不接受命运的安排,在1849年12月25日离开圣彼得堡,去鄂木斯克服刑。犹太画家伊萨克·列维坦(1860—1900)从莫斯科被放逐,他的名画《通往西伯利亚的弗拉基米尔卡路》(藏于莫斯科特列季亚科夫博物馆),生动地再现了这些囚犯的东去之路。

抵达流放地后,陀思妥耶夫斯基立刻发现生活条件令他难以忍受。那时他写道:

> 夏天是难以忍受的酷暑,冬天是难以忍受的严寒。所有的地板都腐烂了,地上的污物有一英尺厚。人们经常滑倒……大家像被塞进一个桶里的鲱鱼……挤得转不过身。从黄昏到黎明,只能像猪一样生活……到处都是跳蚤、虱子和黑色的甲虫……

刑满释放后,他又被派往塞米巴拉丁斯克服兵役。在那里,他遇到了著名考古学家弗兰格尔。弗兰格尔帮助陀思妥耶夫斯基不仅在军队站稳了脚跟，还获得了一次小小的升迁。陀思妥耶夫斯基在当地结了婚，并在1859年3月获准离开军队，回到圣彼得堡。五年后的1864年，他的妻子和兄弟米哈伊尔先后去世。不过，生活也并非全是惨淡。1867年2月15日，陀思妥耶夫斯基的得力助手、速记员安娜·斯尼特金娜成了他的第二任妻子。

直到今天，圣彼得堡仍然流传着这样的说法：《罪与罚》（1866年）中的理想主义者、杀人凶手拉斯柯尔尼科夫的住所，其原型就是今天的格拉日丹斯卡亚街19号（本书作者在二十一世纪初圣彼得堡违法活动仍然猖獗的时候曾在附近遭到抢劫）。被拉斯柯尔尼科夫杀害的当铺店主的住所原型则位于格里博耶多夫运河街104号。那里看似无穷无尽的旋转楼梯，即便今天看来也令人害怕。而书中索尼娅·马尔美拉多娃的公寓，则是根据格里博耶多夫运河街73号的建筑创作的。圣彼得堡的这个区域也因此真正成了陀思妥耶夫斯基的领地。他作品中提到的许多建筑都有着幽深如天井般的庭院，一个通道连着另一个通道。据说今天人们依然可以通过这些黑漆漆的庭院，悄悄从城市的一边到达另一边，完全不必在街面上走。然而，《罪与罚》和陀思妥耶夫斯基的其他小说一样，核心场景设在人来人往的先纳亚广场，无论当初还是现在，这里都一样熙熙攘攘、热闹非凡。

1873年，陀思妥耶夫斯基的创作和私人生活都变得丰富多样起来。他担任《公民》周刊的编辑，办公地点在涅夫斯基大街77号。他视野开阔，对当时社会的各个方面都有着鲜明的看法。例如，他认为当时的折中主义建筑很糟糕。在《作家日记》（1873年）中，他写道："……当今的建筑让人一言难尽。它们混乱无序，却完全适合我们这个时代。"他那些充满力量的日记正是在这本周刊上最先发表的。之后，陀思妥耶夫斯基搬到了萨维茨卡亚五街（早先称作罗日杰斯特文斯基街）6号，并很快在那里完成了小说《少年》。三岁的儿子阿廖沙夭折后，他和家人搬到了现在的陀思妥耶夫斯基大街5号。这栋建筑现在是陀思妥耶夫斯基博物馆，会上演一些由他的小说改编的戏剧。陀思妥耶夫斯基一家在那里生活了六年，直到他1881年2月9日去世。尽管陀思妥耶夫斯基明确表示希望死后葬在莫斯科的新圣女修道院，但他最终的归宿却是圣彼得堡的亚历山大涅夫斯基修道院墓地，因为新圣女修道院墓地的价格昂贵，他承受不起。

进入二十世纪后，萨默塞特·毛姆参观了他的墓地，他描述这里的陀思妥耶夫斯基半身像的文字，可以说也精炼地概括了这位作家的一生：

> 那是一张被满腔热情扭曲的脸。那头颅大得惊人，让人情不自禁地觉得那里装着一个世界，大得足够容纳他笔下数不胜数的人物……那张脸上透着痛苦，一种可怕的东西，既让你想转身走开，又牢牢地吸引着你。他的相貌比他所有的作品都骇人。他看上去像一个去过地狱的人，在那里看到的不是无尽的煎熬，而是卑鄙和做作。

安东·契诃夫

安东·契诃夫（1860—1904）可以说是十九世纪晚期圣彼得堡文学天空中的最后一颗明星，不过他主要以描写俄罗斯农村的生活著称。契诃夫儿时的大部分时间生活在塔甘罗格、莫斯科和克里米亚的雅尔塔（那里有他心爱的白色别墅）。契诃夫用《万尼亚舅舅》《樱桃园》等戏剧作品刻画了俄罗斯偏远农村地区在农奴解放后面临的问题和生活中的细微变化，赢得了国际声誉。在《愚蠢的法国人》中，他更是惟妙惟肖地再现了四旬斋之前人们在首都纵情欢庆谢肉节（一年一度的东斯拉夫宗教和民间节日）的盛况：

> 普尔库阿往四下里看一眼，不由得大吃一惊。许多侍者拥挤着，互相碰撞，都端着一大堆油煎薄饼……那些桌子旁边都有人坐着，都在吃大堆的薄饼、鲑鱼、鱼子……他们的胃口和无所畏惧的精神都跟那个仪表堂堂的先生一样……"啊，充满奇迹的国家！"普尔库阿从饭馆里走出来，暗想。"在他们这儿，不光是气候，就连人的胃也创造奇迹！啊，这个国家，神奇的国家呀！"

马克西姆·高尔基

世纪之交，圣彼得堡迎来了俄国文学白银时代的曙光，而代表人物就是马克西姆·高尔基（原名阿列克赛·马克西莫维奇·彼什可夫，1868—1936）。1899年9月，高尔基从俄国南部第一次来到首都，但是生活并不像他几十年后在长篇小说《克里姆·萨姆金的一生》（1927—1936年出版）中描写的那般如意。正如他所说，"陌生城市里压抑的喧嚣令人悲伤，大房子里的小人物们过着惨淡卑微的生活，一切让人对自己的存在感到恐惧和沮丧"。不过，高尔基后来在带有社会主义倾向的刊物《生活》（由波塞主编，1897—1901年发行）谋到一个职位，逐渐安定下来，生活也得到改善。当时他的作品已经极具煽动性，充满不安的疾呼——"暴风雨！暴风雨就要来啦！"在市中心的纳杰日金斯基街（现马雅科夫斯卡亚街），高尔基与波塞一起工作了三个星期，之后就离开了圣彼得堡，不过，1901年2月，他又回到波塞手下工作。然而不久，《生活》杂志就被沙皇政府勒令停刊了。波塞出走国外，高尔基却留了下来，改与另一位出版商康斯坦丁·皮亚特尼茨基合作。高尔基住在尼古拉耶夫斯基街（今马拉他街），街对面就是皮亚特尼茨基创办的知识出版社。

第二年，高尔基创作的首部戏剧《非利士人》在位于海军部大厦滨河街4号的帕纳耶夫斯基剧院上演，此前已经在莫斯科举行了首演。世界知名戏剧导演、戏剧理论家和演员康斯坦丁·斯坦尼斯拉夫斯基（1863—1938）将这部戏列为著名的莫斯科艺术剧院的保留剧目之一。这场演出给他留下了深刻印象：

> 在帕纳耶夫斯基剧院彩排时，圣彼得堡所有"政府部门"都出动了……连剧院内部和周围都安排了许多警察。剧院前的广场上，宪兵骑着马来回穿梭，让人觉得这里进行的仿佛不是彩排，而是战斗前的准备。

高尔基声名鹊起，住在英国街27号的女演员、剧院老板维拉·科米萨尔热夫斯卡娅（1864—1910）发挥了关键作用。1904年11月10日，高尔基的戏剧《避暑客》在她的剧院首演——这家位于意大利斯卡亚街19号的剧院至今还在营业。然而，即便取得了这些成功，高尔基仍因作品中反政府的内容在1905年年初被短暂关押在了彼得保罗要塞。当然，从某种意义上说，这正是他作品的成功导致了惹祸上身的局面。不过，这次经历让高尔基一生都笼罩在殉难者的光环之下。虽然他很快就被释放了，但是考虑到之前发生的种种状况，高尔基还是在1906年离开了俄国，直到1913年得到赦免后才回国。回国的第二年，高尔基在克朗维克斯基街23号公寓楼六层租了一套公寓。每当他从当时属于芬兰的卡累利阿地峡的别墅来到城里，都会到这个他所钟爱的住处落脚。

战争年代，高尔基非常繁忙，1915—1917年，他一直忙于自己创办的政治文学刊物《年鉴》。这本刊物吸引了当时文学界的许多著名人物，包括以描写十九世纪晚期俄罗斯乡村贵族生活而闻名的伊凡·蒲宁。十月革命后，蒲宁流亡法国，并在1933年获得了诺贝尔文学奖。蒲宁的很多作品都充满了对过去岁月的怀念之情。正如他自己所说，"热爱墓地是俄罗斯人的典型特征"。至于高尔基，他受到激进主义的影响，到反对战争、支持革命的帕卢斯出版社工作，办公地点位于波尔沙亚蒙奈特那亚街18号。这家出版社虽然政治立场鲜明，但是最著名的还是其出版的儿童读物。连舞台布景大师亚历山大·班诺瓦这样的艺术界知名人士，都曾为它画过插画。

从十月革命爆发到1921年秋天，高尔基大部分时间都住在城里的公寓，这让他有更多时间在涅夫斯基大街64号创办了支持革命的社会主义期刊《新生活》。之后不久，在革命如火如荼的日子里，他与歌剧演员费奥多尔·伊万诺维奇·夏里亚宾和画家叶夫根尼·兰谢列一起加入了为保护和鼓励俄罗斯艺术发展而成立的一个监察委员会。1918年9月，高尔基又成立了一家新的出版社——位于莫可夫街36号的世界文学出版社。这家出版社很快融入了新建立的共产主义所有制和行政体系。他还参与了其他一些工作，特别值得一提的是在涅夫斯基大街15号的旧叶利谢耶夫大厦创建了所谓的"艺术之家"。从1919年11月20日至1923年，艺术之家主要由列宁领导下的彼得格勒苏维埃资助。艺术之家的活动涉及很多方面，诗人尼古拉·古米廖夫（1886—1921）曾一度在这个机构负责诗歌研究。古米廖夫的作品往往集中反映彼得格勒丰富的城市形象，特别是在诗歌《迷途的电车》中，他谈到了生活、政治以及俄国曾经遭遇的种种灾难——这导致他在不久之后被处决，他的儿子也在20多年后遭到长期囚禁。许多国际知名人士都曾拜访艺术之家，赫伯特·乔治·威尔斯就是其中之一。威尔斯与高尔基一样持激进观点，因此成了朋友，威尔斯还曾与高尔基同住。

革命初期，高尔基在新生的政权中身居要职。特别是担任了专业委员会（设在前英国大使馆）的主任。据他自己记录：

> 这座宫殿曾经是英国大使馆所在地，现在就像布朗普顿路上那些拥挤不堪的二手艺术品商店一样。我们走过一个又一个房间，里面都堆满了属于旧社会的华美木制品。大房间里摆满雕像，我从未见过这么多白色大理石的维纳斯像和小仙女像集中在一起，连那不勒斯博物馆都没有。各种各样的画高高地摞在一起，过道里全是嵌花柜子，一直堆到天花板。还有一个房间堆满装着旧蕾丝的箱子和成堆的华丽家具。

然而，在那时的许多知识分子看来，高尔基的名声很坏。诗人、作家季娜依达·吉皮乌斯（1869—1945）就曾在日记中不满地写道："高尔基贪婪地从令人憎恶的'资产阶级'手上收购各种花瓶和瓷器，那些人已经快饿死了……高尔基的公寓里到处都是这些东西，就像一个博物馆或是中国垃圾场。"

内战期间，高尔基的健康状况恶化。为了治好结核病，他于 1921 年 11 月离开俄国，之后大部分时间待在意大利苏莲托。这次离开实际上是一场流亡。

1928 年，在斯大林的亲自邀请下，高尔基才最终回国，在莫斯科定居。他于 1929 年和 1931 年两次访问圣彼得堡，住在欧罗巴酒店。莫拉·巴德伯格男爵夫人（后来成为赫伯特·乔治·威尔斯的情妇）对高尔基非常迷恋。她曾回忆起高尔基年轻时如何经历了"揪心的牙痛"，也因此选择了高尔基（俄语"痛苦"的意思）这个笔名。尽管名声不太好，但巴德伯格男爵夫人其实是一个非常有意思的人。她在革命时期与英国驻俄领事、特工罗·汉·布鲁斯·洛克哈特关系暧昧。1934 年出版的《英国特工》及据此改编的电影，讲述了布鲁斯·洛克哈特在那个动荡年代策划的阴谋，巴德伯格男爵夫人是其中的主要角色。

今天，在彼得格勒区的高尔基地铁站外，在高尔基曾经生活过的地方附近，矗立着一尊高尔基纪念像。

从白银时代到苏维埃时期

十九世纪末二十世纪初，社交圈贵妇和知识分子举办沙龙的热情有增无减。其中，象征主义女诗人季娜依达·吉皮乌斯和丈夫德米特里·梅列日柯夫斯基在利特尼大街 24 号的家中举办的文学沙龙最为出名，出入这个沙龙成了白银时代文化人的标志。这栋建于 1874—1885

年的房子，曾是米列兹亲王的宅邸，融合了摩尔式和土耳其式建筑元素的折中主义风格符合梅列日柯夫斯基和客人们夸张的品位。从那里可以清晰地看到主显圣容大教堂。参加沙龙的客人各色各样，戏剧界、艺术界和政界人物都有，其中包括贝努瓦、芭蕾舞演员谢尔盖·李阿吉列夫、肖像画家瓦伦丁·塞罗夫，以及后来担任俄罗斯临时革命政府部长和总理的政治家亚历山大·克伦斯基。

此外，女作家莉迪亚·季诺维耶娃·汉尼拔和丈夫维亚切斯拉夫·伊万诺夫（俄罗斯象征主义理论家）在塔夫里茨斯卡亚街35号的家中举办的沙龙也很有名。亚历山大·勃洛克、米哈伊尔·库兹明、戏剧导演弗塞沃洛德·梅耶荷德和艺术家康斯坦丁·索莫夫都是常客。在那里，勃洛克首次公开朗诵了诗歌《陌生女郎》：

> 每到黄昏，在约定的时刻，
> （也许我不过是在做梦？）
> 裹着绸纱的女郎的身影，
> 在雾气迷蒙的窗口走动。
> 她从酒徒中间缓缓走过，
> 只身而行，从来没有陪伴，
> 她带来了一身香风和雾气，
> 每次都坐在临窗的桌子边。

以儿童诗著称的科尔涅伊·丘科夫斯基曾回忆当时的情景：

> 我记得那天晚上，黄昏来临之前，他第一次朗读了《陌生女

郎》，似乎是刚刚写完……从塔楼有一条路通到阁楼和屋顶，在彼得堡的白夜里，我们，画家、诗人和艺术家……在白色的天空下走了出去。勃洛克神色平静、面容显得很年轻、肤色黝黑（还是早春他就已经晒黑了），慢吞吞地爬上了连接电话线的巨大铁架，在我们第三次、第四次诚挚的请求后，他用克制的、低沉的、不情愿的、悲伤的嗓音朗诵了那首不朽的民谣……结束时，突然从下面的塔维切斯凯花园传来夜莺的歌声，像波浪一样涌向我们。

因此，在第一次世界大战前夕，圣彼得堡仍是一个真正令人难忘的城市。作家安德烈·别雷（鲍里斯·尼古拉耶维奇·布加耶夫，1880—1934）在象征主义小说《彼得堡》（1913年）中曾略带夸张地写道："俄罗斯的其他城市都只有一堆堆木屋。"

未来主义诗人弗拉基米尔·马雅可夫斯基（1893—1930）是新一代作家中的另一个重要人物。他1912年来到圣彼得堡，当年11月17日在"迷途狗"咖啡厅地下室首次亮相，12月发表了激进反叛的未来主义宣言——《给社会趣味一记耳光》，呼吁"把普希金、陀思妥耶夫斯基、托尔斯泰等人统统从现代生活的轮船上抛下去"。从1911年到1915年，"迷途狗"一直是先锋派知识分子和艺术家的聚会场所，后来这里随着禁酒令的颁布和第一次世界大战的进行而没落。2012年，"迷途狗"重张开业，常有戏剧、音乐和舞蹈表演，地点仍然在艺术广场。今天，来这里的人有游客，也有对白银时代感兴趣的人，或许只是被这个古怪的店名吸引。据店主说，店名应该是托尔斯泰起的："有一天，我们正在到处找空置的地下室……阿·尼·托尔斯泰突然说，'我们难道不像寻找栖身之所的迷途狗吗？'"

十月革命后，马雅可夫斯基在1919年3月到莫斯科定居，不过之后也经常回到圣彼得堡。马雅可夫斯基精神上不断受到打击，终于在1930年4月自杀身亡。

安娜·阿赫玛托娃（原名安娜·戈连科，1889—1966）是另一名活跃在"迷途狗"的重要文学人物。如果说圣彼得堡在苏联时期是灰暗而凄凉的，那么在帝国时代最后的日子里这个城市则分外色彩斑斓，少有城市能够企及。阿赫玛托娃后来写道："绝大多数房子被粉刷成红色（例如冬宫）、紫色和玫瑰色，而非列宁格勒时期在冬雾和夜光中凄楚可怜的米色和灰色。"阿赫玛托娃是白银时代文学世界里一颗闪耀的明星。据说她是鞑靼可汗阿赫玛特的后裔（她的笔名来自此），所以拥有异于常人的惊人美貌。阿赫玛托娃20岁嫁给阿克梅派领袖、命途多舛的诗人古拉·古米廖夫，两人也成为当时名人夫妻的代表。两人婚后争吵不断，不久就分道扬镳。不过两人始终有一个共同的信念——圣彼得堡是一座充满活力、色彩斑斓的文化中心。

与阿赫玛托娃同时代的人，特别是一些外国人，并非都像她这般热爱这座城市。德国人赖内·马利亚·里尔克（1875—1926）被圣彼得堡的城市氛围吸引，但又觉得这里的街道、公园和庭院有一种让人产生幻想的特质，令人头晕目眩，感官变得迟钝。他在诗歌《夜间行驶》中描写了日落后的圣彼得堡（特别是涅瓦河畔和夏园）："清醒的夜晚不是天堂，也不是地狱……花岗岩觉得自己正在下落，从空荡荡的摇晃的大脑中下落，直到人们再也看不见。"奥西普·曼德尔施塔姆（1891—1938）则看到了这个城市更加险恶的一面，尤其是河流两岸："那里就是丰坦卡河——她是女水神温蒂妮，庇护满头油腻长发的流浪汉和饥肠辘辘的学生；她是水妖罗蕾莱，照看煮熟的螃蟹用断裂的牙齿啃咬船底来奏响音乐;她保护着小剧院和它那难看秃顶、像女巫般散发着广藿香气味的悲剧女神墨耳波墨涅。"然而,这座城市充满危险的腹地又令他深深着迷:

> 只要揭开彼得堡薄薄的肌肤,就能看到藏在下面的纹理。在天鹅湖底……在加加林码头旁,在古奇科夫大街尘土飞扬的云层下,在破落堤岸旁的法国美食里,在贵族侍从公寓的镜眼里,藏着意想不到的东西。

然而,已经被皮肤吸收的羽毛,就像医生手上沾染了白喉病菌的勺子。一旦接触,就有生命危险。

后来,阿赫玛托娃又有过一次短暂的婚姻。在那之后,她搬到艺术史学家、批评家尼古拉·尼古拉耶维奇·普宁(1888—1953)位于丰坦卡滨河街的家中居住。但看起来这并不是一个好的做法,因为普宁的前妻和孩子也住在那儿。此外,政治压力让情况变得更加复杂。1935年,普宁和阿赫玛托娃的儿子列夫·古米廖夫被逮捕。阿赫玛托娃与普宁的关系也受到了影响并渐渐走向终点。然而,即便普宁又娶了别人,新娘搬进来之后,阿赫玛托娃还是继续住在那里,她将这种情况称作日积月累形成的"妻子分层"。为了纪念阿赫玛托娃,这栋见证了如此复杂的家庭关系的建筑现在成了阿赫玛托娃博物馆,在1989年她诞辰100周年时开馆。

在纳粹封锁期间阿赫玛托娃撤离了圣彼得堡,1944年5月回归。回来后她发现"一个可怕的幽灵,假装是我的城市"。更糟糕的是,她的文学作品在1946年8月遭到一致的批评,她被抨击为传播"资产阶级和贵族的审美和脆弱的敏感——'为了艺术而艺术',不符合人民的需要"。主管苏维埃文化政策的安德烈·日丹诺夫、当时被认为是斯大林的继任者,他曾经充满恶意地写道:"修女或者荡妇,或者既是修女又是荡妇,淫荡和虔诚在她身上混为一谈。阿赫玛托娃的诗完全脱离群众。"普宁也遭到了政治迫害,1949年再次被捕,罪名是从事反对苏维埃人民的活动。这次,他的命运已经注定,他被遣送到俄国在北极地区建立的古拉格劳改营。和无数其他人一样,普宁再也没有回来。在生命的最后几年,阿赫玛托娃与普宁的家人一起住在列宁街34号的一栋公寓里。随着政治压力的缓和,许多文化界人士陆续搬到这里居住。

阿赫玛托娃的儿子列夫·古米廖夫尽管在斯大林统治时期屡遭政治迫害,饱受牢狱之苦,但最终还是成为著名的历史学家和民族学者。正是他的苦难经历,激发阿赫玛托娃创作了自己最著名也最悲伤的诗歌《安魂曲》。她这样描述克列斯特监狱:

在令人担惊受怕的叶若夫时期,有17个月我是在排队探监中度过的。一天,有人"认出了"我。排在我身后那个嘴唇苍白的女人,她虽然从未听说过我的名字,却突然从麻木状态中苏醒过来,在我耳边低声问道(在那个地方人人都是悄声说话的):
您能把这些都写出来吗?
能。我说。
于是,一种从未有过的笑意,掠过了她的脸庞。

早在二十世纪二十年代中期,文人和知识分子内部已经弥漫着对苏维埃政权的失望情绪,成为后来发生的故事的前奏。康斯坦丁·瓦吉诺夫（1899—1934）是尼古拉·古米廖夫创立的阿克梅派的成员，他在《山羊之歌》（写于 1925—1927 年）中写道：

> 现在没有彼得堡。有一个列宁格勒；然而列宁格勒与我们有什么关系……

阿列克谢·托尔斯泰

大幅度提高人口识字率是苏维埃政权的一个重要目标，它最终也实现了。为此，画家弗拉基米尔·列别杰夫（1891—1967）在 1919 年将地标性建筑"歌手之家"改建成彼得格勒国立出版社（1938 年更名为"书籍之家"），迄今这里仍是全城最著名的书店。有个别知名作家一直受到苏维埃，特别是斯大林的青睐，阿列克谢·尼古拉耶维奇·托尔斯泰就是其中之一。他的母亲亚历山德拉·屠格涅夫是伊凡·屠格涅夫的亲戚，但后来嫁入了尼古拉·托尔斯泰伯爵家族。托尔斯泰在通奸和谋杀未遂的阴影下降生，因此，他幼年被家人孤立，在无神论环境里长大，被社会排斥。十月革命期间，他先是支持白军对抗布尔什维克，在白军落败后又逃往国外。1923 年，托尔斯泰结束在巴黎的流亡生活回到俄国，开始公开批判"白俄移民的可悲本性"，称赞布尔什维克是"统一俄国土地的人"。他在扎诺夫斯卡娅滨河街住了下来，同年完成了科幻小说《阿爱里塔》。他与屠格涅夫和陀思妥耶夫斯基一样，对圣彼得堡璀璨的天空深深着迷。他在《彼得大帝》（创作于 1929—1945 年）中描述的，可以说既是彼得大帝时代的圣彼得堡，又是当时的圣彼得堡：

> 彼得堡的生活是寒冷的、奢靡的、被夜晚占领的。波光粼粼的夏夜，华丽撩人的无眠冬夜，绿桌子和发光的金子，音乐、窗户后面旋转起舞的人们、华丽的三套车、吉卜赛人、黄昏灰暗天色下的决斗，伴着冰冷的号叫和刺耳的笛声——军队在游行，将恐惧埋在拜占庭皇帝的眼里。这就是这个城市的生活方式。

事实证明，托尔斯泰与新政府的相处方式，比同时代大多数文学界人士都要成功。他完全服从布尔什维克政权的宣传要求。二十世纪三十年代，他在巴黎遇到流亡艺术家尤里·安年科夫时，就曾坦率地承认：

> 我只是一个普通人，想要在此时此地活下去，活得好。至于我的文学创造力，谁在乎呢？如果他们要我写宣传剧，我为什么要在乎？他们要什么我就给什么！

战后岁月

二战后，斯大林于 1953 年逝世，此后新一代艺术家开始走向前台，其中最具国际知名度的是散文家、诗人约瑟夫·布罗茨基。在第二次世界大战如火如荼的 1940 年，布罗茨基出生在一个犹太家庭。他在 1962 年首次进入阿赫玛托娃的圈子，第二年就被当局当作"祖国的寄生虫"逮捕，远赴阿尔汉格尔斯克省。直到 1972 年，布罗茨基才获准移居美国。在那里，他获得了国际声誉，他的作品在西方世界广受好评，1987年获得了诺贝尔文学奖。

他的散文集《逃离拜占庭》中有一篇《一座改名城市的指南》。布罗茨基在文中盛赞重修后芬兰站前的列宁雕像，原因却很简单——他说，1918年革命党决定将莫斯科作为苏维埃的首都，这让大规模拆除重建的厄运降临到了莫斯科，而圣彼得堡幸免于难。在他看来，列宁格勒的历史和特点使它避免了这样的大拆大建，因为：

> 彼得堡从来不是权力中心，哪怕在尼古拉一世当政的反动时期也不是。每一个君主政体都依靠这样一个传统的封建原则：心甘情愿地顺从或被迫屈从于教会所支持的一个人的统治。毕竟，无论顺从还是屈从，都是一种意志，如同投票一样。

无论它的名字是叫圣彼得堡、彼得格勒，还是列宁格勒，这座城市见证了无数文学人物为夏日白夜的美景诗意大发。布罗茨基的赞美，同样像一首狂想曲：

> 你可以在凌晨两点读书写字而不需要开灯，高耸的建筑物没有影子，黄金装饰的屋顶看上去就像精美的瓷器。周遭寂静无声，几乎能听见远在芬兰的一只汤勺摔在地上的声响。天空澄澈明亮，如同玫瑰色的玻璃。清亮的蓝色河水也映不出它的倒影……在这样的夜晚，你很难入睡，因为天光太亮，让梦境无法接近现实。在这现实里，人和水一样，投不下影子。

诗人对圣彼得堡往昔岁月的向往，非但没有给他招来更多反苏维埃的指责，反倒得到了一些肯定。有趣的是，随着圣彼得堡市内及周边很多历史建筑被拆除，怀旧情绪升腾起来，而当局也表示支持，认为这有助于国家团结。这种怀旧情绪体现在很多方面。根据1944年1月的官方命令，苏维埃命名的"10月25日大街"改回了革命前的名称——涅夫斯基大街，沃拉达斯基大道改为利泰尼大街。

英国作家约·博·普里斯特利是1945年秋天第一批来到列宁格勒的外国人之一，但他对这座受到重创的城市描写甚少。反倒是1945年11月来到圣彼得堡的以赛亚·博林对这里的文学复兴写下了浓墨重彩的记录：

> 根纳季·莫伊谢耶维奇·拉克林个子不高，身材瘦小，是一位个性快活、有点秃顶的红头发犹太人。他话多，精明机智，和蔼可亲，非常热情。此人也许是苏联消息最为灵通、拥有读者最多、最有魄力的图书发行商……十九世纪的一些著名书商往往既是出版商，又是发行商，同时还是文学艺术的赞助人，受到这些前辈的影响，他的内心一直隐隐怀着带有几分浪漫色彩的文学志向。他自己的书店就建在著名的斯米尔金书店旧址上，他还把书店的一个房间改造成了作家们和受欢迎的访客聚会的场所。我和特里普小姐（英国驻俄领事馆代表）有幸经常受邀光临这间书屋。在这里，我不仅能够在舒适的环境下选购图书（这在莫斯科绝对享受不到），而且还结识了好几位文学界的知名人士，像左琴科、阿赫玛托娃、奥尔洛夫、杜丁等。

安东尼·克罗斯在《圣彼得堡和英国人》中表示：

> 恰恰是博林1945年底结识的阿赫玛托娃和米哈伊尔·左琴科在不到一年后遭到日丹诺夫（列宁格勒市委前第一书记，后来调往莫斯科任中央委员会主管意识形态的书记）的攻击和辱骂。之后在1949年至1952年间发生的"列宁格勒事件"则是在斯大林和贝利亚授意下，几乎波及第二次世界大战后苏联所有重要政治人物的一起政治冤案，很多人被下狱或处决。

苏联解体后，俄罗斯文学发展进入了一个艰难的时期。不过，新一批作家也脱颖而出，包括饱受争议的米哈伊尔·希什金、异见人士瓦西里·阿克西奥诺夫等，但这些人大多生活在莫斯科。阿列克谢·托尔斯泰的孙女塔季扬娜·托尔斯泰（生于1951年）倒是在列宁格勒长大，但在二十世纪八十年代也迁往莫斯科，后来又去了美国。新现实主义作家亚历山大·卡拉肖夫（生于1971年）一直住在圣彼得堡，但是作为一名悲喜剧短篇小说家，他在《车臣故事和叛徒》等作品中主要结合个人经历，描写第二次车臣战争期间在俄罗斯军队里的生活，和在圣彼得堡的生活并无多少关联。圣彼得堡能否再次迎来第一次世界大战前文学白银时代的辉煌，我们拭目以待。

The
biography
of
St Petersburg

圣彼得堡 传

画面中的城市

第七章

绘画与荧屏作品

在圣彼得堡建城之初，发展艺术是帝国新首都建设规划的重要组成部分。作为俄国通往欧洲的海上门户，圣彼得堡建筑艺术和其他视觉艺术的发展必须服务于沙皇和国家的需要。在这方面，第一代本土艺术家发挥了重要作用，特别是安德烈·马特维耶夫（1701—1739）和伊万·尼基京（1690—1741）。马特维耶夫得到沙皇彼得大帝的赏识，在1716年被派往低地国家学习绘画。他先是师从荷兰画家卡尔·德·摩尔，1723—1727年又在安特卫普皇家美术学院学习，是俄国首位出国学习绘画的画家。1727年，马特维耶夫回国，成为宫廷画师，负责一系列的装饰项目，包括为安娜女皇绘饰凯旋门。他还曾在彼得保罗要塞工作。马特维耶夫最著名的作品是他与妻子的一幅自画像，现藏于俄罗斯国家博物馆。

与马特维耶夫不同，尼基京先是在克里姆林宫跟随一名荷兰画师学习，后来随俄国宫廷迁至圣彼得堡，之后前往威尼斯和佛罗伦萨深造。回到俄国后，他创作了很多宫廷肖像画，现在大部分藏于俄罗斯国家博物馆。不久之后，尼基京因煽动对俄国东正教会圣彼得堡大主教费奥凡·普罗科波维奇的不满情绪，遭这位西化的大主教忌恨，被施以酷刑并拘禁，还流放到西伯利亚的托博尔斯克，最后被安娜女皇特赦。

在马特维耶夫和尼基京之后，又涌现了一批画家，包括伊凡·阿尔古诺夫（1729—1802）、德米特里·列维茨基（1735—1822）、费多尔·罗可托夫（1736—1808）和弗拉基米尔·博洛维科夫斯基（1757—1825）。阿尔古诺夫是舍列梅捷夫伯爵的农奴和圣彼得堡庄园的管事。伯爵文化素养很高，见他颇有艺术天赋，就准许他在圣彼得堡跟随德国画家格奥尔·格鲁士学画。阿尔古诺夫最著名的作品是《无名农奴肖像》（1784年），描绘了一名身着华服的美丽农奴女孩的形象，现藏于莫斯科国立特列季亚科夫画廊。与阿尔古诺夫不同，列维茨基因绘制叶卡捷琳娜大帝的肖像画而出名。他出生于基辅（当时为俄国领土），拥有犹太血统。列维茨基还为在著名的斯莫尔尼贵族女子学院学习的年轻女子绘制了很多肖像画。罗可托夫也是一名农奴出身的画家，获得自由后成为圣彼得堡新成立的俄罗斯皇家美术学院的学生，后来又成了那里的教授。罗可托夫专注于为宫廷里的时髦女郎画像，最著名的作品是《穿粉红色服装的无名女郎》（18世纪70年代），现藏于国立特列季亚科夫画廊。博洛维科夫斯基是哥萨克人，与罗可托夫选择了类似的创作主题。不过，除了肖像画之外，他还热衷于绘制圣像画，喀山大教堂的多幅圣像画都出自他手。尽管教会严令禁止，博洛维科夫斯基还是在1819年加入了共济会（"濒死的斯芬克斯小屋"）。幸运的是，这似乎没有影响他继续绘制宗教主题的作品。

皇家美术学院

为了满足国家和社会大众的艺术需求，1757年皇家美术学院成立了，它是今天著名的圣彼得堡列宾国立绘画、雕塑与建筑艺术研究学院的前身。最先倡导建立这一机构的是科学家米哈伊尔·罗蒙诺索夫和伊丽莎白女皇所钟爱的伊万·伊万诺维奇·舒瓦洛夫伯爵。这所学院的成立，不仅对圣彼得堡，对整个俄国的艺术生活都非常重要，它后来成为俄国最重要的艺术教育机构，至今仍是如此。成立之初，学院位于今意大利斯卡亚街的舒瓦洛夫宫，但不久就搬到了它今天的位置——涅瓦河畔的大学滨河街。

1764年，即位不久的叶卡捷琳娜大帝开始为这所学院新建一座宫殿式的建筑作为新校舍。俄国建筑师伊万·别茨科伊负责总体规划，设计工作由此前承担了舒瓦洛夫宫大部分室内装饰工作的法国人让·巴蒂斯塔·瓦林·德·拉·莫斯和亚历山大·科科里诺夫教授（1726—1772）负责。工程于1765年开工，1789年建成，持续了25年之久。在俄国驻法国大使德米特里·戈利岑亲王的坚持下，这座建筑采用了法国风格，而非意大利风格为主导。它是一栋三层楼的新古典主义砖石结构建筑，像宫殿般宏伟大气。前后立面都是粗面底座，上面建起大气的托斯卡纳四柱式柱廊。它还是俄国第一座采用古典柱上楣构的建筑，极富创新意义。整栋建筑以灰泥覆墙，穹顶上是根据叶卡捷琳娜大帝形象塑造的缪斯雕像。不过这座雕像在十九世纪被毁，现在看到的是当代复制品。这处建筑非常"理性"，体现了启蒙思想在建筑领域的影响。四面对称分布有四个庭院，正中是一个大的圆形庭院，矗立着舒瓦洛夫的雕像。学院还设有一个博物馆，不仅收藏了重要的绘画和雕塑作品，还有圣彼得堡著名建筑的微缩模型。学院大门设在涅瓦河边，门口有两尊当时从埃及购入的巨型斯芬克斯像。

鲁缅采夫宫

鲁缅采夫宫（又名科丘别伊宫或洛伊希滕贝格宫，都来自前宫殿所有者的名字）位于英国滨河街 44 号，十八世纪四十年代初建成，当时是米哈伊尔·戈利岑的宅邸，十九世纪初辗转落入叶卡捷琳娜·戈利岑的儿子尼古拉·鲁缅采夫亲王手中，最后又归列弗·科丘别伊及其妻子达丽娅·德·博阿尔内所有。博阿尔内是沙皇尼古拉一世的孙女，1937 年被苏维埃当局杀害。鲁缅采夫宫十分宏伟，当时是圣彼得堡极具代表性的建筑。正如 1809—1814 年美国驻俄公使、后来的美国总统约翰·昆西·亚当斯在此参观时所看到的：

画廊里有许多大师作品，几乎可以媲美斯特罗戈诺夫伯爵的收藏，古老的半身和全身雕像……日本瓷器，极为罕见；一个华丽的餐厅，餐具都已摆好……可供大约 200 人进餐……大厅里，有人坐在牌桌前，墙上挂着最好的哥白林挂毯……塞夫勒瓷器咖啡杯和花瓶；工艺最精湛的铜器……纯金的洁具；最后还有我最爱不释手的彼得大帝的小幅肖像画，画的是他在法国生活的场景……

后来，这里进行了多次重修。1835 年，弗拉基米尔·格林卡最后一次重修建筑的正面。现在，这里是圣彼得堡历史博物馆，常设展览包括"第二次世界大战圣彼得堡围城展"等。

艾尔米塔什

在视觉艺术方面，叶卡捷琳娜大帝1764年创建的艾尔米塔什宫廷收藏举世闻名，也最为重要。此前介绍过的冬宫在1764年进行了整体翻修，新入藏225幅来自荷兰和佛兰芒的绘画。这批画作原本是为普鲁士国王腓特烈大帝准备的，但被叶卡捷琳娜大帝从柏林艺术品商人约翰·恩斯特·戈茨科夫斯基手中购得。最初存放这些艺术作品的建筑后来被称作"旧艾尔米塔什"，由尤里·费尔滕在1771—1787年建成。这个名称现在听起来可能有些令人困惑。现在的艾尔米塔什博物馆由冬宫滨河街上的五座互相连通的建筑组成，分别是冬宫、小艾尔米塔什、旧艾尔米塔什、新艾尔米塔什（建于1839—1852年）和国立艾尔米塔什剧院。

这里的绘画和其他艺术品收藏（超过300万件，只有一小部分公开展出）在世界范围也是数一数二的，足以与伦敦的大英博物馆、巴黎的卢浮宫和纽约的大都会艺术博物馆相媲美。这里最重要的藏品当属斯基泰金饰，是世界上最重要的此类收藏。其中有一条来自高加索的古希腊式黄金项链（公元前4世纪），以华丽的金丝装饰，可称是独一无二的。此外，这里还有大量来自埃及、伊特鲁里亚、希腊和中东其他地区的珠宝和雕塑，以及来自中国和东南亚的花瓶、瓷器和纺织品等东方艺术品，有些已有近2000年的历史。这里还收藏有来自世界各地的大量武器、盔甲和军功章。

其他年代更近一些的艺术品包括一个非常精美的的孔雀钟。它最初属于1777年逃到俄罗斯的赫尔河畔金斯顿女公爵伊丽莎白。这位女公爵名声不好，因为在自己的国家被判犯有重婚罪而出逃。她带来的这个音乐报时钟，由一个人造的蘑菇表盘和三只与实物等大的机械鸟组成，包括一只孔雀、一只猫头鹰和一只公鸡。这三只鸟可以伴随着鸣叫声展翅、抬头、摆尾、扭动身躯，每个动作都惟妙惟肖。这只镀金孔雀钟先是引起了格里戈里·波将金的注意，后来又通过他引起了叶卡捷琳娜大帝的关注。叶卡捷琳娜讨厌举止轻浮的女公爵，于是逼迫她离开了圣彼得堡，但留下了孔雀钟。其他著名的装饰品还包括一尊巨大的美第奇孔雀石花瓶（1839—1842年），其镀金青铜手柄由伊凡·哈尔伯格设计，在乌拉尔山山麓的叶卡捷琳娜堡制成。花瓶表面亮绿色的马赛克一共使用了约256公斤宝石。

虽然这些艺术品精美异常，但真正令艾尔米塔什博物馆享有国际声誉的还是这里收藏的绘画作品。其中包括列奥纳多·达·芬奇的两幅画《持花圣母》（1478—1480）和《圣母丽达》（约1490—1491）。《持花圣母》是达·芬奇早期的代表作，十分罕见，1914年从贝努瓦家族购得。《圣母丽达》于1865年购自米兰的女伯爵丽达，是达·芬奇的后期作品，也是对立式平衡风格的早期表现。画中，圣婴的双手和胳膊与腿脚处于一种对立平衡的状态，这是文艺复兴全盛时期流行的一种风格。其他文艺复兴时期的重要作品还包括拉斐尔的《科涅斯塔比勒圣母》（约1504年）和《圣母与没有胡子的圣约瑟》（《圣家族》）（约1506年）。文艺复兴后期（矫饰主义时期）的代表作则有提香的《圣塞巴斯蒂安》（十六世纪七十年代）和卡拉瓦乔的《鲁特琴演奏者》（约1596年，原藏于朱斯蒂尼亚尼博物馆）。画中音乐家看着的琴谱，已被证实为卡拉瓦乔同时代人、法国佛莱芒乐派的雅克·阿卡德尔特所作。

荷兰绘画大师的作品在艾尔米塔什博物馆的藏品中也占据了重要地位。其中最重要的是伦勃朗的代表作《被解下十字架的基督》（1634年）和《燔祭以撒》（1635年）。在这两幅充满力量的绘画作品中，画家通过明与暗、光与影的对比，增强了戏剧效果。此外还有鲁本斯的巴洛克绘画作品，包括《运石工人》(1620年)和《酒神巴克斯》(1636—1640)，后者刻画了一个沉湎酒色、近乎猥琐的酒神形象。

艾尔米塔什博物馆还收藏有欧洲其他时期许多重要画家的作品，包括十八世纪威尼斯画家卡纳莱托和英国画家约书亚·雷诺兹爵士的作品，以及十九世纪初卡斯帕·大卫·弗里德里希的重要画作，如《在帆船上》(1818—1820)和《夜港》(约1818—1820)等，这两幅画均展示出强烈的德国浪漫主义神秘感。

然而，艾尔米塔什博物馆的与众不同之处还在于，这里收藏了大量十九世纪后期的印象派作品，当中许多是俄国收藏家在二十世纪初购得的，其中包括文森特·凡·高的《茅草屋》(1890年)、保罗·高更的《塔希提田园曲》(1892年)、亨利·卢梭的《热带森林中虎牛之争》(1909年)和亨利·马蒂斯的《舞蹈》(1910年)。

艺术世界

第一次世界大战前，在大批艺术品和建筑物遭到战争和革命的摧残之前，艺术和建筑史研究在圣彼得堡以及莫斯科悄然兴起，收藏家们在其中扮演了重要角色。瓦伦汀·祖博夫伯爵是收藏家中的领军人物，也是加特契纳宫博物馆的馆长和俄国首个艺术史研究所的创始人。1892年3月，祖博夫慷慨地捐出自己位于圣以撒广场5号、圣以撒大教堂西边的府邸，作为研究所的办公场所。今天，在俄罗斯联邦文化部的支持下，这个研究所仍然保持着最高的学术研究水准。

在十九世纪末的圣彼得堡，另一位具有较高文化素养的贵族人士、社交名媛玛丽亚·克拉迪耶夫娜·捷尼舍娃（1858—1928）女公爵，发起了当时最为重要的艺术运动——"艺术世界"运动。倡导者们拒绝接受现代工业化社会，而关注艺术，特别是民间艺术中的"审美价值"和民族浪漫主义精神。第一期《艺术世界》杂志由谢尔盖·李阿吉列夫主编，艺术赞助人萨瓦·马蒙托夫也提供了相当多的帮助。支持者中的重要人物是尼古拉·贝努瓦和他的两个儿子利昂和亚历山大。在二十世纪初以及十月革命后流亡巴黎的日子里，亚历山大从事舞台设计，一举成名。尼古拉·贝努瓦的小女儿叶卡捷琳娜（1850—1933）也参与了这场运动，并嫁给了雕塑家、画家叶甫根尼·兰谢列。二十世纪初，她在维也纳和威尼斯生活了相当长的一段时间，在1920年回到圣彼得堡，在这里度过了余生。

十九世纪末二十世纪初，一股前所未有的肖像画风潮在圣彼得堡兴起，创造了肖像画的黄金时代。其中最重要的人物是以历史画和肖像画著称的画家伊里亚·列宾（1844—1930）。列宾出生在乌克兰东部，从小生活在圣彼得堡北边芬兰湾沿岸的库奥卡拉（今列宾诺）。他的故居现在是一座艺术博物馆，主要展出列宾在那里生活期间的重要物品。列宾的作品大多藏于圣彼得堡市中心的俄罗斯国家博物馆。1895年，沙皇尼古拉二世为了纪念已故的父亲沙皇亚历山大三世，建造了这座博物馆。这里收藏的列宾作品包括《伏尔加河上的纤夫》（1870—1873，生动刻画了俄罗斯劳苦大众的形象）、《作曲家莫迪斯特·穆索尔斯基的肖像》（1885年，主角是当时俄国最重要的作曲家之一）和《伊凡雷帝和他的儿子》（1885年，生动刻画了十六世纪残暴的沙皇伊凡雷帝在暴怒中杀死自己长子的戏剧性场面）。今天圣彼得堡列宾国立绘画、雕塑与建筑艺术研究学院就是以列宾的名字命名的。

"艺术世界"运动的另一名成员鲍里斯·克斯托依列夫（1878—1927）在第一次世界大战前就颇具影响力，1909年进入皇家美术学院。然而，克斯托依列夫的盛名在十月革命之后才真正达到顶峰。他被誉为当时俄国最伟大的画家，尤以使用鲜艳的色彩描绘乡村景色著称。现藏于圣彼得堡伊萨克·布罗德斯基博物馆的《谢肉节》（1919年）是克斯托依列夫最成功的作品，描绘了四旬斋前俄国人庆祝独特的民俗节日谢肉节的情景。1920年5月，克斯托依列夫在"艺术之家"举办了一生中唯一的一次个人作品展，声名再次得到提升。现藏于俄罗斯国家博物馆的肖像画《商人的妻子在饮茶》（1918年），是他的另一幅著名作品，描绘了俄国即将消失的商人阶层的一位女士。克斯托依列夫的作品不仅主题吸引人，而且色彩鲜明，极具表现力，创造了亚历山大·贝努瓦所说的"野蛮的色彩对比"。奇怪的是，克斯托依列夫虽然在革命之后成名，但他的大部分作品都带有鲜明的俄国东正教会印记；正如艺术家自己所说，"我画中的教堂是我的签名"。克斯托依列夫还是一位有影响力的图书插画家，仅1925年一年，他就完成了41本书的插画，产量惊人，而且这是在他自1916年就因脊柱结核导致双腿残疾的情况下完成的。

波兰裔俄罗斯人卡西米尔·马列维奇（1879—1935）是二十世纪第二个十年里的另一位重要画家。与克斯托依列夫等人不同，马列维奇以现代抽象派画法著称。

马列维奇在作品中的实验性探索，催生了被称为"至上主义"的先锋绘画流派。"至上主义"一词源自拉丁语，意为"最高真理"。对马列维奇而言，至上主义将艺术形式简化并抽象为基本的几何形状，代表了艺术进化的最高层次。此外，马列维奇曾为前罗蒙诺索夫皇家瓷器厂（革命后改称国家瓷器厂）设计瓷器。艺术学者、阿赫玛托娃的丈夫尼古拉·尼古拉耶维奇·普宁（1888—1953，参见第6章）担任瓷器厂厂长后，主动邀请马列维奇和尼古拉·苏埃京、伊利亚·恰什尼克等至上主义艺术家为瓷器厂提供新的设计。

作为几何抽象画派的支持者，马列维奇在苏联时代早期凭借1915年发表的《从立体主义到至上主义》这一划时代的宣言而声名鹊起。他支持革命，在1923年成为彼得格勒国立艺术文化学院院长。不过，不久后他就遭到斯大林和俄国共产党的厌弃，因为其作品不仅深受基督教影响，还采用了"资产阶级"的抽象画法。1926年，国立艺术文化学院被关闭，当局还试图让他采用社会主义现实主义创作方法，将日常生活理想化，讴歌社会主义价值观和无产阶级在苏联新确立的领导地位。国际声誉挽救了马列维奇。他后来的人生相对低调，最终因癌症自然死亡，而与他同时代的很多人则没有这么幸运，因为"大清洗运动"即将开始。现在，他的很多作品都收藏于俄罗斯国家博物馆贝努瓦宫，多以农民和工人为主题，或是由几何抽象元素构成，很难辨别出形式框架中的人物形象。

第一次世界大战前的圣彼得堡还有一位重要画家，那就是亚历山大·科罗温（1870—1922）。科罗温生于巨贾之家，父亲在奥普劳克辛大市场开了一家气派的布料店，在尼古拉耶夫街（今马拉塔街）的家里收藏了不少俄罗斯当代绘画，包括莱昂·巴克斯特的《1902年的晚餐》（画中一位迷人的女士勇敢地直视着观画者）、亚历山大·贝努瓦的《即兴喜剧》（1906年）和康斯坦丁·索莫夫的《冬天的溜冰场》（1915年），现在这几件作品都收藏于俄罗斯国家博物馆。如果没有被革命打断，科罗温原本计划在瓦西里岛建立一座私人博物馆，陈列自己收藏的238件绘画、瓷器和其他艺术品。然而，贵族、实业家甚至艺术家们在几个世纪里继承或者收藏的绘画和其他艺术品最终都被收入了俄罗斯国家博物馆和艾尔米塔什博物馆。现在，俄罗斯国家博物馆收藏了俄罗斯从中世纪到先锋时代的大量绘画作品和其他艺术品。米哈伊尔·弗鲁贝尔（1856—1910）的象征主义画作，瓦伦丁·谢洛夫（1865—1911）雅致的社会肖像画，库兹玛·彼得罗夫-沃特金（1878—1939）深受拜占庭风格影响的绘画，帕维尔·菲洛诺夫（1883—1941）的分析现实主义作品，瓦西里·康定斯基（1866—1944）的抽象艺术相互辉映，使这个博物馆真正成为俄罗斯艺术、政治、历史和文化的缩影。这里收藏的康定斯基绘画作品包括其早期创作的《湖》（1910年）和战争期间创作的《黄昏》（1917年）。这些作品色彩运用大胆，极具表现力，反映了康定斯基与德国表现主义艺术团体"青骑士"的密切关系。1914—1921年，康定斯基从德国回到俄国。不过，面对当局日益高涨的敌意和对其作品"资产阶级化"和"过于个人主义"的指责，他最终还是选择了再次前往德国，在瓦尔特·格罗皮乌斯创办的魏玛公立包豪斯学校任教。1933年纳粹上台后，康定斯基搬到巴黎，直到1944年去世。他是俄国二十世纪最伟大的画家之一。然而，对斯大林而言，亚历山大·格拉西莫夫（1881—1963）的作品才真正体现了苏维埃社会主义现实主义的审美理想，他本人也是斯大林最喜爱的肖像画家。格拉西莫夫曾担任苏联美术家协会主席和苏联美术研究院院长，自认为有责任打击危害党的领导的"世界主义"和"形式主义"。格拉西莫夫一生获得的最后褒奖是1981年苏联发行的格拉西莫夫100周年诞辰纪念邮票，印有他本人的头像。

私有制的终结

沙皇统治被推翻和布尔什维克政权的建立，对俄国旧首都圣彼得堡的视觉艺术发展产生了巨大影响。1918年8月，俄国废除了房产的私人所有制，任何有名的财产（包括艺术品）都一律收归公有。这牵涉许多建筑物，特别是刚被处死的沙皇一家的豪华宫殿，以及无数的修道院和教堂。正如德国作家斯蒂芬·茨威格在两次世界大战期间创作的《俄国旅行》中所写的：

> 即使在战前，艾尔米塔什也是一座伟大的博物馆，规模不亚于卢浮宫和伦敦、柏林的博物馆。后来，随着俄国不断将艺术品收归国有，艾尔米塔什博物馆的规模进一步扩充，馆藏达到令人难以企及的丰富。人们必须想象将维也纳、哈普、列支敦士登、哈拉赫和切尔宁博物馆的馆藏，维也纳所有的私人收藏，以及旧奥地利数千座古老的教堂和修道院里的艺术珍品全部一件件收回，放在一起，才能大致了解艾尔米塔什博物馆在共产主义艺术私有化后扩张到了何等规模。

然而，早期艾尔米塔什藏品的保存和维护，很大程度上要归功于艺术家和评论家亚历山大·贝努瓦，他在1918—1926年担任美术馆馆长，一直强调艾尔米塔什的珍贵馆藏对苏联的文化生活极其重要。尽管如此，在贝努瓦卸任并流亡海外之后，苏联还是卖掉了艾尔米塔什的许多藏品，因为国家迫切需要硬通货。仅1930—1934年就售出超过2000件，包括扬·凡·艾克、提香、伦勃朗、鲁本斯和拉斐尔的代表作。西方收藏家当然求之不得，这其中最重要的人物当属出身银行世家的美国人安德鲁·梅隆。梅隆从艾尔米塔什博物馆购得21幅画作捐给美国政府，这批作品也构成了梅隆本人在1937年建立的华盛顿国家美术馆的核心藏品。美国的其他博物馆也从中获益。1934年，亚美尼亚石油大亨卡洛斯特·古本江将华多的《梅兹坦》捐赠给了纽约大都会艺术博物馆。

十月革命之后，列宁格勒原本属于富裕资产阶级的高楼大厦也和这些人的艺术收藏一样被没收，改作当局认为对新政权有用的用途。叶利谢耶夫家族就经历了这样的状况。著名的叶利谢耶夫大厦坐落在莫伊卡河的左岸，旁边就是装饰极其奢华的旧"警察铁桥"。1919年，这座建筑被改成"艺术之家"，简称DISK，此前这里还曾是马克思列宁主义研究院的办公地点。

马克西姆·高尔基和童诗作家科尔涅伊·丘科夫斯基是"艺术之家"的负责人，他们将这里变成了公共区域，是艺术家和画家聚会的地方。安年科夫在回忆录中写道："艺术之家有一个针对艺术家的食堂，价格非常便宜，有时候还免费。在这里，文学家和艺术家们随心所欲地聚会、辩论、讨论、争执。文学工作室创作了许多重要的作品……每天早晨，院子里的垃圾桶里都会堆满撕碎的手稿和草图，都是艺术之家的住户和客人抛弃的。"当时还是一名年轻诗人的尼娜·贝蓓洛娃经常去"艺术之家"。据她回忆，十月革命后，叶利谢耶夫兄弟的老仆人还留在那里，仿佛也被充公了。他们端着前主人的银盘子，送上茶水和饼干。"艺术之家"有两架大钢琴，经常演奏施特劳斯的圆舞曲等二十世纪的音乐。伴着琴声，"白银时代"的著名诗人尼古拉·古米廖夫（阿赫玛托娃的第一任丈夫）和安德烈·别雷会朗诵诗歌——至少一度如此。这里也欢迎来自外国的文学家，特别是英国文学家。英国作家赫伯特·乔治·威尔斯就在这里参加过一场专门为他举办的盛大晚宴。

到1923年，楼里开了一家电影院，1931年更名为"巴里卡达"。即便在列宁格勒被围困和封锁期间，这里仍然坚持营业，不过到二十世纪八十年代，终因经营不善而倒闭。新建的塔伦帝国酒店，楼顶上是温泉浴场，虽然外观已今非昔比，但"艺术之家"的丰厚的文化历史借此得以延续到二十一世纪。

苏联解体之后，有一批人迅速地富裕了起来，新一代的私人艺术收藏家应运而生，维克托·维克塞尔伯格就是其中之一，据说他是俄罗斯第四大富豪。他收藏的15只法贝热复活节彩蛋，在舒瓦洛夫宫中占据重要位置。维克塞尔伯格还试图在佳士得拍卖会上购买鲍里斯·克斯托依列夫的一幅绘画作品，但事情不太顺利。这幅作品的真伪遭到专家质疑，佳士得也不得不向他退款。

电影

随着动态影像的出现，一种新的文化表达媒介诞生了。在这方面，俄国很快占据了领先地位，只有好莱坞能与俄国竞争（有些人可能会说，就连好莱坞都不是对手）。俄国本土电影几乎与第一批外国电影的引进同步发展起来。1896年5月4日，位于卡门奥斯特洛夫斯基大街10号的综艺剧院"水族馆"，首次放映了轻歌剧电影《阿尔弗雷德帕夏在巴黎》。在这个重要场合担任放映员的，正是卢米埃尔兄弟的放映员弗朗西斯·杜布利耶。

在接下来的 10 年里，圣彼得堡的电影版图大幅扩张，电影院多达 250 家，数量远超制作了大部分影片的莫斯科。不过，很多电影院最后都倒闭了。1913 年开业的皮卡迪利电影院是第一家专门为放映电影而建造的"电影剧院"，1932 年在苏维埃统治下更名为阿芙乐尔电影院。

圣彼得堡的另一家重要电影院是位于卡拉瓦纳亚街 12 号的多姆基诺电影院。这家电影院靠近涅夫斯基大街，建筑非常宏伟。纪念柱廊有八根柱子，上面是豪华的科林斯式柱顶。这里有一家咖啡厅，还有一家餐馆，因此在学生中广受欢迎。这里也是放映外语原声艺术电影、卡通片和新电影的主要场所。

今天，圣彼得堡的电影院数量非常多，最新的一家是位于马来亚莫斯卡亚街 24 号古老的安格利特酒店内的独幕电影院安格利特电影廊。这家电影院就在圣以撒广场旁边，每天放映六七场原声外语片。

整个二十世纪以及进入二十一世纪以后，有许多公司在圣彼得堡拍摄电影。其中，圣彼得堡纪录片制片厂尤其值得一提。这家影厂自 1932 年开始制作并发行纪录片，是迄今仍在营业的历史最悠久的纪录片公司，只是在苏联解体后转归私人所有。

还出现了专门的电影杂志，其中最著名的是《彼得堡电影放映机》。今天，就像过去一样，涅夫斯基大街是电影院最集中的区域。阿芙乐尔电影院就坐落在涅夫斯基大街 60 号，既放映本土电影，也放映外国影片。

著名电影制作人谢尔盖·爱森斯坦（1898—1948）在内战期间参加红军之前，曾在彼得格勒土木工程学院学习建筑和工程学。他的代表作有《战舰波将金号》（1925 年）和《亚历山大·涅夫斯基》（1938 年），后者由谢尔盖·普罗科菲耶夫配乐。然而，爱森斯坦真正与列宁格勒直接相关的电影还要属《震撼世界的十天》(1928年)。因为这部根据美国记者约翰·里德的报告文学改编的电影，讲述的就是十月革命期间在这个当时名叫彼得格勒的城市发生的故事，重要场景包括列宁到达芬兰站、阿芙乐尔号炮轰冬宫和随后的起义等。

  早期，阿芙乐尔电影院只放映无声电影，现场有音乐伴奏，有时也单独举行音乐会。著名的古典音乐作曲家德米特里·肖斯塔科维奇(1906—1975)就曾在那里演奏钢琴，爵士乐和流行乐歌手克拉夫季娅·舒尔琴科(1906—1984)也曾在那里演出。舒尔琴科在二十世纪三十年代因演唱西班牙巴斯克·塞布斯蒂安·耶拉迪耶的《鸽子》而成名，1945年被授予红星勋章，1971年被评为苏联人民艺术家。不过，那时她的注意力已经转向了俄国民间音乐。1998年，阿芙乐尔电影院进行了大规模的改造，现在不仅放映最新电影，还有两个厅举办音乐会和戏剧演出活动。

The
biography
of
St Petersburg

圣彼得堡 传

舞台风采

第八章

音乐与戏剧

从建城之初,圣彼得堡作为俄罗斯的新兴大都市就从未忽视音乐的发展。1703年5月16日,莫斯科宫廷合唱团来到圣彼得堡,30名歌手献上的音乐会成为圣彼得堡历史上的首场正式音乐活动。沙皇彼得大帝本人并不喜欢意大利歌剧,但认为引进歌剧有助于进一步推动俄国社会和文化的西化。不过,彼得大帝倒确实喜欢唱歌,有时会在自己的宫廷合唱团里唱低音声部。此外,彼得大帝还非常喜爱吉卜赛合唱团。不少朝臣也跟风参加各种音乐活动。彼得大帝的宠臣亚历山大·缅什科夫就组建了自己的管弦乐队和12人的合唱团。

圣彼得堡的第一座音乐剧院是由彼得大帝的妹妹娜塔莉亚·阿列克谢耶夫娜(1673—1716)建立的,就位于她的宫殿对面,即今天的柴可夫斯基街和车尔尼雪夫斯卡亚街交叉口。她本人为剧院创作了一些音乐作品,还聘请了16位音乐家,组建了一个合唱团。不出所料,这座剧院成了沙皇和宫廷人士经常光顾的地方。

另外,安娜女皇于1731年成立了一所青年贵族子弟学校,音乐和舞蹈都是这所学校的重要课程。当时缅什科夫已锒铛入狱,他那宽敞的宅院就空了出来,成了学校的校舍。这里不久之后也建起了剧院,成为圣彼得堡贵族和来访贵宾文化生活的重要去处。剧院的第一任院长是亚历山大·苏马罗科夫（1717—1777）。如果不算大约同一时期在雅罗斯拉夫市建立俄国第一家公共剧院的费奥多尔·沃尔科夫（1729—1763），那么苏马罗科夫就是俄国历史上的首位剧院院长。苏马罗科夫是演员、剧作家和诗人，他与搭档雅科夫·舒姆斯基一起，负责戏剧制作和管理的各方面工作。

与彼得大帝形成鲜明对比的是，安娜女皇十分喜爱意大利音乐，特别是歌剧，也积极为意大利歌剧演员来访提供便利，第一位意大利歌剧演员在1731年抵达圣彼得堡。1732—1735年，安娜女皇命令拉斯特雷利为冬宫建造一座新的剧院。而到了夏天，就到彼得大帝的夏园里一处较小的场地演出。意大利人弗朗西斯科·阿拉贾（1709—1775）曾在那不勒斯皇家音乐学院学习，从1729年开始创作歌剧，他被聘请为这个剧院创作音乐。除了歌剧，阿拉贾还为宫廷庆典、舞会和美声演唱等各类活动创作音乐。剧院的许多舞台布景都由意大利舞台设计师吉奥·博纳负责。他最著名的作品是为阿拉贾在圣彼得堡的第一部歌剧《爱与恨的力量》所做的设计。这部歌剧主要是军事主题，1736年11月29日为庆祝女皇生日而上演。演出时，大气的花园、雄伟的塔楼和壮观的喷泉都被设计成了舞台的一部分，效果非常震撼。然而，最令人印象深刻的还是博纳为阿拉贾的《塞琉古》所做的设计。1744年4月26日，安娜女皇观看了彩排，并在其中看到了非常重要的政治寓意；这部歌剧是为纪念1744年俄国与瑞典缔结和平条约而创作的。俄国最早的报纸《圣彼得堡新闻报》的一名记者曾经写道：

> 阿拉贾的音乐配得上人们对它的所有称赞，最优秀的演员……表演娴熟自然。音乐非常精妙……舞台设计、透视的呈现

和瓦莱里亚尼先生发明的各种机械都非常出色……歌剧结束时，女皇陛下非常高兴，频频鼓掌。尊敬的外交使节们纷纷表示，从未见过如此完美和精彩的歌剧，特别是它的舞台装饰和各种机械更是前所未见。

得到官方的尊重和认可后，阿拉贾被任命为皇家合唱团团长。除了1741—1742年回过一次自己的家乡意大利之外，阿拉贾一直生活在俄国，直到1762年。其间他献上了14部歌剧。其中，1755年上演的《刻法罗斯和普洛克利斯》是第一部用俄语演唱的歌剧，唱词由亚历山大·苏马罗科夫创作，故事取材于奥维德的《变形记》。剧中阉人歌手的角色由童声歌手出演，这在当时是很少见的。

阿拉贾也邀请其他意大利人参与自己的音乐创作，其中包括佛罗伦萨诗人朱塞佩·博内基、罗马舞台和景观设计师朱塞佩·瓦莱里亚尼和他的助手安东尼奥·佩里西诺蒂。他最重要的合作者是来自佛罗伦萨的阉人歌手洛伦佐·萨莱蒂。萨莱蒂极受重视，报酬与乐团指挥相当，年薪在2000卢布左右。萨莱蒂于1758年离开俄国，再也没有回来过。在此之前，他在《欧多萨加冕》《特奥多西奥二世》和《亚历山大罗在印度》等歌剧中都扮演了重要角色。博内基创作的最后一部剧本就是《欧多萨加冕》，伊丽莎白女皇亲自出演了这部剧的女主角。在《彼得堡音乐剪影》中，别里亚科夫亚-卡赞斯卡亚曾这样回忆萨莱蒂的谄媚之态：

"我必须承认，"这名佛罗伦萨人不无奉承地写道，"我偷偷借着欧多萨的名义表达我的敬意。我通过台词歌颂辉煌。当我描绘她那不朽的荣耀,她那英雄般的美德,她那璀璨的皇冠时,我的嘴唇念着欧多萨的名字,我的心中想的却是伊丽莎白。"

此时,俄国本土的歌剧作曲家也登上了历史舞台。第一位是叶夫斯季格涅伊·弗明(1761—1800)。他曾在博洛尼亚学习音乐,回到俄国后创作了许多歌剧,包括情节剧《俄耳甫斯和欧律狄刻》(1792年)、喜剧《美国人》和《金苹果》等,其中《金苹果》在他去世后才上演。1756年,以沃尔科夫在雅罗斯拉夫市创办的剧团为基础,女皇在圣彼得堡建立了一个新剧团,苏马罗科夫被任命为团长。这个剧团早期的舞蹈、音乐和戏剧演出都在瓦西里岛进行。

1761年12月,伊丽莎白女皇去世,所谓的"镀金贫困时代"结束。女皇成功地建立了皇家美术学院和莫斯科大学等文化机构,但同俄国宫廷的大多数人一样,她在生活上穷奢极欲(仅举一个例子,女皇仅礼服就有15000件,丝袜堆积如山)。面对这种大肆挥霍的生活方式,她的儿子沙皇彼得三世颁布了许多震动宫廷的敕令,其中之一就是解散意大利歌剧团。彼得三世本人也离开了用木头建造的旧冬宫,搬进了还在建设中的砖石结构的新冬宫。旧冬宫年久失修,在1767年拆除。尽管如此,彼得三世还是在同年下令新建一座专门的歌剧院,并请法国著名雕塑家艾蒂安·莫里斯·法尔科内参与建造工作。最初这座剧院用于举办忏悔节庆祝活动,后来被法尔科内当作了工作室而非歌剧院。在这里,法尔科内创作了他最著名的"青铜骑士"雕像(参见第4章)。彼得三世绝非庸俗之辈,他喜欢音乐,是一位技艺娴熟的小提琴手。他在奥拉宁鲍姆宫(过去是缅什科夫的乡间别墅)建立了一个小型的歌剧戏剧院,作曲家马克西姆·别列佐夫斯基年轻时曾是那里的合唱团成员,小提琴家伊万·汉多什金也曾在那里的管弦乐队担任演奏员。

当时，铜管乐队也非常盛行。扬·马雷什指挥的伊丽莎白女皇宫廷乐队最先在圣彼得堡开启了这种风尚。铜管乐队的重要作用不仅体现在皇室外出狩猎时，也体现在其他场合。女皇的心腹格里戈里·奥尔洛夫和基里尔·拉祖莫夫斯基等达官显贵纷纷建立了自己的铜管乐队。其中，女皇最器重的陆军元帅和第二任丈夫格里戈里·波将金亲王的乐队最为著名。这个乐队有 200 名乐手，常在女皇为波将金建造的塔夫利宫演出。铜管乐队的流行贯穿了整个世纪，尼古拉二世加冕礼上的乐队尤其令人难忘。然而，随着帝国的覆灭，响亮的号角声也消失了。现在，在位于丰坦卡河的舍列梅捷夫宫的音乐博物馆里，还能看到当年的一些铜管乐器。

尽管东正教举行宗教仪式时禁止使用管风琴，但管风琴音乐仍然流行起来。十八世纪初，圣彼得堡建城不久就引进了一批管风琴。缅什科夫和娜塔莉亚·阿列克谢耶夫娜家里都配备了管风琴，他们也都喜欢听风琴演奏。有趣的是，如今，缅什科夫宫里古老的管风琴仍然时常在星期天的中午奏响，像过去几百年一样。管风琴在很长一段时间里都是广受欢迎的一种乐器。十八世纪后期，波将金的每座宅邸里都有一架管风琴。到了十九世纪，管风琴更加流行，圣彼得堡的新教和天主教教堂里都有。

伴随着俄国歌剧文化的发展，芭蕾舞文化也逐渐成形。芭蕾舞剧是俄罗斯最成功的音乐形式。1738 年，安娜女皇下令成立俄罗斯芭蕾舞团，这是俄国的第一个芭蕾舞团，也是今天马林斯基剧团的前身。虽然意大利芭蕾舞大师安东尼奥·里纳尔迪（1715—1759）对俄国芭蕾舞的艺术发展发挥了重要作用，但是最先创办学校、培养俄罗斯本土芭蕾舞演员的，却是在贵族学院任教的法国人让–巴蒂斯特·兰德。

贵族与农奴

　　叶卡捷琳娜大帝肯定算得上俄国历史上最有教养、最有文化的统治者之一，但她并不喜欢音乐，自己也坦率地承认"说到底，大部分音乐在我听来都像是噪声"。即便如此，叶卡捷琳娜深知音乐在更广泛的背景下具有重要的政治意义，因此她主动邀请意大利知名作曲家来到圣彼得堡，其中包括当时音乐界的重要人物多米尼科·奇马罗萨（1749—1801）。叶卡捷琳娜虽然对音乐缺乏兴趣，但却非常青睐喜歌剧。1757年，洛卡泰利带领一个意大利喜歌剧剧团来到俄罗斯，很快就获得了评论界广泛的赞誉。叶卡捷琳娜还受过歌剧创作方面的训练，曾为五部军事题材的歌剧创作剧本，音乐则由其他作曲家完成。

　　除了战神广场上紧邻夏园的皇家小剧院，那时还有里纳尔迪的皇家石头剧院（后来改称皇家大剧院）。这座宏伟的石头建筑于1783年建成，现在是里姆斯基-柯萨科夫音乐学院所在地。建筑正面装饰有卡拉拉大理石雕像，其中包括罗马智慧和艺术女神密涅瓦的雕像。在约翰·卡尔爵士的描述中，我们不仅能看到这个剧院的建筑风格，还能了解当时光顾这里的人们和他们的仆人情况：

　　在这个宽敞区域的四个角上，建有四个铸铁凉亭，下面以铁柱支撑。冬天的时候，亭子里会用冷杉木生火，巨大的圆形活动铁窗挡住寒风。陪同主人来剧院看戏的仆人们可以在这里避风取暖。在这几个亭子建成之前，这些可怜的仆人甚至会被冻死。政府关注民生，霜冻特别严重的时候会禁止歌剧院举行演出。

皇家大剧院一直是圣彼得堡最重要的戏剧演出场所，皇家芭蕾舞团和皇家歌剧院都设在这里。1886年，大剧院终因年久失修而被迫拆除，芭蕾舞团和歌剧院才搬到了马林斯基剧院。

在叶卡捷琳娜大帝统治时期，像哈布斯堡帝国大使埃斯特哈齐伯爵这样的外国人，对俄国主题的歌剧印象尤为深刻。比如维·帕什克维奇创作的歌剧，就充满了独特的西伯利亚风格歌曲和舞蹈，最多时有500名演员同时在舞台上表演。

在沙皇保罗一世统治期间，艾尔米塔什一直继续制作和演出歌剧。不过，越来越多的普通大众也开始喜爱音乐，歌剧随之走出了宫廷，圣彼得堡的私家宅邸和剧院里也能看到高品质的歌剧演出了。大约在这个时期，俄国诞生了第一家面向大众的音乐厅。它坐落在涅夫斯基大街30号，建立于十八世纪晚期。不过在四旬斋期间，一切戏剧和娱乐活动都被禁止。这种传统一直延续到帝国时代结束。

农奴在圣彼得堡生活的方方面面都发挥着重要作用，在贵族的家庭娱乐方面更是如此。拉祖莫夫斯基公爵在圣彼得堡的大宅里有多达1000名农奴，斯特罗加诺夫伯爵的宅子里则有600名。不过，在音乐界影响最大的是彼得·舍列梅捷夫伯爵的家臣，因为其中有很多颇具盛名的音乐家。这也让舍列梅捷夫的儿子尼古拉（1752—1803）能够在这座城市的音乐和戏剧界发挥举足轻重的作用。尼古拉在整个俄罗斯帝国拥有超过21万名农奴，可以自由挑选喜欢的人参加演出。尼古拉在1775年回到圣彼得堡之前，已经在巴黎成了一名技艺高超的大提琴手。不久，他在俄国的私人剧院就因作品水平高、表演的农奴训练有素而闻名。特别值得一提的是，尼古拉与意大利作曲家朱塞佩·萨蒂（1729—1802）合作了八部歌剧。叶卡捷琳娜大帝为歌剧《诺夫哥罗德的英雄波伊斯拉耶维奇》撰写了剧本，音乐由叶夫斯季格涅伊·弗明创作。1795年，舍列梅捷夫的作品集中在圣彼得堡上演，因此他在莫斯科附近庄园里的许多农奴演员也来到了圣彼得堡。不仅是演员，为舍列梅捷夫服务的工匠也赢得了很好的名声。尤其值得一提的是提琴制作师伊万·巴托夫，他凭借高超的小提琴和大提琴制作技艺赢得了"俄国斯特拉迪瓦里"的绰号。

舍列梅捷夫与农奴关系密切，不仅在艺术层面，有时也在更加亲密的私人层面。他爱上了一位非常有才华但相貌并不出众的农奴——歌手、演员普拉斯科维亚·科瓦廖娃（1768—1803）。科瓦廖娃11岁首次在舍列梅捷夫家的私人剧院登台演出。1798年，她获得自由，三年后得到沙皇亚历山大一世的批准，嫁给了舍列梅捷夫。可悲的是，不久之后科瓦廖娃就死于肺痨，那时她的儿子德米特里（1803—1871）刚刚出生。一个多世纪之后，住在舍列梅捷夫宫的安娜·阿赫玛托娃在《没有英雄的叙事诗》中哀悼了科瓦廖娃悲惨的命运。

1861年，在沙皇亚历山大二世解放农奴前夕，舍列梅捷夫家族在全国各地拥有约30万名农奴，其中一些被送往德米特里在圣彼得堡的宅邸。德米特里于1867年在他的宅邸内增建了仆人住房，设计工作由宫廷建筑师尼古拉·贝努瓦完成。不过在此之前，舍列梅捷夫的礼拜堂唱诗班在十九世纪五十年代初就已经有90名歌手了。德米特里·舍列梅捷夫去世后，这个唱诗班就解散了。不过，在德米特里的儿子亚历山大的指导下，又建立了另一个由15名歌手组成的小型唱诗班，他们在舍列梅捷夫宫伊特鲁里亚厅举办的私人音乐会吸引了包括沙皇亚历山大二世在内的许多贵宾参加。奇怪的是，亚历山大·舍列梅捷夫伯爵虽然对音乐很有兴趣，但却更加热爱消防工作。1879年，他成立了俄国消防协会，为圣彼得堡组建了两支消防队，还制定了俄国第一部消防法规。亚历山大的亲戚和邻居尼古拉·沃尔科夫－穆罗姆采夫曾这样诙谐地描述他：

> 萨沙叔叔在俄国各地拥有许多气派的庄园……但是出于某种原因，却最喜欢维索科耶。他在那里建了一个有35张床位的大医院和一个有瞭望塔的消防站。这是他最关注的事情，他也因此被称为"消防队长伯爵"……每当他在冬宫参加宴会或舞会，只要城市的任何地方有火灾消息，他都会第一时间得到通报。他会立刻放下一切，迅速穿上消防装备，赶到火灾现场，要么乘坐马车，要么乘坐汽车。即使来我们的庄园拜访，他也总是带着他的头盔、制服、钩子和斧头。我的父亲就会取笑他："可是萨沙，你把消防车和云梯忘在家里了！"

同时，在舍列梅捷夫宫内还设立了一个音乐博物馆。最初提起这个倡议的，不是舍列梅捷夫家族的人，而是1882年建立皇家管弦乐团的康斯坦丁·斯塔克尔贝里男爵（1848—1925）。音乐博物馆于1900年开放，展品有300件乐器和大量手稿。1907年，凭借沙皇亚历山大三世的遗孀玛丽亚·费奥多萝芙娜皇太后慷慨捐赠，音乐博物馆得到了扩建。十月革命爆发后，亚历山大·舍列梅捷夫在1918年逃往国外。之后，舍列梅捷夫宫被没收并成为各种文学组织的总部。音乐博物馆随后被改造为俄国贵族博物馆，直到二十世纪八十年代才恢复成音乐博物馆。

皇家卡佩拉

1763年，叶卡捷琳娜大帝将宫廷合唱团改组为皇家宫廷卡佩拉合唱团。这个意大利式的新名字彰显了西方在圣彼得堡音乐生活中日益增长的影响力。1774年3月，乔瓦尼·巴蒂斯塔·佩尔戈莱西的《圣母悼歌》首次在俄国演出。在接下来的几十年里，还有许多这样的创新演出活动。

皇家卡佩拉的首任团长是马克·费奥多罗维奇·波尔托拉茨基（1729—1795），之后，德米特里·博尔特尼扬斯基（1751—1825）从1796年开始担任团长，直至去世。博尔特尼扬斯基在意大利待过很长时间，不仅学习音乐，还学习绘画和建筑。他是皇家美术学院的荣誉会员，还用法语创作过喜歌剧和教堂合唱音乐。沙皇亚历山大一世对博尔特尼扬斯基的作品非常满意，1816年让他负责圣彼得堡所有的教会音乐演出。在博尔特尼扬斯基的领导下，歌唱家和作曲家亚历山大·瓦拉尔莫夫（1801—1848）在皇家卡佩拉发挥了积极作用，他也成为当时圣彼得堡音乐界最重要的人物之一。

1826—1836年，《俄国声乐演唱》（1834年）的作者费奥多尔·彼得洛维奇·利沃夫担任皇家卡佩拉的团长，之后他的儿子阿列克谢（1798—1861）接任。阿列克谢是才华横溢的小提琴家，创作了沙皇时代的俄国国歌《上帝保佑沙皇》。

罗伯特·舒曼在1844年写道："卡佩拉是我有幸听过的最棒的合唱团；低音声部有时让人想起低沉的管风琴声，而高音声部的和声仿佛有魔力一般，比最美妙的女声还要动听。"

后来，卡佩拉从旧冬宫迁到附近一座十八世纪的建筑里，位于莫伊卡滨河街上，靠近歌手桥。十九世纪八十年代，这座建筑及里面的音乐厅进行了重建，卡佩拉也更名为列宁格勒学术格林卡卡佩拉合唱团。1920年，合唱团开始有女性团员加入，男孩被逐渐淘汰。后来，又成立了一个单独的男童合唱团。二十世纪五十年代起，这两个合唱团经常合作演出。十月革命之后，作家伊凡·蒲宁在流亡法国期间，曾饱含深情地写下记忆中音乐带来的愉悦：

的确，当合唱团轻声唱歌
哦，"柔和的光"——歌声中饱含温柔的感情
我忘记了自己的窘迫
我的心里充满了喜悦……

卡佩拉所在的建筑物在第二次世界大战中遭到严重破坏，后来进行了全面整修。

舞蹈

在这期间，社交活动和舞会仍然主要在宫廷举行，不过贵族和富裕的资产阶级更喜欢在私人宅邸举行这类活动。1810年拿破仑战争期间，后来因肖邦的创作而名声大震的玛祖卡舞从巴黎，而非其发祥地华沙，传到俄国，成为流行趋势。举办舞会的理由很多，不过四旬斋前的谢肉节狂欢周是舞会最频繁的时候。在冬宫、贵族会议大厦和商业性的市民俱乐部，都有舞会。华尔兹原本被认为难登大雅之堂，但这时成了最受

欢迎的舞蹈。

十九世纪四十年代,波尔卡舞在社会各个阶层大为盛行。如同几十年前的玛祖卡舞一样,波尔卡舞也是一种民间舞蹈,来自捷克,起源于波希米亚,在法国首都巴黎大受欢迎,并经由在法国的俄罗斯人群体传入俄国。然而,与玛祖卡舞不同的是,一些贵族谴责波尔卡舞太过粗俗,因此它从未进入过宫廷。

米哈伊洛夫斯基剧院和马林斯基剧院

米哈伊洛夫斯基剧院是十九世纪上半叶最重要的歌剧和芭蕾舞剧院之一,1833年由亚历山大·布鲁洛夫根据罗西的设计在米哈伊洛夫斯基广场(现艺术广场)建成。剧院没有常设剧团,只为外国来访剧团或马林斯基剧院的艺术家提供演出场地。1837—1842年,意大利著名芭蕾舞演员玛丽亚·塔格里奥妮(1804—1884)在这里参演了多部芭蕾舞剧。她为芭蕾舞艺术带来了天翻地覆的变化。在列夫·托尔斯泰的长篇小说《安娜·卡列尼娜》中,常有法语表演的米哈伊洛夫斯基剧院发生了各种各样的阴谋。这里也上演歌剧。1859年,雅克·奥芬巴赫创作的《地狱中的奥菲欧》在此首演。为了照顾圣彼得堡的80000名德国居民,每周还有一到两场德语演出。许多作品在公演前会让评论家们先睹为快。最著名的评论家是以言辞犀利著称的弗拉基米尔·史塔索夫(1824—1906)。这里最让人难忘的演出之一就是1886年4月23日小约翰·施特劳斯亲自指挥的轻歌剧《吉卜赛男爵》。

1904年,美国著名舞蹈家伊莎多拉·邓肯(1877—1927)的到来引起了巨大轰动。邓肯后来不幸在一场交通事故中丧生,在她短暂的一生中,她走到哪里都经常引发这样的轰动。李阿吉列夫将邓肯在圣彼得堡的首次亮相比作俄国芭蕾舞界遭遇的一场"无法恢复的休克"。如果说圣彼得堡爱上了邓肯,那么邓肯也爱上了圣彼得堡。在1908年的《星火》杂志上,邓肯写给编辑的一封信上写道:

彼得堡!

生活!

热情!

行动!

这里的一切都有新的精神。

原始

强大

伟大的空间——

伟大的线条——

伟大的流动的涅瓦河。

灵感!

机会!

未来都在这里——

伟大的国家

我向你致敬

我在这里与你一同起舞。

十月革命之后,苏联体制给邓肯留下了深刻的印象,她随后对这个新生的共产主义国家进行了长期访问。在这里，她遇到了比自己小18岁的诗人谢尔盖·叶赛宁并在1922年与其成婚。婚后第二年，叶赛宁就离开了邓肯，后来自杀身亡。不过，邓肯终其一生都自豪地保留了在这之前不久获得的苏联公民身份。

1920年，米哈伊洛夫斯基剧院重新开放，更名为国家喜歌剧艺术院，这只是其多个名字中的一个。1926年，剧院再次更名为马利歌剧院，主要关注实验音乐。1930年，肖斯塔科维奇的《鼻子》在这里首演。如今，剧院已经恢复了原名，不久前又进行了重修，仍然很受欢迎。

然而，在世界范围内最为知名的还是马林斯基剧院。在超过150年的时间里，这里上演了世界上最伟大的歌剧和芭蕾舞剧。马林斯基剧院以沙皇亚历山大二世的皇后玛丽亚·亚历山德罗芙娜的名字命名，其前身是一个被烧毁的马戏剧场。建筑师阿尔贝托·卡沃斯在1859—1860年完成了剧院的设计，尼古拉·贝努瓦（1813—1898）在建设过程中发挥了积极作用。1860年10月2日，马林斯基剧院正式对外营业，开幕演出便是格林卡的《为沙皇献身》。之后，穆索尔斯基、里姆斯基-柯萨科夫和柴可夫斯基的很多歌剧和芭蕾舞剧都在这里首演，一流的演出水平为剧院赢得了国际声誉。

1883—1886年，建筑师维克多·施雷特对马林斯基剧院进行了大规模的翻修，将内部许多木结构换成了金属结构，以减少发生火灾的风险。这次翻修还改变了多处装饰，剧院的外观呈现出全新的折中主义风格。由于人们认为石头的剧院不安全，1886年，皇家歌剧团和皇家芭蕾舞团也都迁到马林斯基剧院。十九世纪九十年代，这里上演了著名编舞家马里乌斯·彼季帕的许多知名作品，包括经典的《睡美人》（1890年）、《胡桃夹子》（1892年）、《雷蒙达》（1898年）和改编版《天鹅湖》

(1895年)。

十月革命爆发之后,马林斯基剧院更名为国家歌剧和芭蕾舞艺术剧院。1935年,为了纪念列宁的同事、被谋杀的布尔什维克党人基洛夫,又更名为基洛夫剧院,1992年,恢复革命前的名称。同年,瓦莱里·捷杰耶夫担任剧院首席指挥,时至今日,他已成为俄罗斯最受尊敬的剧院总监和指挥家。1968—1970年,剧院进行了大规模整修,完成了多项技术更新。然而,最大规模的重建和改造工程在2006年1月启动。这一次,剧院建造了一个横跨克留科夫运河的舞台,配套的音乐厅则建在德卡比里斯托夫街上。

先锋音乐

圣彼得堡不仅是一个很好地保留了十九世纪古典音乐传统的城市,也是一个以先锋派音乐而闻名的城市。20世纪初,亚历山大·格拉祖诺夫(1865—1936)的《四季》等芭蕾舞剧大受欢迎,其中的一些歌曲由康斯坦丁·康斯坦丁诺维奇·罗曼诺夫大公创作。格拉祖诺夫在圣彼得堡音乐学院任教多年,可以说是一位先锋派人物,因为他的作品融合了传统的俄罗斯元素和现代的欧洲元素。然而,在十月革命之后,格拉祖诺夫的作品仍然明显受到里姆斯基-柯萨科夫和亚历山大·鲍罗丁的影响,充满了晚期浪漫主义的元素,这让他曾经支持的苏联当局大为不满。后来当局不断要求音乐创作符合他们的意识形态,格拉祖诺夫无法应对,只得在1928年选择流亡。

著名艺术家费奥多尔·夏里亚平(1873—1938)可以说是这一时期

最伟大的歌剧演员之一。1895 年 4 月 5 日，夏里亚平首次在马林斯基剧院登台，在古诺的歌剧《浮士德》中扮演梅菲斯特。凭借低沉的嗓音和自成一体的自然表演风格，夏里亚平成了那个时代的传奇。他的演唱常常有风格鲜明的现代舞台设计作为背景，也往往反映出"艺术世界"运动所倡导的激进观念（参见第 7 章）。其他活跃在圣彼得堡的先锋派人物还包括本土编舞家和舞蹈家米哈伊尔·福金。福金 8 岁时就在马里乌斯·彼季帕的指导下首次登台演出。1912 年，博学多才的未来学家尼古拉·库尔宾邀请德国作曲家阿诺德·勋伯格住在了他位于圣彼得堡市中心的家中，并指挥演出交响诗《佩利亚斯和梅丽桑德》。真正的"旧世界挽歌"可能是米哈伊尔·马秋申作曲、阿列克谢·克鲁乔内赫作词的《战胜太阳》。作为全世界的首部未来主义歌剧，《战胜太阳》使用的是一种被称为"祖姆（zaum）"的实验性语言，非常晦涩难懂。这部歌剧于 1913 年 12 月 3 日首演，不出所料被媒体抨击为"野蛮、无聊、粗俗和毫无意义"。在此之前七个月，来自奥拉宁鲍姆郊区的作曲家伊戈尔·斯特拉文斯基（1882—1917）创作的《春之祭》在巴黎首演，因为作品太过超前，引起了一片混乱，但若与《战胜太阳》相比，也可以说是十分传统了。

其他风格创新的作曲家也纷纷来圣彼得堡演出。理查·瓦格纳于 1863 年来过，而古斯塔夫·马勒则在 1887 年、1902 年和 1907 年三次次来到这里。前两次是作为指挥家，而 1907 年的那次，演奏了他创作的《第五交响曲》，斯特拉文斯基观看了演出。演出场所是著名的贵族会议大厦，无论过去还是现在，这里一直是交响乐演出的中心。1893 年 10 月 16 日，俄罗斯最伟大的作曲家之一彼得·柴可夫斯基在这里进行了最后一次公开演出——亲自指挥了他的《第六交响曲》，之后不久，他就死于霍乱。柴可夫斯基小时候住在谢尔盖耶夫斯卡亚街（现柴可夫斯基街），后来多次搬家，最后与他的弟弟一起住在马来亚莫斯卡亚街13号，这也是他去世的地方。1893年10月23日，人们为柴可夫斯基举行了非常隆重的葬礼，首次动用了完整的交响乐队来演奏。后来，这成为革命时期为重要政治和文化人物举行葬礼的一种惯例。

许多在贵族会议大厦演出的人都住在对面的卢斯酒店。后来，这家酒店进行了大规模的翻修和扩建，将周围的几栋建筑都合并进来，成为欧罗巴大酒店重新对外营业。柴可夫斯基、理查·施特劳斯、克劳德·德彪西、谢尔盖·普罗科菲耶夫和斯特拉文斯基都曾在不同时期在此下榻。1991年，酒店又进行了大规模改造，直到今天，音乐界的很多著名人物仍会选择在这里下榻。酒店的新艺术装饰风格在圣彼得堡也是首屈一指的。

1921年，贵族会议大厦更名为圣彼得堡爱乐大厦。同年6月12日举行了首场演出，曲目是柴可夫斯基的《第六交响曲》《小提琴与乐队协奏曲》，以及交响幻想曲《弗兰切斯卡·达·里米尼》。1926年5月12日，这里上演了肖斯塔科维奇的《第一交响曲》，由叶夫根尼·穆拉文斯基担任指挥。肖斯塔科维奇先是住在波沙雅莫斯卡亚大街，后来搬到波多尔斯卡亚街2号。第二次世界大战中列宁格勒遭到封锁期间，肖斯塔科维奇创作了著名的《第七交响曲"列宁格勒"》，1942年7月19日在列宁格勒首演。回忆当时的创作过程，肖斯塔科维奇说："无论是德军飞机的野蛮空袭，还是城市被困的凄风苦雨，都无法阻碍音乐的流动。我以从未体验过的、非人的强度进行创作。"

列宁格勒/圣彼得堡的爵士乐和流行乐

二十世纪二十年代，十月革命刚刚胜利，一切热火朝天，中央政府尚未对列宁格勒的音乐进行管控，爵士乐一度非常流行。在列昂尼德·乌乔索夫（1895—1982）的领导下，苏联第一支爵士乐队在列宁格勒成立。乌乔索夫出生于敖德萨，是一位著名的犹太歌手和喜剧演员，曾与指挥家、电影音乐作曲家伊萨克·杜纳耶夫斯基（1900—1955）合作。1965年，乌乔索夫成为首位获得"苏联人民艺术家"称号的流行歌手。二十世纪五十年代，圣彼得堡的第一家爵士俱乐部克瓦德拉特开业。随后几年，亚历山大·布罗涅维茨基和埃迪塔·皮尔卡发起成立了流行乐队"友谊"。

二十世纪六十年代，爵士乐逐渐衰落，取代其地位的是兴起于美国和英国的地下摇滚乐。在音乐会和音乐节上，"淘金者"和"游牧民族"等摇滚乐队在学生群体中大欢迎。二十世纪七十年代早期，当局对摇滚乐的容忍程度有所提升，于是又出现了"水族馆"等新乐队。1981年成立的新列宁格勒摇滚俱乐部，给"DTT""基诺""动物公园"和"秘密"等乐队提供了演出场所。大西洋对岸的偶发艺术也来到了列宁格勒。八十年代，谢尔盖·科里奥科辛成立了"流行力学"乐队，演出偶发艺术，舞台上常有300多人与动物一同表演。为了纪念科里奥科辛，圣彼得堡一年一度的国际音乐节和以前因音乐著称的科里奥科辛中心都以他的名字命名。

当代音乐复兴

列宁格勒首先以古典音乐著称。第二次世界大战后,这里的爱乐大音乐厅等演出场所重新活跃起来。各处的音乐厅纷纷整修和重建。1949年,坐落在涅夫斯基大街30号的恩格尔哈特宫在完成了大规模的翻新后重新开始举办音乐会。今天,这里被称作爱乐小音乐厅。

尽管苏联解体了,但是圣彼得堡的古典音乐仍然蓬勃发展。今天,为了纪念肖斯塔科维奇,可以容纳1500名观众的圣彼得堡爱乐乐团大音乐厅又更名为肖斯塔科维奇音乐厅。这个音乐厅经历了多次整修,最近的一次是在2006—2007年。这里现在是两支世界级乐团的驻地——成立于1882年的圣彼得堡爱乐乐团和成立于1931年的圣彼得堡交响乐团。尤里·特米卡诺夫自1988年起担任圣彼得堡爱乐乐团的首席指挥,而圣彼得堡交响乐团则从1977年开始由谢尔盖耶维奇·德米特里耶夫执掌。

1995—1997年,前皇家卡佩拉进行了大规模重修。合唱团前指挥弗拉季斯拉夫·切尔努申科的儿子、"人民艺术家"亚历山大·切尔努申科子承父业,担任该团的指挥。音乐厅的最近一次修复工作在世纪之交完成。随后举办了各种各样的音乐活动,从西班牙宗教音乐会,到2006年11月为庆祝韩国驻圣彼得堡总领事到任举办的"韩国古典和传统音乐表演",应有尽有。

此外,圣彼得堡还新建了一些音乐演出场所,包括坐落在加莱尔纳亚街一座十九世纪建筑内的室内乐剧院。这家剧院1987年成立,院长由尤里·亚历山德罗夫担任。这里是圣彼得堡室内歌剧团的驻地,其交响乐团和一批独奏家享誉世界。同年,实验性的"镜中奇遇"儿童音乐剧团在卢宾斯坦街成立,亚历山大·彼得罗夫担任团长,帕维尔·布贝尔尼科夫任指挥。该团制作各种儿童和成人音乐剧，剧目从巴赫到斯特拉文斯基应有尽有。现代音乐在圣彼得堡也没有被遗忘。罗曼·伊格纳季耶夫的《基督山伯爵》等流行音乐剧和无数的爵士乐、俄罗斯音乐和流行音乐演出场所都有庞大的观众群体。可以说，璀璨的俄罗斯音乐文化在新的世纪光芒丝毫未减。

全年都有演出。不过每年5月下旬到7月的白夜期间是圣彼得堡音乐季的高峰时间。在这段时间里，马林斯基剧院和一些户外演出场所会举行"白夜之星"庆典活动，这一传统可以追溯到1993年。每到这时，全球顶尖的古典音乐和流行乐演出团体都会来到圣彼得堡，大批观众也纷至沓来。2007年7月，滚石乐队在冬宫广场演出时，现场聚集了50000名粉丝。无论是华裔美籍大提琴家马友友在里姆斯基-柯萨科夫音乐学院举办的音乐会，还是已故葡萄牙传统音乐歌手、被称作佛得角"赤脚女歌王"的塞萨莉亚·艾沃拉的演出，都是一票难求。

尽管圣彼得堡极其重视传统古典音乐，当代严肃音乐也得到了蓬勃发展。例如，圣彼得堡当代音乐中心会组织各种国际性的新音乐节，最近的一次在2016年5月下旬举办。音乐节的场地包括很多著名的音乐厅——马林斯基剧院音乐厅、爱乐乐团音乐厅、圣约翰教堂音乐厅和里姆斯基-柯萨科夫音乐学院等，演出曲目大多是当代音乐和实验音乐。

本地的音乐人才也层出不穷，鲍里斯·菲拉诺夫斯基（生于1968年）就是其中之一。他在2000年创办了eNsemble乐团并担任团长，这是圣彼得堡第一个，也是唯一一个当代音乐合奏团。菲拉诺夫斯基的音乐作品受到了弗拉基米尔·索罗金和列夫·鲁宾斯坦等后现代和概念主义音乐家的影响。此外，他还是"结构主义抵抗小组"的成员，这个组织致力于汇聚俄罗斯具有创新精神的当代音乐作曲家。

The
biography
of
St Petersburg

圣彼得堡 传

城市信仰

第九章

宗教的作用

1721年沙皇彼得大帝成为"全俄独裁者"和俄罗斯帝国皇帝。这时，俄罗斯国教东正教的改革已经刻不容缓。1700年，大牧首艾德里安去世后，彼得大帝建立了一套国家至上的教会领导和管理制度，包括取消俄罗斯东正教会的最高机构牧首，代之以直接听命于沙皇的主教公会。此后一直到1917年革命之前，主教公会大部分时间都设在1829年建造的一座新古典主义风格的建筑里，该建筑的设计师是元老院的设计者、意大利建筑师卡洛·罗西。这种安排持续了300多年，1917年二月革命后恢复牧首制，莫斯科都主教圣吉洪成为大牧首（1923年被苏维埃当局"罢免"）。吉洪于1925年在医院去世，1981年被俄罗斯东正教会追封为圣人，称其为"苏维埃枷锁新殉道者和忏悔者"之一。吉洪的遗体藏在莫斯科的东斯科伊修道院内，1992年才被发现。

彼得保罗大教堂

彼得保罗要塞拥有圣彼得堡最早、最重要的一座教堂，或者更准确地说，是寺庙（俄语"kram"）。时至今日，这座恢宏大气的巴洛克式建筑仍然具有重要的建筑价值和历史意义。从彼得大帝开始，这座以圣彼得和圣保罗命名的历史建筑一直是俄国历任沙皇的安息之地。1703年，圣彼得堡建城当年，就开始在彼得保罗要塞建造木头教堂，不过今天这里矗立的教堂是后来重建的。教堂的主体结构是一个带有三个尖顶的十字架，教堂的墙壁粉刷成砖石建筑的模样。2006年9月，末代沙皇尼古拉二世的母亲、英国王后亚历山德拉的妹妹、丹麦国王克里斯蒂安十世的妹妹玛丽亚·费奥多萝芙娜皇太后也在去世70多年后从最初的安葬地丹麦罗斯基勒大教堂转移到了这里重新下葬。这座教堂高122米（400英尺），是圣彼得堡最著名的地标之一。教堂建于1712—1733年，设计者是多梅尼科·特列吉尼。教堂结构规整，日光透过大大的窗户照进室内，完全不像传统的俄罗斯宗教建筑。实际上，教堂的设计借鉴了西方建筑传统，融入了当时在瑞典和英国流行的启蒙运动的价值观，也体现了特列吉尼在罗马所受的教育。钟楼是最后完成的，上面的报时钟从荷兰进口。教堂内部有三条主要通道，人造大理石柱上装饰着科林斯式柱顶。所有这些元素共同构成了一幅壮丽的画卷，但是教堂内部最令人印象深刻的还是伊万·扎鲁德尼设计的镀金圣像间壁，据说其中的圣像都是由莫斯科艺术家安德烈·波斯佩洛夫制作的。1756年，教堂遭雷击损毁，后来由佛罗伦萨建筑师和雕塑家卡洛·巴尔托洛梅奥·拉斯特雷利的儿子、意大利另一位著名建筑师弗朗西斯科·巴尔托洛梅奥·拉斯特雷利（1675—1744）修复。弗朗西斯科因在凡尔赛宫工作的出色表现打动了彼得大帝被邀请来俄国工作。教堂在1896—1908年又进行了修缮，由D.I.格林、A.O.托米什科和利昂·贝努瓦三位建筑师共同完成。新近又完成了一轮修复工作，未来还需要进一步的整修。

亚历山大·涅夫斯基修道院

这一时期，特列吉尼还主持建造了其他一些宗教建筑。其中最重要的是1710年开建的圣三一和亚历山大·涅夫斯基修道院。亚历山大·涅夫斯基是十三世纪的俄罗斯武士，后来被追封为圣徒。1240年，他联合蒙古人打败了入侵俄国的瑞典天主教徒和条顿骑士团。这次胜利使他成为圣彼得堡，乃至整个俄国的守护神。因此，不久后圣彼得堡最主要的一条大街就以他的名字命名了。而在这条街的尽头、涅瓦河和黑河的交汇处修建亚历山大·涅夫斯基修道院可以说是顺理成章的事。与彼得保罗大教堂一样，这座修道院也没有采用俄国传统的修道院或教堂设计。实际上，1715年通过的设计图采用了西欧流行的对称矩形设计，其中的塔楼和尖顶与彼得保罗要塞的教堂类似。1724年，报喜教堂和亚历山大·涅夫斯基修道院历经多年终于建成。不过，尽管修道院的设计者是特列吉尼，但真正的建造工作还是多年后由巴伐利亚建筑师西奥多·施韦特费格（约1680—约1739）完成的。不幸的是，施韦特费格建造的这座修道院存在结构性缺陷，十八世纪后期基本被拆除。因此，我们今天看到的修道院是俄国人伊万·斯塔罗夫在1776—1790年从新建造的。这个修道院造型新颖，东边的巴洛克式入口十分宏伟，大量壁柱则彰显出其新古典主义风格。

大主教费奥凡·普罗科波维奇

尽管彼得大帝可能在发展技术和官僚制度方面主张向西方学习，但一旦涉及专制统治和政治事务，他就是一个彻头彻尾的东方人了。无论是管理教会还是管理国家，他都精心挑选那些身居高位并能够巩固自己权威的人士。当圣彼得堡都主教的位置出现空缺，彼得大帝发现费奥凡·普罗科波维奇（1681—1736）是最合适的人选。普罗科波维奇是一位高度"西化"的神职人员，他先是在家乡的基辅学院学习，后来旅居罗马并皈依天主教。1704年，普罗科波维奇返回基辅，皈依俄罗斯东正教。不过，在意大利期间习得的许多西欧价值观仍然影响着他。

1709年，为了庆祝彼得大帝率军取得波尔塔瓦战役胜利并一举摧毁瑞典在北欧的霸权，基辅举行了盛大的感恩仪式。据说彼得大帝正是在这场仪式上首次注意到普罗科波维奇的，普罗科波维奇的演讲给他留下了深刻印象，彼得大帝当即决定寻求他的支持。都主教普罗科波维奇在《宗教事务管理条例》中明确支持彼得大帝取消牧首制，由主教公会管理教会（主教公会则听命于沙皇）：

……他必须用符合本国国情的论点来证明独裁者享有无限权力，普罗科波维奇撰写的《论权力和沙皇的荣耀》和《君主的真理》从宗教和国家的角度，论证了上帝赋予独裁者的权力。

因此，是上帝派沙皇来到俄国，如果沙皇未能建立凌驾于教会和国家之上的权威，这本身就是一种道德上的堕落。1721年10月，在木制的圣三一大教堂（圣彼得堡最古老的教堂，1703年建成，感恩仪式后不久就被拆除）举行感恩仪式之后，彼得被元老院授予"皇帝"的称号。正如彼得大帝和普罗科波维奇所预期的那样，加冕典礼向所有人传达了一个清晰的信号——新的专制制度已经得到正式承认。

有了这些赢得信任的行为，普罗科波维奇成为沙皇最重要的宗教顾问也就不足为奇了，不过这令那些将普罗科波维奇视为秘密天主教徒和西化派人士的东正教会高级教士感到恐惧。尽管都主教普罗科波维奇激怒了许多老派神职人员，但是来访的西方人大多觉得他很有魅力。1736年，一位丹麦客人表达了对大主教普罗科波维奇的好感：

> 这个正直的人协助彼得大帝对教会进行改革……他年轻的时候，曾在欧洲和亚洲广泛游历。论及学识，很少有人能与之比肩，特别是俄国的神职人员。除了历史、神学和哲学，他对数学也很感兴趣，知识非常渊博。他精通多门欧洲语言，不仅理解准确还能熟练使用。他勤于练习，即便到了老年也不放松。

从都主教普罗科波维奇的官邸也可以看出其深受西方新古典主义价值观的影响。普罗科波维奇居住的卡尔波夫卡宫位于涅瓦河左岸，是一座帕拉第奥式的建筑，正面的八根壁柱完全是古典主义风格。科学家和教育改革家米哈伊尔·罗蒙诺索夫的家也在附近，这似乎表明启蒙运动的曙光必将带来宗教与科学的结合。有了这样的邻居，也难怪大主教普罗科波维奇会对大众教育产生浓厚的兴趣。他为贫困儿童开办了一所学校，运行了15年。现在，这里是以伊万·巴甫洛夫（1849—1936，诺贝尔奖获得者、实验心理学家和行为主义心理学家）的名字命名的俄罗斯第一所医科大学（及附属医院）。

普罗科波维奇知识渊博。他是一个颇具才华的作家，既关注世俗主题，也关注宗教主题。他的作品不仅有布道和哲学论文，还有诗歌、戏剧和散文。因此，他认为自己是一个不断进步的人，就像沙皇一样。

1725年，在彼得大帝的葬礼上，普罗科波维奇发表了著名的悼词：

> 我们正在做什么？我们正在埋葬彼得大帝！这难道不是梦吗？不是夜晚的幻象？哦，多么真切的悲伤！哦，多么痛苦的现实！无论我们如何期待，如何盼望，他的生命却已经结束了。他曾带给我们无尽的慈悲和无穷的欢乐，他曾救俄国于水火，并赋予它伟大的力量和荣耀……

普罗科波维奇在朝堂上也获得了广泛的支持。作为彼得大帝为调查可疑政治活动和政治罪行设立的"秘密办公厅"的负责人，彼得·托尔斯泰伯爵及其继任者安德烈·乌沙科夫都钦佩普罗科波维奇渊博的学识和在教会管理方面的创新做法。不过，普罗科波维奇虽然有许多进步思想，却仍然没有超越那个时代的局限。例如，他从不质疑酷刑，字典里也没有"宗教宽容"一词；他严酷地镇压反对十七世纪尼康改革的旧礼仪派，认为他们对国家和教会秩序构成威胁。不过，普罗科波维奇创作的悲喜剧《弗拉基米尔》（1705年）倒是反映了那个日益理性的时代的许多价值理念。此外，他还是圣彼得堡第一个文学社团的创始人之一，当时许多知识分子都是这个社团的成员。

1933年，坐落在圣三一广场上的圣三一大教堂在经历了多次火灾后最终被拆除。2003年圣彼得堡建城300周年之际，在原址建造了一座小教堂，以示纪念普罗科波维奇。

重要宗教建筑

尽管彼得大帝将大部分精力投入到获取世俗权力和荣耀中，但他也绝没有放弃通过建造气派的宗教建筑来装扮自己的新首都。有趣的是，彼得大帝从审美角度出发，一度考虑请老对手瑞典国王卡尔十二世的御用建筑师小尼科德慕斯·泰辛在瓦西里岛上新建一座大教堂，样式参照他1708年为斯德哥尔摩一座教堂所做的设计。当然，这最终没有实现。不过，彼得大帝及之后的历任沙皇确实都新建了不少宗教建筑。

其中之一就是1731—1734年由米哈伊尔·泽姆佐夫负责建造的圣西蒙圣安娜教堂。这是一座风格独特的教堂，粗面隅石（拐角处的粗磨大石）展现出来自特列吉尼的意大利巴洛克建筑风格的影响。同样值得关注的还有1735—1739年由科罗博夫完成的圣潘捷列伊蒙教堂。建造这座教堂是为了纪念1714年俄国海军在芬兰南部的汉科半岛大败瑞典军队。这座融合了巴洛克和古典式建筑元素的教堂采用红白两色，历史上虽几经损毁，但有幸始终没有被拆除，还一度作为博物馆使用。

坐落在斯莫尔尼宫中心位置的斯莫尔尼大教堂，在伊丽莎白女皇统治时期开工建设，是迄今圣彼得堡最重要的地标建筑之一。这座教堂由拉斯特雷利于1749—1764年建造。之所以得名"斯莫尔尼"，是因为这里曾是俄国海军存放沥青的仓库（"斯莫尔尼"在俄语中是"沥青"的意思）。教堂的正式名称是基督复活教堂，过去是一座修道院。这里最著名的是伊丽莎白女皇建立的斯莫尔尼贵族女子学校，它是俄国最重要的为年轻女性提供教育机会的机构，不过在十月革命后被迫关闭了。伊丽莎白女皇原本打算退休后住在这里，但她还未退休就去世了。

教堂占地面积很广，耗资也十分巨大。为了保证地基稳固，在沼泽地里打下了50000根木桩，长度在4米到12米（12英尺到36英尺）之间。虽然修建教堂是伊丽莎白女皇本人提出的，但是与其他重大建设项目一样，因为战争的影响，资金方面的困难时有发生。无论如何，最终建成的教堂成了圣彼得堡建筑的一大亮点。这座教堂最大的特点是它集合了各式各样的洋葱式圆顶和半圆形后殿，这是典型的俄式风格。经过几个世纪的风雨洗礼，教堂的墙壁边缘逐渐呈现出淡蓝色，而外表面的灰泥则是圣诞蛋糕一样的乳白色。这座教堂本是方圆几英里范围内最高的建筑，但最近它受到了威胁。俄罗斯天然气工业股份有限公司计划在涅瓦河对岸建造一座天然气塔，不过这项计划终因公众的强烈抗议而不得不作罢，斯莫尔尼大教堂那完美的剪影也因此免遭破坏。如今这座教堂主要作为音乐厅使用。

圣彼得堡巴洛克式教堂的另一个典型代表（如果称不上标志的话）是坐落在格里博耶多夫运河和克留科夫运河之间一个小公园内的圣尼古拉海军大教堂。这座教堂建于1753—1762年，设计师是海军首席建筑师萨瓦·切瓦金斯基，他在十月革命之前与俄国海军关系密切。教堂十字形的布局、蓝色的墙面、镀金的穹顶和科林斯式门廊装饰的三面，都是典型的巴洛克风格。洛可可式的装饰点缀其间，整体呈现出一种轻盈活泼的质感。与俄国北部的很多教堂一样，圣尼古拉海军大教堂实际分为两层，下层在冬季使用，上层在温暖季节使用。教堂内部装饰豪华，木制间壁刻满了光芒笼罩下的圣像。与这些不同，教堂的钟楼似乎受十八世纪最晚期兴起的新古典主义风格影响更大。

1777—1780年建造的切斯马宫圣施洗约翰教堂无疑是圣彼得堡这一时期最具魅力、最与众不同的教堂之一。尤里·费尔滕设计的这座教堂，外观如同一块甜美的婚礼蛋糕，似乎更应该出现在霍勒斯·沃波尔爵士位于伦敦的"哥特草莓坡",而不是圣彼得堡的郊区。这主要是因为叶卡捷琳娜大帝当时对哥特复兴式的建筑风格情有独钟。

与圣彼得堡的大多数东正教教堂一样,喀山大教堂也彰显着西欧建筑风格的影响,甚至可以说,在圣彼得堡所有的东正教教堂当中,最能体现这种影响的正是喀山大教堂。鉴于沙皇保罗一世极力鼓动罗马天主教会和俄罗斯东正教会合并,这种影响可能并非巧合。保罗一世是唯一被称作"马耳他骑士团团长"的俄国沙皇。根据保罗一世的要求,农奴出身的建筑师安德烈·沃洛尼欣在1801—1811年完成了喀山大教堂的建造工作。早在修复斯特罗加诺夫宫时,沃洛尼欣就展现出了高超的技艺(安德烈·斯特罗加诺夫是沃洛尼欣过去的主人,甚至可能是他的父亲)。

这座砖石结构的教堂以喀山圣母命名,使用的石灰石来自圣彼得堡郊外靠近加特契纳的一个采石场。教堂采用拉丁十字形布局,外观与罗马的圣彼得大教堂类似,两侧有宽阔的科林斯式门廊和柱廊。教堂的罗马式圆顶并非典型的俄罗斯东正教风格,外部装饰了很多《圣经》人物的石像。教堂北门的两侧分别矗立着圣弗拉基米尔和亚历山大·涅夫斯基的铜像。大门也是青铜的,装饰图案模仿的是吉贝尔蒂创作的佛罗伦萨大教堂洗礼堂的青铜大门。比较而言,教堂内部的设计更符合东正教的典型风格,两个圣像间壁都是由皇家美术学院的瓦西里·博洛维科夫斯基和安德烈·伊万诺夫亲手绘制的。教堂保留了许多古老的拜占庭式建筑特征,其中之一就是翁法洛斯(希腊语"omphalos",意为"肚脐",在古代表示世界的中心)。翁法洛斯位于祭坛附近,由一块红色石头标记。举行宗教仪式时,沙皇就站在翁法洛斯上,寓意着沙皇是国家的中心。俄国末代沙皇尼古拉二世就曾站在这里参加宗教仪式,而在那之前一个世纪,美国第六任总统约翰·昆西·亚当斯也参加了喀山大教堂举行的一次礼拜仪式。他在1811年9月27日的日记中热情洋溢地写道:

> 我穿戴整齐,与史密斯先生一起参加了新喀山圣母教堂的祝圣仪式。我们两点准时到达,不过那里人山人海,很难挤进去。大约11点,沙皇和皇室成员来了……仪式很长,很多细节我都无法完全理解。在某个阶段,祭司引导着沙皇和皇室成员列队走出教堂,围着教堂走了一圈,手里捧着圣物和神圣的《喀山圣母像》……祭司穿着传统的宗教服装,都主教的教冠上镶嵌着昂贵的宝石,唱诗班像往常一样唱着颂歌。仪式开始后不久,帕尔多将军和希瓦利埃·德·布雷就不耐烦了。年迈的斯特罗戈诺夫伯爵一直待到最后半小时,但也不得不提前离场……他是皇家美术学院的院长,这座教堂就是在他的监督下建造完成的。这也是我见过的最宏伟的教堂之一。

虽然喀山大教堂令人印象深刻,但是圣彼得堡最大的东正教教堂却是圣以撒大教堂。这座教堂以彼得大帝的主保圣人达尔马提亚的圣以撒命名,由法国建筑师奥古斯特·德·蒙费朗于1818—1858年修建。圣以撒大教堂所在地过去是里纳尔迪设计的一座教堂,现在圣以撒广场的高墙内还有一部分早期建筑遗存。来访的英国客人约翰·卡尔爵士当时就指出,沙皇保罗不喜欢母亲的宗教审美,对母亲所钟爱的里纳尔迪设计的那座建筑没有什么好感:"正如我已经解释过的,已故的沙皇厌恶他母亲关心和重视的一切事物。为了嘲笑母亲,他专门在这座寺庙的西边建了一座小小的砖塔，塔上还盖了一个小小的圆顶。"对沙皇保罗建造的这座大教堂，卡尔爵士也并不欣赏："为了帝国的荣誉，我希望要么恢复女皇当初的设计，要么全部拆掉。"

这座教堂最引人注目的是它那光彩夺目的镀金"洋葱头"穹顶，从几英里外就可以看到。这座新古典主义风格的建筑装饰十分华丽，红色的柱子、来自维堡附近卡累利阿的花岗岩石料、孔雀石和青金石的装饰、流光溢彩的圣像间壁都令人印象深刻。最不同寻常的是，这座俄罗斯东正教教堂竟然安装了彩窗，这是一个非常大胆的创新。祭坛窗户的彩色玻璃从慕尼黑进口，描绘了耶稣复活的故事，这在当时的俄国教堂非常罕见，这是因为东正教传统上认为彩窗易碎，不适宜用来绘制需要长期保存的神圣图像，因此不允许在教堂使用。另外，圣以撒大教堂的铜铁制品均来自英国人的贝尔德工厂。

英国圣公会和英国访客

早在1721年，圣彼得堡的英国滨河街就建起了一座英国圣公会小教堂，为俄国新首都的英国居民（包括与俄国贵族通婚的英国人）提供服务。教堂在拿破仑战争期间遭到破坏，1815年由夸伦吉主持重建。新教堂的正面窄而高，采用古典主义风格，入口位于侧面。教堂内前排右手边的座椅预留给英国大使及其家人和宾客使用。直到十月革命之前，这座耶稣基督教堂一直掌握在英裔俄国人手中，大部分是嫁到俄国的英国女性的孩子。十月革命之后，这座教堂被苏维埃政府没收，牧师入狱，据说死在了狱中。最终这座教堂划归里姆斯基-柯萨科夫音乐学院，至今仍属于该学院。1993 年，当局重新允许圣公会开展活动，这座古老的教堂也开始偶尔用来举行圣公会的宗教仪式。

然而，许多来访的英国客人对俄国东正教教堂的兴趣远远超过英国圣公会教堂。1867 年夏天，凭借《爱丽丝梦游仙境》和《爱丽丝镜中奇遇记》闻名的作家刘易斯·卡罗尔（1832—1898）到访圣彼得堡，他在日记中记下了对这座城市教堂的印象。如果说在卡罗尔创作的英国故事中可以看出他对奇思妙想的喜爱，那么俄国宗教的奇思妙想已经多到令他难以应付。卡罗尔偏爱圣公会的节制，对东正教繁复的礼仪没有好感。在参观了圣彼得堡最重要的两座教堂——喀山大教堂和圣以撒大教堂之后，卡罗尔写下了这样的评论：

> 我认为，这些吸引感官的炫目仪式看得越多，越会爱上英国国教仪式的简单和纯粹（在我看来也更真实）。

不过，卡罗尔在牛津大学的同学、同事和朋友，旅行家亨利·利登牧师却有着完全相反的看法。他曾充满感情地表示：

> 我不明白为什么有些来到这里的人会说东正教会僵化。无论对错，这是一个规模庞大、富有活力、充满权威的机构，明显掌握着欧洲最大帝国的核心。事实上，东正教会在俄国的势力之强大，我想是西方的任何精神力量都无法比拟的。

有些人可能会说今天也是如此。苏联解体之后，在俄罗斯政府的政治和资金支持下，东正教复兴运动如火如荼。

宗教复兴

十八世纪下半叶是俄国宫廷的思想启蒙时期。与西方一样，非神秘的价值观，甚至是世俗的价值观逐渐兴起。叶卡捷琳娜大帝是这种价值观的重要传播者。相比之下，圣彼得堡的圣齐妮亚则吸引了完全不同的群体。齐妮亚·彼得罗娃（约十八世纪二十年代至约1803年）是瓦西里岛圣安德鲁大教堂唱诗班领唱安德烈·彼得罗夫上校的遗孀。彼得罗夫去世后，齐妮亚穿上他的军装，放弃所有物质财产，将余生全部投入到照顾穷人和未受过教育的人的活动中。作为一名"圣愚"（东正教特有的禁欲主义人物，通常外表看起来疯疯癫癫，其实颇有圣德），齐妮亚去世后安葬在斯莫伦斯基公墓，1902年在那里建立了一座小教堂。1988年，齐妮亚被俄罗斯东正教会追封为圣徒。今天，齐妮亚是圣彼得堡最受尊敬的女圣徒，纪念她的游行活动仍时常举行。

来到圣彼得堡的人们很快就会注意到，圣彼得堡不仅是俄国的首都和主要商业城市，也吸引了信仰其他宗教的很多人。例如，尽管政府严格限制犹太人离开"栅栏区"，但到1869年（沙皇亚历山大二世统治时期）仍有5027名犹太人居住在圣彼得堡。这些人大多是成功的商人、银行家或医生，获得了当局的特别许可。此外，圣彼得堡当时还有1707名穆斯林，不过与614905的总人口相比，人数其实很少。许多人是中亚或克里米亚的贵族后裔，本身也获得了贵族地位。其他人则是毛皮商贩或成功的商人。基督徒可以使用247个东正教教堂、24个新教教堂和15个天主教教堂的设施。犹太人社区也有六个犹太教堂。世俗活动被认为不如宗教活动重要，因此四旬斋期间剧院和音乐厅不得营业，这项规定在整个帝国时期一直严格执行。十九世纪六十年代，东正教势力进一步增长,致力于消除日益增长的西方世俗价值,尤其是启蒙价值的影响。沙皇尼古拉一世去世后,东正教会试图恢复等级制度,并奉行改善公共道德的政策。教会有时还充当审查机构。1860年,教会就拆除并摧毁了海军部大厦22件带有异教象征意义的雕塑,拆下来的瓦砾碎片被用作地基。

十九世纪七十年代,费奥多尔·陀思妥耶夫斯基在作品中融入了对东正教精神的反思。他的《群魔》(1871—1872)和《卡拉马佐夫兄弟》(1879—1880)等小说严肃而深刻地探讨了基督教、罪恶和人的抗争等主题,同时也反映了当时社会与恐怖主义日益激烈的对抗。这种对抗最终导致了十九世纪下半叶俄国发生的一件最具决定性意义的政治事件——沙皇亚历山大一世被刺杀。

作为西方意义上最崇尚自由的沙皇,亚历山大一世没能阻止日益增长的无政府主义和恐怖主义风潮对俄国社会的渗透。各种极端秘密团体不断出现,影响逐渐超过温和的民主派,而这些团体的共同目标就是推翻俄罗斯帝国专制统治的核心。在刺杀之前,已有过五次刺杀沙皇的行动,导致很多人丧生,但沙皇本人每次都得以幸免。1881年3月13日,"刺杀大计"终于成功了。然而,被刺杀的亚历山大一世并不是专制的独裁者,而是解放了农奴的开明沙皇。主张推翻帝制的恐怖组织"人民意志"策划并完成了这次刺杀行动。这个组织还主张建立社会主义制度,但未能得到农民的积极响应。亚历山大一世是在前往米哈伊洛夫斯基马场视察军队的途中(这是他每个星期日的例行活动)被炸弹炸死的。

对当时俄国的大多数爱国人士而言,沙皇亚历山大一世是一位殉道者。特别值得一提的是,第一枚炸弹并没有击中沙皇,而是击中了在场的一个小男孩。沙皇是在赶去救这个小男孩的时候被第二枚炸弹击中的。为了纪念这一事件，人们在刺杀的发生地建造了滴血救世主大教堂（建于1883—1907年）。教堂坐落在距离米哈伊洛夫斯基宫花园不远的格里博耶多夫运河旁，整体属于俄国浪漫主义风格，最有代表性的就是那华丽的"洋葱头"圆顶（参见本书封面图片）。教堂那绚丽精致的马赛克装饰由弗罗洛夫设计，他还设计了马林斯基剧院的马赛克地板。在满是新古典主义建筑的圣彼得堡，这座教堂像是个异类，因为几乎所有教堂、修道院和宫殿的设计灵感都来自意大利。与绝大多数建筑不同，滴血救世主大教堂大量使用了马赛克和半宝石，风格更接近俄国中世纪建筑，例如莫斯科的圣巴西尔大教堂。今天，滴血救世主教堂是圣彼得堡游客最多的教堂。建造这座教堂的资金（总计460万卢布）大部分来自私人捐助，尽管主教公会总监、沙皇的顾问康斯坦丁·波别多诺斯采夫一度担心募集不到足够的资金。

这一时期圣彼得堡周边地区最重要的宗教界人士是喀琅施塔得的圣约翰（俗名伊万·谢尔吉耶夫，1829—1908）。作为主教公会的长老和成员，圣约翰的宗教著作直到今天仍有虔诚的信徒阅读。他还是俄罗斯圣人历中唯一一名入世教士（不同于僧侣）。1855年，圣约翰进入喀琅施塔得的圣安德鲁大教堂，不过他仍积极在帝国各地开展慈善活动。皇室成员中也有圣约翰虔诚的追随者。1894年沙皇亚历山大三世在克里米亚的里瓦几亚宫去世前，正是圣约翰为他主持了圣餐礼。以沙皇尼古拉二世的皇后亚历山德拉为中心的宫廷女眷们（例如安娜·维尔博娃）也非常相信他。不幸的是，圣约翰去世后留下的信仰真空被品行不端的和尚拉斯普京填补了。亚历山德拉皇后坚信，只有拉斯普京能够救助她那患血友病的儿子阿列克谢皇太子。亚历山德拉与拉斯普京的友谊，不仅损害了她自己的声誉，也损害了沙皇的声誉，由此产生的可怕后果甚至影响了整个俄国。约翰先是在1966年被俄国海外正教会封为圣徒，又在1990年被俄罗斯正教会封圣。与拉斯普京不同，圣约翰的声誉直到今天都没有任何污点。

其他信仰

尽管俄罗斯东正教的复兴伴随着对无神论的恐惧，但是在十九世纪末二十世纪初，圣彼得堡确实出现了宗教宽容的迹象。1905年，沙皇尼古拉二世颁布《宽容敕令》，赋予非正统信仰合法地位，就是这种迹象的体现。最先从这道敕令中受益的人群之一是佛教徒。全欧洲的第一处佛教寺庙就出现在圣彼得堡。长期以来，佛教在俄国一直被尊崇为一种宗教，而即使时至今日，非传统宗教在俄罗斯仍然会被称作"教派"。1741年，并不推崇宗教自由的伊丽莎白女皇也承认了佛教是俄罗斯帝国的一种合法宗教。帝国境内最主要的佛教信徒是卡尔梅克人、布里亚特人、图瓦人和阿尔泰人。不过，直到1913年，作为罗曼诺夫王朝300周年庆典的一部分，新建的佛教寺庙才首次开放供信徒们参拜。这座寺庙位于圣彼得堡西北郊的老村，在藏语中被称为"贡泽乔伊内扎仓"。寺庙的第一任住持是来自西伯利亚布里亚特地区的卡尔梅克人阿格万·多日杰耶夫（1853—1938）。

俄国犹太人与国家的关系从一开始就非常棘手。在十八世纪后期叶卡捷琳娜大帝参与瓜分波兰之前，俄国基本没有犹太人。但即便那时，也已经出现了反犹的迹象。这其实与犹太人本身没有关系，更多是中世纪俄国教会的分裂造成的。其中一派试图在宗教活动中加入《旧约》的仪式，虽然这种异端做法没有实现，但它对俄国境内造成的对犹太教仪式的些许敌意却持续了几百年。1772—1795年"瓜分波兰"期间，俄国占领了波兰-立陶宛联邦的大片地区，突然拥有了世界上最多的犹太人口。政府在帝国范围内划出一片"栅栏区"，大部分犹太人都只能住在那里。其中一些人曾经是波兰贵族庄园里的管家、酒商或旅店老板，而许多农民和农奴对这些职业都抱有敌意。"瓜分波兰"事件之后，政府严格规定了犹太人可以在哪些地方生活和工作，圣彼得堡和莫斯科当然不在其中。因此，只有银行家、商人和医生等被认为对国家有益的人才能申请特别许可到这些地方生活，而其余的绝大多数犹太人则不能。不过，如果犹太人选择皈依基督教，那么前景就不同了。在统治的最后几年，沙皇亚历山大一世极力鼓励犹太人皈依东正教。为此，在沙皇的支持下，"犹太基督徒协会"于1817年成立，目的是"在俄罗斯帝国的怀抱中，为接受基督教信仰的犹太人提供和平的避难所"。

十九世纪，圣彼得堡的宗教氛围整体上变得更加宽容，不愿改变信仰的犹太人境况也有所改善。到1870年，圣彼得堡已经有10个犹太教堂。同年，亚历山大二世还准许犹太社区新建一座宏伟的大型教堂，以契合富商、医生和其他获准在首都居住的犹太人的崇高社会地位。1893年，坐落在莱蒙托夫大街的大合唱犹太教堂落成，设计师是马洛夫。这座教堂经历了十月革命和两次世界大战的战火洗礼，幸存下来，迄今仍然是这座城市犹太人精神生活的中心。作为欧洲第二大犹太教堂，大合唱犹太教堂采用的是摩尔式与拜占庭式相结合的折中主义建筑风格。

一种并不让人意外的现象是，很多犹太知识分子一方面拒绝犹太教的教义和习俗，另一方面又加入了试图推翻帝制的政治运动。这也令当局认为犹太社区中有很多人对这个国家怀有敌意。因此，反犹主义在圣彼得堡，特别是宫廷内非常普遍。政治"左"派也有反犹举动。《黑色再分配》和《粮食》等遭到当局打压的革命性期刊也鼓吹反犹主义，但他们另有目的——他们希望掀起一场反对资本主义的民众革命。不过，圣彼得堡从未发生过如 1903 年和 1905 年的基希讷乌大屠杀的大规模屠杀犹太人事件。

攻击教会

1917 年对俄罗斯东正教会而言似乎是个好年头，因为 300 年前被彼得大帝废除的牧首制终于得到了恢复。似乎所谓的"巴比伦囚禁"以及帝国对主教公会的绝对控制终于走到了尽头。正如凯瑟琳·梅里戴尔所言："包括彼得格勒都主教韦尼阿明在内的教会高层态度都有些暧昧，但谁也没有坚决反对这笔交易。"

然而新政权的真正想法是要消灭教会及其等级制度。

教堂遭到了破坏。即便像喀山大教堂这样的建筑瑰宝也没能幸免，一切都打着维护新政权意识形态的旗号。英国驻列宁格勒总领事 1931 年写下了这样的记录：

> 喀山大教堂已经不再是一座教堂了，它已为 11 月 7 日的国庆做好了准备。楣梁上的镀金字母被刮掉。昨天我还可以读出"以主的名义祝福……"今天题字已经完全消失了。

喀山大教堂最终变成了宗教与无神论历史博物馆。

二十世纪三十年代惨遭拆除的还有圣彼得堡的第一座教堂——旧圣三一大教堂。这座教堂在圣彼得堡建城后仅四个半月后就建了起来，由彼得大帝亲自选址。位于莫伊卡滨河街靠近涅瓦河一边的德国归正教堂也是拆除的目标，其钟楼确实被拆除了，而这座在帝国时代迎接了许多波罗的海德国贵族的教堂本身则被改建成了邮政和电话工人俱乐部。1938年，又有28座教堂被迫关闭。到当年年底，圣彼得堡仅剩五座教堂仍然在开放。在原来的波克罗夫斯基市场、现在的屠格涅夫广场附近，圣母代祷教堂在1939年被部分拆除。紧随其后的是1940年被拆除的标志教堂，这座建于1794—1804年的教堂曾经矗立在兹纳缅斯卡亚广场（现瓦斯塔尼亚广场），因计划在那里修建铁路而被拆掉。这个教区最著名的居民是诺贝尔奖获得者伊万·巴甫洛夫，他有时也会担任教会执事。标志教堂不是附近唯一被毁的教堂，现在的奥克佳布里斯基音乐厅的位置过去也是一座被拆除的教堂。

就连佛教寺庙也未能免遭破坏。1919年，寺庙遭到洗劫，家具、礼器、精美的挂毯和价值连城的手稿，都被毁掉或下落不明。住持与其他宗教的神职人员一样被送往西伯利亚的一个劳改营，1938年在乌兰乌德去世。

从二十世纪二十年代早期到三十年代，列宁格勒的宗教场所遭到了难以估量的破坏，数不清的圣像金属框架和装饰被拆除熔化。然而，随着第二次世界大战的爆发，一些幸存的教堂被允许重新开放。这并不是宗教复兴，而是为了激发人们的爱国主义情绪，为战争提供支持。随着战争的结束，加上尼基塔·赫鲁晓夫总理在二十世纪五十年代发起的反宗教运动，许多教堂被迫再次关闭，基督徒遭到新一轮迫害。十八世纪中期在先纳亚广场建造的圣母升天大教堂虽然躲过了革命、内战，也躲过了二十世纪三十年代的强拆和第二次世界大战的战火硝烟，但终于还是在1961年被炸毁并拆除。教堂的原址上建起了不起眼的先纳亚广场地铁站入口，原先那座无比宏伟的建筑永远消失了。

基督教存留了下来，主要开展地下活动。只有亚历山大·涅夫斯基修道院的神学院获准开展基督教活动，而且限制条件十分苛刻。即使在精神世界极度黑暗的时期，教会也从未停止活动，只是常常要秘密活动。1952年末，弗拉基米尔·普京的母亲就是偷偷带儿子到主显圣容大教堂受洗的（普京的共产党成员父亲可能并不赞成）。

今日信仰

二十世纪八十年代，苏联即将解体，教会重新获得了一定的活动空间。不过直到苏联真正解体之后，宗教活动才迅速发展起来。在鲍里斯·叶利钦总统征收的临时烟草税的支持下，俄罗斯东正教会实现了成立以来最伟大的复兴。喀山大教堂回到教会手中，成为圣彼得堡的母教堂。许多其他教堂和修道院也都移交给教会管理。俄罗斯的其他传统宗教也从中受益，圣彼得堡的佛教寺庙在关闭70多年后终于经过一次彻底的修复，重新开放。俄罗斯雕塑家达希·纳姆达科夫接受委托，制作了一个浮雕牌匾，纪念住持多日杰耶夫的一生。这个城市的主要犹太教堂和清真寺也都得到了修复。

然而，受益最多的还是俄罗斯东正教会。今天，尽管只有少数人每周参加宗教活动，但俄罗斯东正教会仍为圣彼得堡的大多数人提供了主要的道德和精神指引。在过去的 20 年里，新的教堂陆续兴建，旧的教堂得到修复。漫步在这座城市，耳边响起教堂举行礼拜或其他活动的钟声是一种非常打动人心的体验。圣彼得堡也因此成为世界上最能在精神上给人以启迪的城市之一。在这里，宗教迫害、战争和内乱曾经导致数百万人死亡，但如此严峻的考验恰恰催生了宗教的复兴。对此，西方基督教世界其他地方的信徒们都只能钦羡，就连不信教的人或许都能从中得到慰藉。

当然，这种复兴也并非没有受到过世俗的反抗。2017 年 1 月，圣彼得堡爆发了大规模的抗议活动，因为人们担心，若将自二十世纪二十年代起一直作为国家博物馆使用的圣以撒大教堂移交给俄罗斯东正教会，确立已久的政教分离的宪政原则将受到威胁。其他一些人则认为博物馆每年要接待 350 万人次参观者，移交后收入会减少。在这个问题上，反犹情绪又露出了丑陋的嘴脸。有人指责支持移交的人污蔑犹太人是这次抗议的组织者。据传，著名作家列夫·托尔斯泰的后裔、国家杜马副议长彼得·托尔斯泰就曾批评那些在革命之后"跳出栅栏区"的犹太人后裔，称他们意图破坏俄罗斯东正教会。但他本人否认了这一指控。

The
biography
of
St Petersburg

圣彼得堡 传

多变的面孔

第十章

移民与社会变迁

新首都圣彼得堡自奠基以来便一直是一座多元文化交融的城市，人口结构复杂多样，吸引着俄罗斯各地和欧洲大部分国家的人来到这里。这种局面具有其必要性，为了鼓励文化与技术发展，沙皇彼得大帝需要从西欧最发达国家吸引各领域的能工巧匠与创新人才。苏格兰后裔詹姆斯·布鲁斯（1669—1735）正是其中一位，他曾在对瑞典展开的大北方战争中担任少将职衔，是沙皇一手建起俄国海军过程中的关键人物，亚历山大·普希金称他是"俄国的浮士德"。他还为航海、炮兵及工程学院的创办做出过贡献，而正是这些学院为军队提供了训练有素的新兵。为了获得最新的知识，布鲁斯效仿彼得之前的做法，前往国外"聘请本地迫切需要的专业人才"。他还与德国哲学家莱布尼兹等学术泰斗书信往来，并将科学等学术领域的重要作品译成俄文。为了表彰他的贡献，他被晋封为伯爵，进入元老院，并担任莫斯科民用印刷厂厂长，出版了印有他名字的日历。要知道，正如一位英国来访者所言，"印刷厂在当时的这一地区是极为新奇的产物，即使你有钱，也买不到任何类型的俄语书"。

俄罗斯之所以能够取得曾被瑞典侵占的利沃尼亚、爱沙尼亚、印格里亚及卡累利阿大片区域的控制权，布鲁斯功不可没。为此，彼得大帝赏给他500名家奴。于是，他选择退休，并离开了圣彼得堡，到莫斯科附近的一处庄园养老。

英国对这座城市的影响当然不只局限于军事领域。苏格兰人罗伯特·厄尔斯金博士在1706年来到这里，被任命为皇室御医及枢密院成员。他一生都受到重用，直到1718年过世，安葬在亚历山大涅夫斯基修道院。这是一种崇高的礼遇，因为地位较低的"异教"外国人会在面向非东正教居民与外来人士的墓地下葬，第一座此类公墓设在维堡区圣桑普森大教堂旁边。

与美国的联系

十八世纪至十九世纪初，来自刚刚成立的美国的公民也开始在圣彼得堡占有一席之地。当时，有来自圣彼得堡的一些俄国人参与了美国的独立战争，协助开展革命事业。一个名叫费奥多尔·卡扎文的人曾在海军部任职，他自行去了美国，不仅活跃于革命运动中，还与新成立的共和国积极开展贸易活动。

革命年代里，也有一些美国人来到圣彼得堡。其中最著名的是美国第二任总统约翰·亚当斯的儿子约翰·昆西·亚当斯，后来他成为美国的第六任总统，1825—1829年在任。1781—1782年，只有14岁的他在美国大使弗朗西斯·达纳的陪同下第一次来到圣彼得堡。他后来回忆说，圣彼得堡似乎"除了王公，就是奴隶，没有其他人"。但或许正因如此，圣彼得堡成为他拜访过的所有欧洲城市中"最宏伟的地方"。1809年10月，亚当斯作为美国派往俄罗斯帝国的第一任公使，再次来到圣彼得堡。他先是下榻在涅夫斯基大街的德朗德瑞斯酒店，后来于 1810 年搬进莫伊卡滨河街 66 号的住处。

在将近五年的旅居生活中，他一直保持着记日记的习惯，详细阐述对俄国，特别是对圣彼得堡的看法。例如，他对露天场地的娱乐活动印象平平。1810 年 5 月 5 日，他写道：

> 今早，我去拜访了哈里斯先生，我们一起到圣以撒广场看了大部分摊位的表演。第一个摊位上有一头单峰驼、两只猴子、一头跳舞的熊、一对可怜的杂技演员，还有一个男人，他的一条腿是畸形的，好像有一只胳膊插在那里，他把那只脚当作手来使用，用它吃东西，喝水，演奏小提琴，同时敲打两对钹，还表演其他类似的技艺。第二个摊位只有几个走钢丝的舞者和杂技演员，真不怎么样。第三个摊位是木偶戏……都是最劣质的公共娱乐。

不过也正是在圣彼得堡，亚当斯结识了撒丁王国大使、天主教保守派哲学家约瑟夫-玛丽·德·迈斯特伯爵和西班牙大使、欧洲著名古典主义学者帕尔多·德·菲格罗亚将军等人，他们的对话总是充满了智慧。亚当斯与俄国统治阶层的关系也非常密切，与沙皇私交很好。沙皇通过物质和社交等各种方式表达对他的欣赏，而这种做法也许刚好对他的胃口，作为一名公使，他的薪水并不高：每年只有 9000 美元，这还包含需要向 15 名后勤人员支付的费用。

欧洲印记

瑞典人是圣彼得堡最大的外国人群体，1869年时，圣彼得堡共有5164名瑞典居民，大部分从事冶金、林木和制鞋业。也有一小部分瑞典人成为贸易、手工业和工业领域的精英，特别是在珠宝制作和销售领域成绩斐然。圣彼得堡最著名的瑞典人是实业家、石油大亨路德维希·诺贝尔（1831—1888），他的弟弟阿尔弗雷德·诺贝尔正是诺贝尔奖的设立者。路德维希的工厂创办于1862年，曾对柴油技术的发展起到重要的推动作用，他还将工厂的一部分收入捐给了多项慈善事业。

许多德国和芬兰的中产阶级选择在瓦西里岛定居。德国人大多是医生、钟表匠和化学家，而芬兰人则为圣彼得堡供应奶制品。还有一些拥有德国、法国或波兰血统的人居住在涅夫斯基大街上，或者住在莫伊卡河与涅瓦河之间波沙雅莫斯卡亚大街沿线地区。犹太居民通常从商，他们居住在以萨多沃亚大街为中心的商业区，以先纳亚广场和尼科尔斯基市场为界。

另外不要忘了，这座城市还有为数众多的动物。维萨里昂·别林斯基在1845年出版的《彼得堡与莫斯科》中写道："彼得堡人租的房子是名副其实的诺亚方舟，你可以在房子里看到各种动物，每种动物都成双成对。"圣彼得堡已成为"动物王国"，到二十世纪初，这座城市已有41000匹马，平均每六个家庭就拥有一匹，还有8000多头奶牛。

英国人一直是这座城市最显赫的外国人群体，到十八世纪末，这一群体已经发展得风生水起。很多英国人是工厂主，他们在这一时期大大增加了英国雇员的人数。在造币局（所用机器产自英国）、武器厂和私人企业中，这一趋势尤为明显。据说在沙皇保罗一世统治时期，英国人对俄国内政的影响之大，甚至在宫廷集团阴谋刺杀沙皇时也发挥了作用，正因如此，保罗的儿子，下一任沙皇亚历山大一世，曾一度与英国断绝关系。

工程师亚历山大·威尔逊将军就是一个典型人物，他的父亲曾协助苏格兰人查尔斯·卡梅伦打理多家建筑企业，而他与兄弟曾在位于福尔柯克的卡隆钢铁厂工作。他创办的亚历山德罗夫斯克纺织厂，厂房为钢结构，曾是俄国最重要的工厂之一，其模式吸引着来自欧洲各地的参观者。工厂坐落在涅瓦河左岸，与什利谢利堡相距不远，曾雇佣过来自彼得堡育婴堂的童工。工厂附设一个扑克牌制造厂，所得收入归沙皇保罗的遗孀所有，皇太后将这笔收入用于资助慈善事业。工厂的工人包括617名男童和215名女童，他们的生活条件达到了当时最高的人道主义标准。到访此地的英国访客乔治·马修·琼斯曾提到：

> 宿舍通风良好，环境极为整洁；每个人拥有自己的床位，床上铺着雪白的毯子和床单。他们有一间宽敞的游戏室，里面装饰着他们亲手制作的图样和模型，有些式样格外别致。

查尔斯·贝尔德（1766—1843）是另一位对圣彼得堡工业发展产生重要影响的苏格兰人。身为俄国最有实力的实业家，他制造出了俄国第一艘蒸汽船"伊丽莎白号"，并垄断海军城市喀琅施塔得与圣彼得堡之间的航运服务达七年之久。

1827年，圣彼得堡约有2500名英国人，但他们的经济和地位都无法与拿破仑掀起一系列动乱之前同日而语。据琼斯在1822年深秋至冬季到访圣彼得堡时的观察，"英国滨河街"已经名不副实：

冬宫上游的码头名为俄国码头，下游则是英国码头。之所以取名英国码头，是因为这里的豪宅最初都是由富有的英国商人兴建和居住的。我只能满怀遗憾地说，他们中很少有人能够保住自己的大宅，这些豪宅或是逐渐转让给俄国贵族，或是转让给德国商人，英国人则不得不退居二等街区，特别是一个名叫"后防线"的地方。

由于俄国政府采取了一系列不利于英国企业的措施，许多商贸企业纷纷撤回英国。即便如此，喀琅施塔得仍然保留着浓郁的英国式风貌，琼斯写道，"据计算，驶入这里的1000艘外国船只中有930艘来自英国"，此外，英国教会在常驻牧师的努力下也不断发展壮大。两家由英国人经营的旅馆也继续接待客人。

尽管这一时期英国人的影响力有所减弱，但他们仍是一个重要群体，甚至在克里米亚战争最激烈的时候，俄英两国处于敌对状态也并未改变这一点。英国人不理会不远处波罗的海与芬兰湾的军事行动，只是留在首都继续打理他们的生意。

对于俄国的上流社会来讲，英国人在体育运动领域留下了格外鲜明的印记。1846年，皇家游艇俱乐部成立，随后箭头划船俱乐部成立，英国人在其中发挥了重要作用。许多人还积极参与其他体育运动，包括二十多年后成立的涅瓦网球与板球俱乐部。到帝国时代晚期，曲棍球和足球也开始受到欢迎，坐落在瓦西里岛上的学员军团广场十分开阔，是举办各种比赛的场地。

但直到苏联时期，足球才真正成为风靡全俄国的运动，在列宁格勒尤为受欢迎。列宁格勒本土足球队斯大林内茨队于1925年成立，队员由冶金工人组成，但这支球队的历史可追溯至战前的圣彼得堡，英国人曾在其中发挥重要作用。1897年，瓦西里岛上曾举办过一场足球赛，对战双方分别是由本地英国人组成的奥斯特罗夫队和由俄国人组成的彼得格勒队。英国人最终以6∶0大获全胜。1914年，另一支俄国人的球队莫津卡队成立，在当时新建成的奥布霍夫斯基体育场进行比赛，1924年以后，这里更名为布尔什维克体育场。列宁格勒钢铁工厂队，即斯大林内茨队，正是由这支球队演变而来的。1939年，成立仅三年的泽尼特足球俱乐与斯大林内茨队合并。1944年合并后的球队在与莫斯科中央陆军足球俱乐部的比赛中获得了胜利，这是球队早期获得的一项荣誉。但直到几十年后，俱乐部才终于赢得1984年苏联足球联赛的冠军，并获得了1985年苏联杯的冠军。

直到苏联解体后，圣彼得堡泽尼特足球俱乐部才通过俄罗斯足球超级联赛获得全球范围的认可。自天然气巨头俄罗斯天然气工业股份公司获得了俱乐部的财务控制权后，俱乐部及其主体育场已获得了折合一亿美元以上的投资，球队也先后于2007年、2010年、2012年和2015年获得全国联赛冠军。他们还曾获得2007—2008年欧洲联盟杯以及2008年欧洲超级杯冠军。俱乐部中最著名的本土球员是安德烈·阿尔沙文。效力于泽尼特队期间，他获得了无数荣誉，签约阿森纳队后，他参加了2008—2009年的英超联赛，之后又转往哈萨克斯坦，最终于2013年回归泽尼特队。如今，俱乐部已在克罗陶斯比岛拥有全新的主场，这座于2017年年初开放的体育场通常被称为"泽尼特竞技场"。它是2018年世界杯的比赛场地。体育场可容纳67800名观众，由日本建筑师黑川纪章设计，日本丰田体育场正是他的代表作。

十九世纪末的都市

十九、二十世纪之交的圣彼得堡是一座高度国际化的大都市，不过其国际化程度仍无法与整个俄罗斯帝国相提并论，据1897年的一次人口普查显示，即使不包括当时仍是俄国的一个大公国的芬兰，俄罗斯帝国的大部分人口仍然并不是俄罗斯族。因此1900年，圣彼得堡的1418000名居民与当今任何一个欧洲大城市的居民一样有着各种各样的文化背景，这便不足为奇了。尽管87.6%的人口是俄罗斯族，但也有不少人来自其他民族，有日耳曼人、波兰人、犹太人、鞑靼人等。其他曾在这座城市发挥重要影响的民族人口则大幅下降。常驻瑞典人在过去半个世纪里几乎减少了一半，仅剩2980人，不过瑞典大使馆仍坐落在英国滨河街的显要位置。讲芬兰语和瑞典语的芬兰人则大大增多，特别是在冬季，他们无须守在家乡务农，许多芬兰人便来到这里，在蓬勃发展的建筑业工作。

讲瑞典语的芬兰精英阶层则在首都履行其他职责。他们以尽忠职守和军事实力而著称，许多人在政府部门从事财务工作，或担任俄罗斯帝国的军官。其中一位杰出人物是卡尔·古斯塔夫·曼纳海姆。在位于芬兰哈米纳的芬兰军官学院度过了一段不愉快的时光后，他先是进入圣彼得堡的尼古拉骑兵学校，不久便被任命为赫赫有名的帝国骑士近卫团军官。他的第一位太太是一位俄国公主，婚后他们住在莫伊卡滨河街，他的女儿阿纳斯塔西娅也在那里出生。他对皇室忠心耿耿，曾出席1896年5月14日的沙皇加冕礼，然而许多年后，他又帮助芬兰摆脱了大革命后的俄国，取得独立。

尽管与之前的全盛期相比，此时在圣彼得堡的英国人数量已大大减少，但英国人仍占有一席之地，很多是工程师或在工业领域工作。英国俱乐部也继续蓬勃发展，不过现在绝大部分会员都是俄国人了。新的英国俱乐部在波沙雅莫斯卡亚大街建成，为英国和美国中产阶级商人提供服务。德国人也在减少，不过在 1911—1912 年，德国建筑师彼得·贝伦斯设计建造了一座新的德国大使馆。那粗糙、简朴的花岗岩外墙至今仍在圣以撒大教堂的对面若隐若现，它采用的"简约古典主义"风格似乎预示着德国将在不久后爆发的第一次世界大战中成为威胁。

出离纪

第一次世界大战爆发后，1917 年俄国又相继爆发了二月革命和十月革命，圣彼得堡（改名为彼得格勒）的面貌发生了前所未有的变化。国际贸易完全停滞，外国航船也不再前来。赫伯特·乔治·威尔斯在 1920 年 9 月访问这座城市，他伤感地说：

> 商店里一片破败，无人问津。油漆剥落，窗户开裂，有些窗玻璃已经碎掉，用木板封住。有些橱窗里仍然摆着早已被成群的苍蝇光顾过的残破货品。有些窗户上贴着通知，玻璃越来越模糊，蒙着堆积了两年多的灰尘。这些商店已经死去。永远不会再开业了。

1917—1920 年，有两三百万人逃离俄国。由于大量人口迁往国外或移居国内其他地方，彼得格勒的人口急剧下降。从 1915 年的 230 万锐减至内战时期的 72.2 万人。但到 1926 年，人口略有恢复，增长至

161.6万人。在此期间,自然灾害也袭击了这座城市。特别是在1924年9月23日,发生了彼得格勒历史上第二大的洪水(最大洪水发生在1824年)。半个城市都浸泡在水中,约有5000座建筑受损,20座桥梁损毁。由于大部分人死于饥荒、疾病与暴力,那些逃往国外或当时苏联其他地区的人对帝国早已凋零的荣光充满怀恋之情也是理所当然。其中不少人仍然希望有朝一日能重返他们挚爱的圣彼得堡/彼得格勒,正如弗拉基米尔·纳博科夫形容的那样,他们仍然满怀着"像动物一样对俄国仍然新鲜的气息的刻骨铭心的渴望"。

他与家人于1919年被迫出逃,定居柏林,老弗拉基米尔·纳博科夫曾担任圣彼得堡文学基金会主席,他与同事黑森及卡米卡共同创办了俄语日报《鲁尔》。正当他们以为已经逃过劫难时,悲剧却发生了,这位前自由派政治家在1922年3月28日出席一次政治会议时,意外遭枪击身亡。但其实,右翼极端分子真正的刺杀目标是宪政民主领袖帕维尔·米留可夫,不过,他却毫发无伤。

纳博科夫只是无数逃往国外的杰出人物之一。歪镜剧场前总监尼古拉·叶夫列伊诺夫也加入逃亡的大潮。曾刺杀拉斯普京的费利克斯·尤苏波夫也扮装成一名农夫,乘坐板车逃离了家乡,板车上还藏着伦勃朗的画作。王牌飞行员亚历山大·普罗科菲耶夫·德·塞维斯基也移居国外,最终与小纳博科夫一样定居美国。受早期生涯启发,他在美国接管了塞维斯基飞机厂,两次荣获哈曼航空服务奖。

二十世纪三十年代中后期开展的大清洗运动对外国人和本国人造成了同样重大的影响,那些侥幸逃过了这次运动的俄国人开始了新一轮大逃亡。圣彼得堡曾是整个欧洲最为国际化的城市,而此时只剩下了100多名英国人还留在此地,其中大部分是英国外派人员在俄国生下的孩子，许多人几乎不懂英语。尽管如此，他们一直坚持认为自己是外国人，在英国政府向苏联当局施压后，苏联对外贸易部同意将他们统一安置在所谓的"英国别墅"中。英国别墅位于维堡区索斯诺夫卡，是一座有十个房间和一座玻璃游廊的大房子，距穆里诺不远，这里在大革命之前曾是备受英国人欢迎的消夏胜地。一位名叫莫利夫人的人担任舍监，负责监督十几名居住者在用餐时以英语交流，他们一直在这里生活到第二次世界大战爆发前不久才离开。伦敦报纸《每日简报》曾在1936年刊登这里的照片。随着政治氛围变得越来越排外，这座别墅在两年后关闭，最后一批居住者被统一驱逐出俄国。到1939年夏末，几乎所有非俄国公民都离开了圣彼得堡。

第二次世界大战结束九年后，1954年，随着斯大林的逝世，外国人才逐渐回到列宁格勒。时至今日，仅有很少一部分外国居民来自西欧或北欧国家，大部分外国人均来自中亚或中国，中亚人大多在建筑业工作，而中国人则主要是各大高校的学生。

国外投资

战后苏联时期，外国投资开始缓慢地进入圣彼得堡，直至二十世纪八十年代，投资才开始迅速增长，为了迎合此时逐渐成形的旅游业（参见第11章），外商开始投资开发和管理酒店。芬兰企业的成就最为杰出，九十年代时曾在酒店业市场上占据突出地位，而且影响力很快拓展到其他领域，重拾了他们革命前在俄国的地位。英国人也重返圣彼得堡，向酒店业投入大量资金，罗科·福尔蒂的阿斯托利亚酒店与安格雷特里酒店是其中典范。美国对圣彼得堡的经济投资也逐渐增加，尤其是汽车制造业，福特开设了合资工厂，专门生产迎合俄国市场需求的汽车。烟草业是美国的另一个主要目标，1998年，雷诺烟草投资1.2亿美元用于开发生产设备。在建筑业领域，土耳其的影响力不断扩大，自1993年起，文艺复兴建筑公司成为业内翘楚。中国人也越来越多，由于俄国的绘画在中国一直备受推崇，许多中国学生被送往圣彼得堡学习艺术。但他们最重要的贡献还是体现在建筑业。中国投资者在克拉斯诺塞尔斯基地区建起了一座名为"波罗的海珍珠"的全新综合住宅区，可容纳35000名居民。工程于2006年启动，2013年已基本完工。这一大型综合建筑群以珍珠广场为中心，拥有一个商务中心，多个学校及购物中心，以及各类文化场所。新建的收费高速公路——西线高速公路引来了更多的海外投资，促进了城市偏远地区的发展。

The
biography
of
St Petersburg

圣彼得堡 传

消费风尚

第十一章

美食、贸易与消费主义文化

从圣彼得堡成为帝国首都开始,沙皇大手笔的消费方式就决定了整个城市的消费风格。圣彼得堡进口各式美食和各类奢侈品供皇室享用。在伊丽莎白女皇执政时期,圣彼得堡盛极一时,可与欧洲大陆任何一座都城相媲美。《圣彼得堡纪事》中披露了一份宫廷社交日程及其他重要社交活动的记录,其中提到,伊万·舒瓦洛夫伯爵在1755年为英国大使举办的一场招待会:

> 用餐结束后,贵客们回到大厅楼上的一个小室,只见圆桌的中心摆放着精心制作的餐后甜品。甜品的造型精美至极:一座由砂石、矿物与各种奇石垒成的高山,石头精心效仿了伯爵所藏的精美矿石。山顶上装饰着寓言人物雕像,有一座矿井,矿工们在里面忙碌着。山的另一侧流淌着一条大河,河水流入海港,大大小小的船只正扬帆起航,准备开启一场捕鲸之旅。一座美轮美奂的大桥横跨在河上,通往坐落在山腰上的一座城堡。离岸不远的地方,一叶风帆正闪烁着灯火。

这道展现华美景观的美食由果脯、葡萄酒和利口酒制作而成。

如果说皇室的餐桌可以与欧洲主要宫廷相媲美,那么圣彼得堡街头的小酒馆则可与伦敦最差的酒吧水平相当。在这座城市,少数人的奢华生活与绝大多数人的贫穷形成鲜明对照,至今仍然如此。彼得霍夫的御用园丁詹姆斯·米德曾评价当地的酒吧"粗鄙、恶臭,比圣吉尔斯最差的酒馆还要差"。

到叶卡捷琳娜大帝执政时期,俄罗斯宫廷生活的奢华达到了顶点,宫中盛事展示的已不只是典雅的社会风尚,还有现代技术。英国大使的妻子简·卡斯卡特夫人曾在寄往家乡的一封信中讲述了她对于一场与女皇一同出席的"欢宴"的印象:

> 这场宴会的乐趣主要来自它新奇的服务方式,在更换餐盘的时候,你只需拉一下右手边的细绳,细绳连着桌子下面的机关,一拉便会响起铃声,而你的盘子就会降下去,它的周围是一圈炉眼一样的孔洞。你用铅笔在已经固定好的板子上写下自己想要什么,你想要的东西立刻就会出现。从一张桌子挪到另一张桌子,变着花样地送上东西来博人一笑,成为最大的消遣。

王公贵族中,最热衷于挥霍的当属帕维尔·斯特罗加诺夫。他的厨房曾在十九世纪九十年代享誉整个欧洲宫廷,他举办的音乐与文学晚会也为人津津乐道。"斯特罗加诺夫牛肉烩"正是他留给后人的一道大名鼎鼎的菜肴,这道用菲力牛排与蘑菇、芥末、酸奶油和白兰地烹制的佳肴堪称俄国菜的一道经典佳肴。

赫赫有名的叶利谢耶夫烹饪世家也正是在这一时期声名鹊起:叶利赛是舍列梅捷夫伯爵家的农奴,曾承担园丁的工作,1812年,他为伯爵筹办的圣诞庆典创作出一道用草莓制作的甜品，而当时正值凛冬，俄国与拿破仑统治下的法国交战正酣。舍列梅捷夫立即解放了他，并赏给他100卢布。第二年，叶利赛的儿子彼得迁居圣彼得堡，他先是做起街边小贩，向纨绔子弟出售橙子，之后很快便瞅准社会富裕阶层对高品质食物与葡萄酒的兴趣，开始向他们供应食品。他的第一家商店开设在莫伊卡滨河街的拐角，涅夫斯基大街18号，售卖"来自全世界热带殖民地的商品"。之后他又在瓦西里岛创办了酒庄，很快便成为全城最重要的奢侈品经销商，并最终成为皇室的供应商。

皇室的庇护令叶利谢耶夫家族受益匪浅，他们日益壮大，不仅在贵族精英阶层发挥着重要作用，在海外居民和外国来访者之中也是大名鼎鼎。他们的店面很快扩大到好几层楼，酒庄面积也扩大了2.5公顷（6英亩）。长子谢尔盖·叶利谢耶夫继承了家族事业，被授予第一行会商人的身份，而彼得·叶利谢耶夫的两个儿子斯捷潘与格里戈里则活跃于商业风险投资领域并大获成功，于1864年成立了帝国第一家私人银行——圣彼得堡私人商业银行。他们还获得了许多荣誉，1846年，元老院授予这对兄弟"圣彼得堡荣誉公民"身份。

无论是经济地位还是社会地位，叶利谢耶夫家族已是风头无两，他们的商店享誉全欧洲。公司的葡萄酒更是在1889年巴黎世界博览会上荣获金奖。7年后的1896年，格里戈里·乔吉奥利维奇·叶利谢耶夫成为家族企业的领袖，公司营业额在一年之内从300万卢布暴涨至超过6400万卢布。巨大的财富使他们有能力在莫伊卡滨河街兴建起宫殿般的豪宅，供世人瞻仰——这座建筑现已成为塔利昂帝国酒店——内有多件奥古斯特·罗丹的作品，尤其值得一提的是瓦尔瓦拉·叶利谢耶娃的铜像，她是叶利塞的孙子斯捷潘·吉格利耶维斯·叶利谢耶夫的妻子。

圣彼得堡仍然是一座两极分化严重的城市。一方面，大部分人口仍然营养不良，吃着品质低劣的食物，这些人通常来自农村，十分贫困。而另一方面，这座城市又拥有全世界最奢华的美食餐厅。其中，开设在涅夫斯基大街56号的叶利谢耶夫美食购物中心以精美佳肴而格外为人称道，建筑本身的宏伟与华丽更是为其增色不少。这座建筑由俄国建筑师加夫里尔·巴拉诺夫斯基建造（建于1902—1904年，1906年扩建）。这里不仅有开阔的空间供人们选购精美的食品，更拥有一座豪华剧院，在1904年3月揭幕时曾容纳超过400名观众。剧院上演的第一部戏剧是莎士比亚的《哈姆雷特》，时至今日，这里仍作为喜剧院继续运营。格里戈里·叶利谢耶夫则最终在1913年公司成立100年周年之际晋封为贵族，由此完成了这个农奴家族平步青云，向俄国社会顶层晋升的历程。就在第二年，这位年迈的富商与当地一名珠宝商的妻子私奔了，整个家族因此深陷丑闻。他的妻子自杀后，格里戈里成了自由身，顺理成章地迎娶了情妇，双双隐居巴黎——他们有巨额的财富可供花销，此后，格里戈里一直生活在巴黎，直至1949年去世，因此，他躲过大革命，也躲了内战及其后的种种动荡。

咖啡馆文化

到十九世纪下半叶，圣彼得堡已逐渐成为一座国际化大都市，中产阶级日益壮大。十九世纪五十年代，这座城市拥有至少184家餐厅和饮食店、19家咖啡馆和37家糕点店。这一趋势持续发展，到1900年，城内已有1618家餐厅，以及710家提供鲜酿啤酒的店铺。许多主顾都喜欢烟草，尤其是香烟，因此至少有311家商店出售香烟。书店也蓬勃发展，总数超过140家。除了选购最新的图书和杂志，人们还会在这里举办文学主题的聚会活动，很多书店也提供食品饮料。名气最大的是"文学咖啡馆"，这家法式糕点店是知识分子会面的不二之选，且这一传统从帝国时期一直延续至苏联乃至后苏联时代，至今仍有追求怀旧氛围的国外游客不断造访这家咖啡馆。咖啡馆坐落在涅夫斯基大街上，从前曾是沃尔夫与贝朗格特蛋糕店，普希金和陀思妥耶夫斯基都是这里的常客。

圣彼得堡还遍布着许多更为大众化的音乐演出场所，以迎合较低层次的文化需求。在这些地方，音乐演出通常是次要的，店家会加价出售酒水，这才是人们真正感兴趣的。

尽管统计显示大革命前俄国的酒精消费量要低于德国、法国和比利时等欧洲国家，但由于酒精消费通常集中在有限的场合，酒精中毒导致的死亡率最高曾达到其他国家的五倍。有些人死于饮用为牟取暴利而非法生产并私自出售的受污染的烈酒，这种情况直到现在在俄罗斯仍然存在。

带有暗娼性质的咖啡馆在圣彼得堡很兴旺，与欧洲其他主要首都城市别无二致。其中最雅致，也是最臭名昭著的是坐落在涅夫斯基大街与特罗伊茨卡亚大街（今鲁宾斯坦大街）交角处的"奎西萨纳"，它堪称颓废放荡、纵情酒色的代名词。"水族馆"是全市最时髦的夜总会之一，年轻貌美的姑娘身着内衣表演杂耍等具有挑逗性的娱乐行为，供好色之徒围观。更加高级，但仍不失淫秽的"迷途狗"在第6章已经提到过，安娜·阿赫玛托娃等文人在战前曾是这里的常客。

革命紧缩时期

第一次世界大战、1917年的革命，以及内战的相继爆发令彼得格勒遭受重重劫难。但对于受新政权青睐的文化精英而言，生活还算不错。布尔什维克夺取政权并不意味着他们的领导人要停止享乐。恰恰相反，作家格奥尔基·伊万诺夫曾深入描写了布尔什维克在1920年取得波罗的海舰队指挥权后在圣彼得堡的生活场景。他在《彼得堡之冬》中写道：

> 海军部宏伟的大厅里灯火通明，暖意袭人。受邀前来的人们还未适应这样的温暖与明亮，他们在抛光的镶木地板上悠闲地踱步，一边轻啜香料茶，一边品尝鱼子酱迷你三明治，衣冠楚楚的波罗的海舰队海员们手捧托盘为大家奉上茶点。

苏联时期，平民百姓并没有挥霍消费的余地。最初由列宁提出，后被斯大林废止的"新经济政策"曾在1922—1928年的全盛期内短暂、悠闲地允许回归市场经济，在这一时期，一些人跻身富人之列，往往是通过贪污腐败，他们坐拥豪车与巨额财富，逍遥度日。伊利亚·伊尔夫与叶夫根尼·彼得洛夫的小说就讽刺了这种人，其中《小金牛犊》（1931年）在1968年被拍成电影。但对普通民众来讲，生活是艰苦的挣扎。特别是在第二次世界大战期间，以及二十世纪八十年代苏联已是强弩之末的时期，国家实施"定量配给制"。钱不是问题，问题是商品短缺，除了必需品以外，其他产品都很难买到。妇女和儿童需要排上好几个小时，甚至好几天的队才能获得一些基本用品。与此同时，那些政治精英却往往能够从这套分配制度中受益，比如获得位于列宁格勒最佳地段的大公寓、配有司机的轿车、家用电器、高品质的食品，乃至佣人。到二十世纪八十年代中后期，那些从国外获得硬通货的苏联公民可以前往专门面向国外访客的旅游商店，用这笔钱购买白鲟鱼子酱等精美食品。一直到苏联解体后，甚至是现如今，许多生活在圣彼得堡的人仍然以自家乡村别墅种植或养殖的农产品作为日常食品，其中许多是老年人，他们会在乡村消夏。

现代品位

从第二次世界大战前夕开始，列宁格勒作为享乐与消费之城的光环便已不复存在。在苏联时期，享乐主义并未销声匿迹，只是转移到莫斯科和执政官僚的别墅中。尽管如此，仍有少数从帝国时代起便存在的娱乐和消费场所保留下来，如位于涅夫斯基大街47号的奢华的帕尔金餐厅、文学咖啡馆，以及欧罗巴和阿斯托利亚等高级酒店中的餐厅。在新开设的餐厅当中，位于多布罗约博娃大道14号的"阿奎尔"，以及位于卡赞斯卡亚大街的"泰拿沙"是备受年轻富豪青睐的地方。荷兰飞人餐厅开在一艘一直停靠在米特宁斯卡亚滨河街边的木帆船上，以鱼类菜肴著称，是一家老少咸宜的餐厅。

苏联解体后，圣彼得堡改回原名，资本主义和旅游业开始以惊人的速度崛起，无数餐厅、咖啡馆和酒吧如雨后春笋般涌现，但很快又由于旅游业发展未能达到预期、制裁的实施，以及卢布大贬值等原因而纷纷关闭。当年开在莫伊卡运河上的一家法式餐厅供应产自本地远郊的鹅肝，餐费高达每人数千美元（不含酒水）。还有一家名为"贵巢"的餐厅曾开设在尤苏波夫宫古香古色的茶室中，普京总统乃至欧洲各国政要都曾是这里的座上宾。如今这两家餐厅均已倒闭。一些印度餐厅在圣彼得堡经营得有声有色。坐落在圣以撒大教堂对面的"天都里"也曾招待过普京总统。苏联解体后曾有一段时间里，这些场所提供的食物几乎全部从西欧甚至更远的地方进口。

然而如今，俄罗斯为报复欧洲和美国对其实施的制裁而向欧美进口产品施加制裁的做法迫使人们开始在本地发展基本食物供应，以填补缺口。吃惯了法国和意大利芝士及冷盘的老饕们可能对此不太感兴趣，但推广本地食材是俄罗斯，尤其是圣彼得堡开发重要基本资源的一项积极措施。

无论如何，这座城市的文化魅力都不会褪色，它在联合国教科文组织世界遗产名录上的地位令其他城市艳羡不已，这里有4000多处重要历史遗迹、221座博物馆、80家剧院和45家画廊及展厅。各种档次的酒店众多，可以为除最贫穷人士外的各个阶层提供服务，空中航线四通八达，世界各地的游客都可以很方便地抵达圣彼得堡。尽管大部分游客需要申请签证，但乘坐邮轮抵达圣彼得堡可以享受免签待遇，因此这种旅游方式格外具有吸引力，尤其受到老年游客的欢迎。这里的深水港可以停靠体量较大的邮轮，像卡纳德游轮公司的"伊丽莎白女王号"就可以停靠在城市中心的区域，而游客们又免除了安排酒店住宿、交通和签证的烦恼。数量众多的旅游与导游机构也能够为希望轻松、舒适地完成游览的游客提供优质的设施和服务。

但那些更乐于独自探索圣彼得堡的自由行游客也不必担心，尽管语言不通是公认的难题，但这座城市对大胆的单身旅行者与旅游团报以同样热情的欢迎。许多标示牌都有英文，大部分人都很乐意为来自世界各地的旅行者提供帮助。据波罗的海邮轮协会的数据，这座城市约12%的人口从事与旅游相关的行业，其中包括40000名导游。由于每年约有320艘邮轮抵达圣彼得堡，这些人根本闲不住，仅2015年就接待了80万人次乘坐邮轮前来的客人，而游客总数更是多达550万人次，甚至超过了圣彼得堡的人口总数。这里现已成为全世界20个最佳旅游胜地之一。毫无疑问，旅游已成为这个城市的一个重要产业，不过这里目前露营地和汽车旅馆数量不多，还不能充分满足穷游的需求。2015年，首个房车露营地在位于城市南郊彼得霍夫路沿线的斯特雷纳地区开业，这家"波罗的海露营地"可以说是圣彼得堡向经济性旅游迈出的第一步。

The
biography
of
St Petersburg

圣彼得堡 传

周边地区

第十二章

圣彼得堡附近

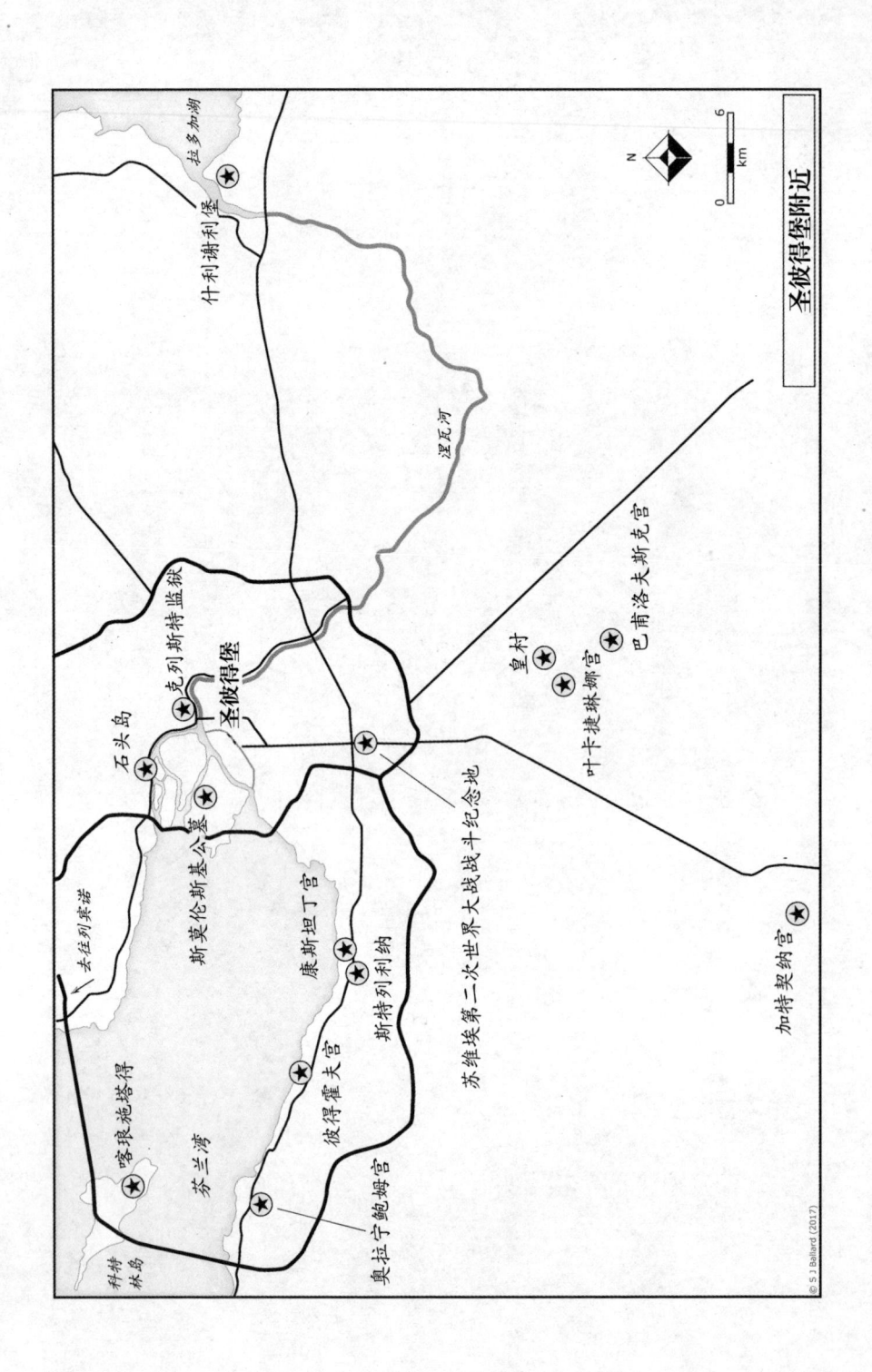

城市外围

历史悠久的圣彼得堡在遭受了数十年的毁坏与忽视后终于大部分得到了恢复重建，但其郊区却灰头土脸，乏善可陈，放眼望去尽是公寓楼、高速路和工厂。不过，如果走过郊区的城镇群，到更远一点儿的地方，特别是在南部与东南部地带，我们又会看到非常华美的宫殿、公园和园林。

在圣彼得堡成为帝国首都后，其郊外的乡村建起的第一座重要建筑是沙皇位于彼得霍夫的离宫。这座宫殿建于1710—1711年，最初为木质结构，几乎摒弃了一切矫饰，非常质朴。它附近有一座小巧的石砌行宫——蒙普莱西尔宫，它完全是另一种面貌。在法国建筑师让·巴蒂斯特·勒·布隆（1679—1719）和德国建筑师约翰·弗里德里希·布劳恩斯坦的设计下，宫中的书房采用中国风装饰，成为俄国东方化风尚的早期典范。但坐落在海岬上方的彼得霍夫宫才是这里真正的建筑瑰宝。从这里向远方望去，东面芬兰湾的风景一览无余。宫殿的建造工程最初由布劳恩斯坦负责，但自1716年起，名气更盛的勒·布隆接管了工程，橡木的书房与意式客厅正是他在室内装饰领域精湛技艺的明证。尽管第二次世界大战期间曾遭纳粹系统性破坏，但战后这处宫殿得到了修复。在彼得霍夫宫，其他建筑师的印记也依稀可辨，这是因为宫殿曾在

1721年的一场大火中严重受损，因此经历过一次大规模重建。重建工程由巴洛克晚期的意大利建筑师尼古拉·米切蒂（1675—1758）负责，他在罗马的时候曾跟随卡洛·方塔纳工作。因此时至今日，最能凸显勒·布隆风格精髓的并非这座建筑本身，而是他在宫殿与海湾之间修建的宏大园林。整个园林内都布置了设计巧妙的液压系统，为园林各处以及园内为数众多的喷泉供水。亚历山大·贝努瓦曾写道："彼得霍夫宫是海神的宫殿。这里的喷泉绝不仅仅是点缀，它们是精华所在。它们是海洋统治权的符号化标志，象征着海浪拍打岸边时腾起的水雾。"

彼得霍夫宫的正殿经历了多次大规模翻修，每次都会带来风格上的变化。弗朗西斯科·巴尔托洛梅奥·拉斯特雷利（1700—1771）主持过一次重修工作，在1745—1755年重建了这座备受伊丽莎白女王青睐的夏宫。当时，他大胆采用欧洲前卫风尚，将俄国元素与西欧巴洛克晚期风格成功地融为一体。位于两端的亭阁与小礼拜堂固然引人瞩目，但拉斯特雷利设计的占地800平方米的镀金大厅才是荣光之所在。

这里的另一座建筑珍宝是精致的玛尔丽宫，同样出自布劳恩斯坦之手。坐落在园林最西边的玛尔丽宫是十八世纪早期在外观上最贴近英式乡村别墅的俄国建筑，内部装饰深受荷兰风格影响。这里还曾建有一座由夸伦吉设计的帕拉第奥式英国宫殿，当时是这一风格在东欧最重要的范例，但如今这座建筑已不复存在。夸伦吉曾在罗马求学，因此纵观整个俄国，他的作品呈现出最严谨的新古典主义风格，这源于他对意大利古希腊与古罗马遗迹的深入研究。这座宫殿附近有一个湖，湖的岸边曾建有英国公园，在第二次世界大战中损毁，至今仍未完成重建。彼得霍夫另一处值得一提的地标是位于亚历山德里亚街8号的贝努瓦家族博物馆，1988年建成。贝努瓦家族是十九世纪到二十世纪初的一个建筑和剧院设计世家，本书已经提及尼古拉和亚历山大·贝努瓦都来自这个家族。

随着沙皇尼古拉一世于1832年重新将彼得霍夫宫作为正式的夏季离宫，这座宫殿焕发新生。不过，当时曾在宫廷内服务的著名诗人和外交家费奥多尔·秋切夫的女儿安娜·秋切娃却对这里印象平平。她写道：

> 尽管此地规模宏大，人为营造的自然环境也所费不赀，但仍无法回避其身为乡村湿地的本质。事实上，这里弥漫着阴郁的雾霭，湿气渗入骨髓。这里的生活不仅无法令人振奋，反而充满压力。女皇终日奔波，从希腊式亭阁到意大利式游廊，从瑞士小木屋到俄式茅舍，从荷兰磨坊到中国式凉亭，以此度日。整个皇室与宫廷人马辗转于各个行宫，一刻不得停歇。我们永远不知道将在何处用午餐或饮茶。你得时刻保持警惕，在这片令人压力重重的湿地，谈不上任何享受。这里令人疲惫和麻木。

郊区宫殿

奥拉宁鲍姆宫是继彼得霍夫宫后，在圣彼得堡郊区兴建的最重要的宫殿群。它是彼得大帝的宠臣亚历山大·缅什科夫为自己修建的乡村宅邸，卡洛·方塔纳（1638—1714）曾在1710—1713年担任工程的负责人，但最终完成建设工程的是来自德国的戈特弗里德·沙德尔（1680—1752），他曾与另一位德国建筑师安德烈亚斯·施吕特共事，施吕特最著名的杰作是叶卡捷琳娜宫的琥珀室（在第二次世界大战中被毁）。

奥拉宁鲍姆宫在缅什科夫1727年失势后被没收，先后归不同的皇室成员及其宠臣们居住。其间，拉斯特雷利对这里的室内装饰进行过一次大规模的翻新。宫内最令人瞩目的中国宫，由安东尼奥·里纳尔迪在1756—1761年完成，是中国风与洛可可元素完美交融的典范之作。天花板上装饰着意大利巴洛克时期最重要的画家、威尼斯艺术家乔凡尼·巴蒂斯塔·提埃坡罗的画作。不幸的是，附近的其他主要建筑作品已尽数被毁，尽管列入了联合国教科文组织的世界遗产名录，但重建工作进展缓慢。目前只在奥拉宁鲍姆宫西侧还存有为彼得大帝的大臣加夫里尔·戈洛夫金修建的奥特拉达宫的遗址可以一窥地处印格里亚一隅的这片饱经风霜的土地曾经的辉煌壮丽。

位于斯特列利纳的康斯坦丁宫是圣彼得堡的第三座大型宫殿，宫殿的名字来自沙皇亚历山大一世的弟弟康斯坦丁大公。从1808年起，这位大公在这里生活了相当长的时间，直至1831年去世。宫殿出自勒·布隆之手，自1716年起开始修建，勒·布隆1719年死于天花后，他的工作由尼古拉·米切蒂接替，米切蒂后来离开这里，返回了意大利，工程由米哈伊尔·泽姆佐夫接手。泽姆佐夫1709年从莫斯科来到圣彼得堡，成为特列吉尼的助手。沙皇曾派他前往瑞典招徕能工巧匠，因此他的许多作品灵感都来自那段时间受到的影响。在瑞典期间，他还接触到了当地建筑领域的许多创新发展，回到俄国后也充分利用起来。他在斯特列利纳的代表作是组成康斯坦丁宫主要入口的三重拱廊，经过现代重建后，至今仍是这座建筑最大的特色。拿破仑战争期间，曾有骑兵团驻扎在宫中，使建筑遭到破坏，但康斯坦丁大公在此居住期间，修复工作已基本完成。自1917年起，宫殿归一所教育机构使用，再次遭到破坏。第二次世界大战期间，宫殿内部完全被毁，仅外墙残存，目前已完全修复，作为俄联邦总统在圣彼得堡的宅邸，用来举办重要的政治会议和国际峰会。

圣彼得堡周边的皇室宫殿中最宏伟华美的或许当数坐落在皇村的叶卡捷琳娜宫，宫殿以彼得大帝的第二任妻子，出生于波兰的叶卡捷琳娜女皇的名字命名。泽姆佐夫与安德烈·卡瓦索夫（1720—1770）提供了最初的设计，但实际开展工作的是他们的俄国同事萨瓦·切瓦金斯基，后来又由拉斯特雷利接管。他对设计进行了重大改动，将1748—1753年已经建成的部分大半拆除。这是一项巨大的工程，仅石匠就用了400人，大部分来自雅罗斯拉夫市，这个城市位于莫斯科西北面，以巴洛克式教堂闻名，现在俗称小圣彼得堡。

叶卡捷琳娜宫拥有325米（1065英尺）长的外墙，很快成为十八世纪帝国洛可可风格建筑的代表，从里到外都繁复华丽。长48米（157英尺）的大厅与宫殿大部分空间在经历第二次世界大战的蹂躏后得到恢复重建，至今仍令前来出席公共或私人活动的嘉宾们惊叹不已。但刻板的十八世纪新教徒则持完全相反的态度。英国人威廉·考克斯（1748—1828）批评其"外观极尽俗丽"，同样来自英国的纳撒尼尔·雷克萨尔爵士（1751—1831）则声称这是"我在北方王国见惯的野蛮品位的全胜"。这些观点现在已很难获得共鸣，全世界的来访者都视叶卡捷琳娜宫为俄国建筑之大成。大部分人会赞同米哈伊尔·罗蒙诺索夫对它杰出工艺的赞颂：

> 这座华厦如此耀目
> 它一定是一颗明星
> 闪耀在皇村的苍穹

后来，又有多位建筑师为叶卡捷琳娜宫殿群做出过贡献。拉斯特雷利在大池塘岸边修建了著名的石窟。这座典型的洛可可式建筑以少见的海洋生物和贝壳作为装饰主题。在切瓦金斯基的协助下，拉斯特雷利还设计并修建了"梦比优"皇家狩猎小屋，这个小屋如今已不复存在，它所在的地方成为亚历山大公园。叶卡捷琳娜大帝在位期间，也曾对叶卡捷琳娜宫进行过翻修，而且她在这里长住期间会举办各种热闹非凡的社交活动，因此，她成了与这座宫殿联系最为紧密的人。在首都外围的这片地区，她至少可以享受到类似夏天的感觉，这并非易事。她曾言简意赅地说："圣彼得堡没有夏天，只有两个冬天，一个是白色的，一个是绿色的。"

也是在这一时期，生于德国的尤里·费尔滕修建了另一座中国风的俄国建筑，即大名鼎鼎的中国夏宫（1778—1786）。这座宝塔式建筑融合了欧洲巴洛克风格与中国元素。在毗邻大厅的中心区，宏伟的楼梯与前庭同样值得关注。此处为苏格兰新古典主义建筑师查尔斯·卡梅伦（1743—1812）于1780—1786年修建，以爱奥尼式柱装饰。卡梅伦还负责设计并装饰了多个重要的房间，特别是借鉴约舒亚·威基伍德爵士的作品塑造了饰有精美灰泥浮雕的绿色餐室，以及为女皇的儿子及继承人保罗大公布置的居室。他的其他作品包括冷水浴室与玄关。叶卡捷琳娜大帝曾赐予她最心爱的情人亚历山大·兰斯科伊将军一座宏伟的豪宅，也由卡梅伦负责重修。但这位将军于1784年逝世时，工程尚未开始。与此同时，拉斯特雷利的石窟获得重用，成为叶卡捷琳娜大帝的雕塑馆。这里曾在第二次世界大战期间被毁，二十世纪七十年代修复。

在卡梅伦在俄国的所有作品中，为保罗大公和他的妻子玛丽亚·费奥多萝芙娜修建的巴甫洛夫斯克宫无疑是他的代表作。1780—1782年，他在此处建成了名为"友谊圣殿"的花园石窟，但他对宫殿本身的创作（1782—1786）才是令人拍案叫绝的，特别是埃及门庭，采用了意大利建筑师詹巴蒂斯塔·皮拉内西在罗马大力倡导的装饰形式。这处门庭是正门大厅，天花板的装饰画名为《四季》，出自意大利艺术家卡洛·斯科蒂之手，他还为圣彼得堡的米哈伊洛夫斯基城堡进行过创作。作为俄国最典型的帕拉第奥式建筑，巴甫洛夫斯克宫显然无法取悦保罗，无论是政治观念还是建筑品位，他总是固执地与母亲背道而驰。1789年，卡梅伦的助手文森佐·布伦纳接替了他的工作，作品包括国王正殿与极为开阔的画廊。后来，贾科莫·夸伦吉也曾为此处锦上添花。

1803年，一场大火将巴甫洛夫斯克宫烧毁，此时沙皇保罗已被刺杀，他的遗孀玛丽亚·费奥多萝芙娜皇妃委托安德烈·沃洛尼欣对宫殿进行整修，位于市中心的喀山大教堂正是他的杰作。到十九世纪二十年代，卡洛·罗西又为它设计了一座令人惊叹的新古典主义风格图书馆。

这座宫殿及其园林后来逐渐成为备受圣彼得堡游客青睐的目的地。因此，一条连接巴甫洛夫斯克与圣彼得堡的铁路于1837年10月30日修建完成，这是俄国的第一条铁路。火车站由多产的建筑师安德烈·施塔肯施奈德设计，一直留存至今，蒸汽机车自1838年5月28日起投入运营。

在皇村的彼得霍夫路上，还有一座宫殿，它的故事充满心酸，这就是亚历山大宫，是夸伦吉为当时还是王位继承人的亚历山大一世所建。宫殿的柱廊采用古典主义建筑中最高等级的科林斯式柱，其庄严宏伟正与帝王身份相符。然而，殿内装饰却采用了沉重的木质镶板，呈现维多利亚晚期风格。在这座宫殿中，沙皇尼古拉二世与家人可以抛开冬宫的沉重生活，过上相对轻松随意的日子，在他逊位后，1917年，他正是在这里被逮捕，为圣彼得堡的帝国时代画上悲凉的句点。近期经过修复后，这座尼古拉与亚历山大最爱的宫殿重现了昔日的氛围。

乡间别墅与农舍

在涅瓦河对岸，克拉斯诺格瓦迪斯基区的斯维尔德洛夫滨河街，坐落着夸伦吉设计的库舍列夫-别兹博罗德科别墅（建于1783—1784年），别墅的两侧各有一条蜿蜒的长廊，长廊尽头是亭子。庄严典雅的风格使其成为整个首都最优美的别墅，但在首都外围，还散布着许多其他端庄富丽的乡间别墅。斯特罗格诺夫乡间别墅就是其中之一。它由安德烈·沃洛尼欣于1795—1796年建成，坐落在黑河与博伊沙亚涅夫卡海湾交汇处。这是一座两层楼的木建筑，二层拥有一座饰有六根爱奥尼式圆柱的游廊，中央有一圆顶。十九世纪中期的一场大火将其夷为平地。另一座著名的乡间别墅是"圣彼得堡版的蟾宫"，这座奇异的建筑给蒂姆斯代尔夫人留下了极为深刻的印象，她的丈夫来自英国，是叶卡捷琳娜大帝的御医。这位夫人写道：

> 在我离开圣彼得堡的前几天，一位先生带我拜访了希克里-基切里，在英语中这个地方叫蟾宫，它位于从圣彼得堡前往皇村的途中，距离圣彼得堡有四五英里。这是一座精巧典雅的房子，每层仅有一个大房间，一层的房间内平淡无奇，装潢精美（原文如此），有一整套威基伍德瓷器，遵照女皇的命令，每一件器物上

都绘有一只绿色青蛙，地上有许多青蛙，像是一片沼泽。

这套瓷器现藏于艾尔米塔什博物馆，而蟾宫已年久失修。

十九世纪中叶，圣彼得堡附近建起或整修了一些乡间别墅。比如，被称作"我的财产"的沙皇亚历山大三世的私人宅邸，就由施塔肯施奈德进行了重建。重建工程保留了原来阿列克谢·多戈鲁科夫大公的石砌别墅的主体。洛伊希滕贝格别墅也是当时备受瞩目的一座建筑，它的主人是玛丽亚·尼科耶夫娜女大公的丈夫马克西米利安·冯·洛伊希滕贝格公爵。

一些灵感来源于英式农舍的小型建筑同样蔚然成风，甚至直接沿用"农舍"这一称呼。苏格兰人亚当·梅涅劳斯修建的不对称农舍（建于1826—1829年）坐落在位于彼得霍夫附近的亚历山大公园内，这座为皇室修建的农舍以尼古拉一世妻子的名字命名，是圣彼得堡地区英式宅邸的典范。但其中的哥特式礼拜堂却深受德国影响，同类作品极为罕见，它的设计者是当时杰出的普鲁士建筑师卡尔·弗里德里希·申克尔。

过去250年来，乡间别墅对圣彼得堡乃至整个俄国各社会阶层的人都有着重要意义，创造了重视户外生活与园艺的别墅文化。在帝国时代，这些别墅通常规模宏大，是贵族在乡村修建的度夏宅邸，而土地通常来自沙皇的馈赠。但到了第二次世界大战以后，"别墅"被赋予新的含义。苏联当局将列宁格勒周边农村的土地分配给工厂的工人种植蔬菜，特别是土豆，每人可得到600平方米土地。从此，"别墅"便开始在大部分城市公民的生活中发挥关键作用，建筑变得极为普通。到了后苏联时代，又有两种别墅出现。拥有私人收入的人开始收购这类房产，与他们已有的地产连成一片。这也成为新兴资本主义秩序的象征。对于少数财力更为雄厚的人而言，这还远远不够，他们会在最受追捧的周边农村地区购置新的地产，建成奢华的庄园，并且配置好全套的上下水管线、电力和燃气等基础设施。有些人甚至修建了人工湖等景观。

追求享乐

据说 1660 年开放的春之园（即后来的沃克斯豪尔）是由一位名叫简·沃克斯的人策划的，这是当时伦敦最著名的游乐园。直到 100 多年后的 1777 年，俄国的第一座这类游乐园才在石头岛建成并开放。其他同类设施随后迅速涌现，爱卡捷琳霍夫和新杰列夫尼亚也先后开设了游乐园。新杰列夫尼亚的游乐园以出产矿泉水著称，位于彼得罗夫斯基公园内。最精致的游乐园当属位于巴甫洛夫斯克的游乐宫，这座宽敞的建筑拥有开放式的柱廊与圆形大厅，到十九世纪三十年代晚期已设有台球等娱乐设施和一家餐厅。这类场所都常有吉卜赛音乐演出。1839 年 12 月，一个来自维也纳的管弦乐团来这里演出了约翰·施特劳斯的音乐。他们白天在一个专门的木亭子里演奏，晚间则移至圆形大厅。

自 1840 年起，巴甫洛夫斯克游乐宫（vokzal，这个词现在意为火车站）仅在夏季开放。小约翰·施特劳斯会在晚间指挥他的交响乐团在这里演奏。1865 年 8 月 30 日，柴可夫斯基交响乐作品的第一次公开演出（《性格舞曲》）也是在这里进行的，但作曲家本人并未到场。游乐宫在 1860 年进行了扩建，将餐厅与音乐厅分离。新建的剧院于 1876 年 5 月 18 日对外开放。剧院出自尼古拉·贝努瓦之手，采用了当时流行的所谓俄式风格。歌剧、轻歌剧和戏剧在此轮番上演。陀思妥耶夫斯基的

《白痴》中，有很多场景都发生在巴甫洛夫斯克，书中人物列别杰夫曾这样形容这个游乐园："这里很漂亮，地理位置也高，绿意盎然，价格实惠，时髦优雅，音乐声不绝于耳——因此没有人不愿意去巴甫洛夫斯克。"

游乐园从十九世纪中期开始在城市夏季社交生活中占据重要地位，进入二十世纪依然兴盛不衰，中产阶级游客日益增多。巴甫洛夫斯克依然是最著名、档次最高的一家游乐园，此外，奥则基游乐园也很受欢迎，最多可接待400名游客。木制的主楼内设有一家餐厅，交响乐团每周在这里举办三场演出。在第二次世界大战期间，巴甫洛夫斯克的游乐宫及附近的许多历史建筑都被毁了。但近年来，音乐会等盛事再次在巴甫洛夫斯克宫内及其周边的园林、亭阁中上演。

郊区还建有一些剧院。坐落在石头岛克雷斯托夫斯基滨河街的卡缅内大剧院于1827年落成，以宏伟的八柱科林斯式门廊著称。1844年，剧院在著名俄裔意大利建筑师阿尔伯托·卡沃斯的主持下进行了大规模翻修。尼古拉一世曾在附近的拉耶金宫生活过很长时间，他频繁出席这里的演出，并很愿意步行前来。剧院仅在春夏两季开放，每周举办三场演出，通常是轻歌剧、喜剧等轻松的娱乐性节目。到了十九世纪后期，巴甫洛夫斯克大剧院等演出场地开始受到广泛的欢迎，卡缅内大剧院则受到冷落，到十九世纪八十年代已成为存放道具的仓库。剧院在二十世纪曾经历两次大规模重修，现在用于电视节目录制，同时也是莫斯科戏剧院的演出场地。

塞米恩·纳里什金的铜管乐团一度格外出名，乐团成员都是农奴，演出地点是他在石头岛上的别墅，位于现在市长宅邸的附近。弗兰格尔男爵的《俄罗斯庄严宅邸》（1913年）一书是献给即将在这个国家被彻底铲除的贵族世界的礼赞，书中提到当乐团成员被警察拦住问询姓名时，他们就拿出乐器演奏出一段旋律作为回答，可见这些人的正式身份与他们的音乐联系得多么紧密。

彼得霍夫路的衰落与复兴

到十九世纪末二十世纪初，彼得霍夫路以及沿途的众多皇家宫殿都已日渐衰败。过去的乡村别墅现在大多变成了工厂，谢尔巴托夫的宅邸改建为医院，其他乡村别墅则被拆除，并很快被工厂、酒吧和供工人居住的公寓楼所取代。但也有一些例外，如玛丽·克雷米歇尔伯爵夫人的别墅。它建成于1893年，以精巧的塔楼著称。政治家彼得·杜尔诺沃的别墅同样保留至今。这座雅致的两层建筑坐落在波利斯廖沃滨河街（今斯维尔德洛夫滨河街），设有十根爱奥尼式圆柱的柱廊使这座建筑显得十分威仪。大革命后，这里被列宁格勒金属工人俱乐部征用。

二十世纪，这里失去了更多的历史建筑，特别是第二次世界大战期间，许多小型乡村别墅都被毁于一旦。纳粹毁掉了一座建成于1769年的宅邸，这座美丽的新古典主义建筑由伊万·斯塔洛夫设计，是为姐夫亚历山大·德米多夫而建的。但有两座豪宅幸免于难。其中之一是外交官伊万·车尔尼雪夫的宅邸"亚历山德里诺"，除侧翼外均得以保存。这座建筑是十八世纪七十年代仿照塔夫利达宫修建的，1957年进行过修复，现在位于斯塔切克大道。另一座是位于契克托夫大街13号的诺瓦扎缅卡，它同样在战争期间严重受损，但之后得到重建。这座法式城堡风格的建筑最初建于十八世纪五六十年代，是里纳尔迪为政治家米哈伊尔·沃龙佐夫设计的，十九世纪晚期曾作为精神病院使用，现在则被后苏联风格的建筑环绕。

　　苏联解体后，圣彼得堡周边地区逐渐得到复兴，教堂、宫殿和别墅陆续重现大革命前的辉煌。如上所述，从前的皇家居所及教堂分别在政府和俄罗斯东正教会的支持下得到修复，但除此之外，精英阶层聚集的城市郊区也在私人资金的支持下恢复起来，并配备了餐厅和学校等市政基础设施。这些地区的开发商并不是寡头政治执政者，那些人无论如何只愿住在莫斯科或附近地区。开发建设圣彼得堡郊区的力量来自日益崛起的上层中产阶级企业家，他们游历各国，深受欧洲与美洲富裕郊区的影响，也亲眼看见了开发这类地区所带来的资金回报。

St Petersburg , First published in 2017 by Signal Books,Oxford © Neil Kent, 2017
Simplified Chinese translation rights arranged through Rightol Media
Simplified Chinese edition copyright: 2019 New Star Press Co., Ltd.
All rights reserved.

图书在版编目（CIP）数据

圣彼得堡传：沼泽上的奇迹之城 /（英）尼尔·肯特著； 毕然，钱杨静译 .
—— 北京：新星出版社，2019.7
（丝路百城传）
ISBN 978-7-5133-3600-0

Ⅰ.①圣… Ⅱ.①尼… ②毕… ③钱… Ⅲ.①城市史－圣彼得堡 Ⅳ.① K512.9

中国版本图书馆 CIP 数据核字（2019）第 112309 号

出版指导：陆彩荣
出版策划：彭明哲　简以宁

圣彼得堡传：沼泽上的奇迹之城

［英］尼尔·肯特 著； 毕然，钱杨静 译

责任编辑：简以宁
责任校对：刘　义
责任印制：李珊珊
装帧设计：冷暖儿

出版发行：新星出版社
出　版　人：马汝军
社　　　址：北京市西城区车公庄大街丙3号楼　　100044
网　　　址：www.newstarpress.com
电　　　话：010-88310888
传　　　真：010-65270449
法律顾问：北京市岳成律师事务所

读者服务：010-88310811　　service@newstarpress.com
邮购地址：北京市西城区车公庄大街丙3号楼　　100044

印　　刷：天津图文方嘉印刷有限公司
开　　本：660mm×970mm　　1/16
印　　张：18.5
字　　数：220千字
版　　次：2019年7月第一版　　2019年7月第一次印刷
书　　号：ISBN 978-7-5133-3600-0
定　　价：79.00元

版权专有，侵权必究；如有质量问题，请与印刷厂联系调换。